천수경, 의례로 읽기

다시 출판하며

『천수경, 의궤로 읽다』를 세상에 내놓은 지 어느덧 14년이 지났다. 그간 '의례'에 대한 인식이 조금은 넓어진 것 같기도 하지만 아직도 '의궤(儀軌)', 의문(儀文), 의식(儀式) 등이 잘 구분되어 수용되고 있는 것 같지는 않아 보인다. 의례[理的]는 의식[事的]의 행위이고, 의문은 그 대사 위주의 대본(臺本)이며, 의궤는 대본에 지문(地文과 節次 등)이 포함된 글이다. 결국 설명이 있는 의문을 의궤라고 한다. 의문, 의궤라는 표현은 고서에 예전부터 사용된 표현인데 오늘날에는 의문에 대해 관련 학위논문조차 '의례문'이라고 표기한다. 그래야 독자들이 이해한다고 생각하기 때문일 것이다. 어휘(語彙)가 점점 사라져가는 것이 무척 아쉽다. 하나 의례가 의궤보다 이해율이 높다는 지적을 따라 재출판하며 『천수경, 의례로 읽기』라고 이름을 고쳤다. 보통 의례는 '제사와 예배와 같이' 신념체계에 의해 정성을 다해 정형화된 행동을 하는 종교적 실천체계라고 할 수 있다. 의례의 정형화된 실천을 의식이라고 하는데, 한국불교의 '현행' 천수경에는 적어도 다섯 종의 의식 행법(行法, 행위 법식)과 서두 포함 최소 6종 정도의 의식 의문이 합해져 있다고 본서는 파악한다. 천수다라니의 활용 관련 의례 의식의 의문이 합해져 있으므로 다른 의례 의식일 때는 달리 활용돼야 하고, 또 그렇게 이해하고 읽을 때 '현행' 천수경의 의미가 바르게 드러날 수 있을 것이다. 재출판에 도움 주신 [사]세계불학원 회주 스님께 깊이 감사드린다. 牛辿

※ 축사

천수경의 참 의미를 찾는 여정

불조(佛祖) 혜명(慧命)을 오롯이 이으려는 한국불교의 수행자들은 조석으로 천수경을 염송한다. '천수경신앙'이라고 할 수 있을 정도로 천수경은 조석 정근을 비롯해 공양이나 시식 등 여러 의례에서 읽히고 있다. 현행 천수경은 다른 불교국가에서는 그 형태를 찾을 수 없고, 우리나라 불자들만이 신행하는 특별한 경전이라고 알려져 있다.

그러한 까닭에 번역이나 해석이 다양하고 의견이 분분하다. 대한불교조계종 포교원 또한 한글천수경을 번역하여 공청회를 거쳐 마련한 시안을 보급하고 있으며, 또 한글세대를 위해 불교의례를 한글로 집전할 수 있는 '표준법요집'의 편찬과 번역을 끝내고 공청회 등을 마쳤으며, 현재는 제방의 공의와 중지를 모으는 중이다. 멀지 않아 사부대중의 여망을 안고 완성되리라 본다.

대한불교조계종 포교원 한글천수경과 표준법요집 한글화불사에 힘을 합하고 있는 우천 이성운 거사가 포교원 주관 표준법요집 기획특집에 발표했던 글과 그간의 연구 성과를 토대로 '천수경, 의궤로 읽다'라는 제목의 책을 낸다며 몇 자 글을 부탁하기에, 일별해 보았다.

이 책은 천수경의 구조와 의미에 대해 제 의례에서 활용되던 게송 예문 참문이 천수주를 중심으로 회편이 되었다는 시각을 가지고 있었다. 특히 순수 천수다라니행법, 도량엄정행법, 업장참회행법, 준제지송행법, 발원행법 등으로, 천수경에 회편되기 전 모(母) 의궤를 중심으로 하여 천수경을 해석하려는 관점이 독특했고, 또한 천수경에 대한 제 번역의 차이점을 분석하여 천수경의 참 의미를 찾아내려는 노력이 돋보였다.

제방의 석덕 대가들의 천수경에 관한 다양한 해석서가 상존한 현실에 하나의 울림으로 다가가지 않을까 하는 마음에 몇 자 적어 축하하며, 그 노고를 치하한다.

一聲寒雁唳長天 西乾東震共一天

불기 2555년 3월,

대한불교조계종 포교원장 혜총(도)

※ 추천사

불교의식의 숲을 보며 나무를 그리다

1.

우천 이성운 박사는 참으로 어른이시다. 한때는 책을 매고 보급하는 출판 전문가였고, 의례 전문 연구자로 현재는 대학원대학에서 후학을 지도하는 교수이다. 동시에 율(律)에 일가견이 있는 문인이다. 특히 선생의 5언·7언의 절구는 탈속(脫俗)의 미(美)를 보전하고 있다. 言盡而義不盡(언진이의부진)이라고나 할까. 언어나 말의 표현 너머로 잔잔하게 퍼지는 울림이 있다. 이 책에는 선생의 그런 품격이 서려 있다. 선생 자신의 글은 물론, 해석으로 다시 탄생하는 고전에도 '문예미'가 서려 있다. 게다가 선생의 글을 읽노라면, 남의 소리나 전하는 앵무새가 아니라, 저간에 도(道)가 담겨 있으니, 문이재도(文以在道)를 독자들도 분명 느낄 것이다.

2.

불교서적 중에서 '천수경'만큼이나 많이 애독되고, 또 계속 출판되는 책도 없을 것이다. 단연 베스트셀러 중의 베스트셀러이다. 그렇지만 이렇게 많이 출판되고 널리 읽히면서도 정작, 이 책에 관한 학문적 연구는 연륜이 길지 못하다. 이 책에 대해, 처음으로 학문적 접근을 시도한 책은 『日用儀式隨

聞記(일용의식수문기)』(김월운 편저, 중앙승가대학출판부, 1991)일 것이다. 이 책은 제목과 같이, 사원에 일상적으로 쓰이는 의식에 대해서, 강백께서 평소에 들은 것을 적었다. '불교의식'이라는 '큰 틀'을 염두에 두면서, '천수경'의 역할과 내용을 분석했다.

월운 강백의 저 책이 나온 이후로, '천수경'에 대한 이런저런 해설서들이 나왔지만, 기실 '불교의식'이라는 '큰 틀'을 염두에 두지 못했다. 그런데 유독 선생의 이 책은, 제목에서 나타나듯이 '천수경'을 '의궤'로 읽고 있다. 우리는 이 한 권의 책으로 불교의궤의 전모를 엿볼 수 있다. 이 책이야말로 분명 불교의식의 숲 전체를 보면서 나무를 그렸다고 할 수 있다.

3.

사람은 어떻게 살아야 하나? 공자는 이런 말을 한 적이 있다. "興於詩(흥어시)하며 立於禮(입어례)하며 成於樂(성어악)이라"는 대목이 있다. 시를 통해 도덕적 심성을 발휘하고, 예를 통해 인륜의 규범을 세우며, 음악을 통해 인성을 완성한다는 뜻일 것이다.

독자들은 만약 이 책을 읽게 되면, 저마다의 불성을 발휘하게 될 것이며, 또 불교의례의 연원을 알게 될 것이며, 마침내는 격조 있는 믿음을 이룩할 수 있을 것이다. 그럴 것이라 믿으면서 일독을 권합니다.

2024년 3월 일, 연세대학교 문과대학 601호실에서

탈공거사 신 규 탁 쓰다

❊천수경의 오해와 진실을 의궤에서 찾는 교양학술서❊

천수경,
의례로 읽기

이성운

정우북스

차례

축사: 대한불교조계종 포교원장 혜 총 _ 3
추천사: 신 규 탁 (연세대 철학과 교수) _ 5

자서: 천수경에 대한 오해와 진실을 찾아서 _ 11

제1편　천수다라니행법 ─────────── 22

　　1. 몸과 마음을 맑히다 _ 26
　　　　[정구업진언]

　　2. 성현을 청하다 _ 36
　　　　[오방내외안위제신진언]

　　3. 법문·법장을 청하다 _ 57
　　　　[개경게~대다라니계청]

　　　　3-1. 찬탄하며 예경을 올리다 _ 75·79
　　　　　　　[계수관음대비주~아금칭송서귀의]

　　　　3-2. 십원과 육향을 발하다 _ 86·95
　　　　　　　[나무대비관세음~자득대지혜]

　　　　3-3. 가호를 청하다 _ 120
　　　　　　　[나무관세음보살마하살~나무본사아미타불]

　　4. 다라니를 설하다 _ 135
　　　　[신묘장구다라니]

제2편　도량엄정행법 ——————————— 164

　　1. 사방에 물을 뿌리다 _ 171
　　　　[사방찬]
　　2. 도량에 성중이 오시다 _ 177
　　　　[도량찬]

제3편　업장참회행법 ——————————— 186

　　1. 참회를 일으키다 _ 191
　　　　[참회게: 아석소조제악업~일체아금개참회]
　　2. 가지의 참회를 구하다 _ 195
　　　　[참제업장십이존불]
　　3. 성현을 청해 십악을 참회하다 _ 199
　　　　[십악참회]
　　4. 현교와 밀교로 참회를 완성하다 _ 205
　　　　[참회게 백겁적집죄~참회진언]

제4편　준제지송행법 ——————————— 222

　　1. 준제주의 공덕을 찬탄하다 _ 228
　　　　[준제찬~나무칠구지불모대준제보살]
　　2. 법계와 자신을 맑히다 _ 238
　　　　[정법계진언~육자대명왕진언]

9

3. 준제진언 9자를 지송하고 관하다 _ 249
      [준제진언~부림]
   4. 회향을 발원하다 _ 260
      [준제발원: 아금지송대준제~원공중생성불도]

제5편 회향발원행법 ──────────────── 266
   1. 열 가지 큰 원을 발하다 _ 270
      [여래십대발원문]
   2. 사홍서원을 발하다 _ 279
      [발사홍서원~발원이귀명례삼보]

제6편 새로운 세계로 ──────────────── 304
   1. 붓다의 가피 끝없이 이어지다 _ 311
      [나무상주시방불·법·승]
   2. 원만한 도량을 성취하다 _ 319
      [정삼업진언~정법계진언]

에필로그 또 다른 역동성을 _ 326
찾아보기 _ 329

※ 자서

천수경에 대한 오해와 진실을 찾아서

나모못다야 나모달마야 나모승가야

"천수 치고요, 신장님 모셔서 기도하고요…." 어느 동학 스님께서 신중기도를 올렸다기에 어떻게 의식을 봉행했는지 여쭈니 하신 대답이다. 천수를 치고 의식을 시작하는 것쯤은 아마 한국불교에서는 지극히 당연한 절차라고 해도 크게 틀린 말이 아니다. 그렇다면 왜 천수경이 한국불교 의식에서 약방의 감초처럼 빈번히 쓰일까.

여러 가지로 설명될 수 있겠지만 첫째 관세음보살께서 천수다라니를 설하신 열 가지 이유를 보면 확연해질 것 같다. '중생들이 안락을 얻게 하기 위함이며, 일체 병을 없애기 위함이며, 저들이 수명을 얻게 하기 위함이며, 풍요를 얻게 하기 위함이며, 일체 악한 업과 중죄를 멸하여 없애기 위함이며, 모든 장난을 여의기 위함이며, 일체 청정한 법과 모든 공덕을 늘어나도록 하기 위함이며, 일체 모든 착한 일을 성취하도록 하기 위함이며, 모든 두려움을 멀리 여의게 하고자 함이며, 모든 구하고 원하는 것을 만족시키기 위함'이라고 하셨다. 어찌 좋아하지 않을 수 있겠는가.

둘째, 열 가지 다라니를 설하는 이유에 걸맞게 신묘장구다라니(이하 '천수다라니'라고 함)의 다른 이름[異名]에서 불자들에게 사랑받게 된 이유를 찾을 수 있다. 가범달마 역『천수천안관자재보살광대원만무애대비심다라니경』에는 광대원만(廣大圓滿), 무애대비(無礙大悲), 구고(救苦), 연수(延壽), 멸악취(滅惡趣), 파악업장(破惡業障), 만원(滿願), 수심자재(隨心自在), 속초상지(速超上地)의 아홉 가지 다른 이름이 있는데, 핵심은 넓고 크게 채워 주고 없애 준다는 것이다. 어찌 좋아하지 않으랴. 우리는 현재 신묘장구다라니라고 부르거나 대비주, 천수(주)라고 약칭한다.

과거세에 천광왕정주여래에게 이 다라니를 받아 우리에게 전해 준 관세음보살은 이 다라니를 한 번 듣고 초지에서 단박에 8지(地)로 뛰어넘을 수 있었다. 흔히 유가(瑜伽, yoga)에서는 보살의 수행계위인 십지의 초지에서 8지까지 오르려면 2아승기겁이 소요된다고 하지만, 이 경전에는 이 다라니를 한 번 듣고 초지에서 8지로 뛰어넘었다고 설하고 있다(속초상지다라니로 불림). 또 만원, 구고, 연수 등에서 보듯이 일체 출·재가를 막론하고 소원을 성취시켜 주는 다라니로 그 공능이 다양하여 개인 발원이나 삼매를 닦는 도구로 머물지 않고 도량의 가지, 결계, 엄정의 성취에 쓰이는가 하면 악취를 멸하는 등 제멸(除滅)의 의례에 빈번히 활용되고 있다. 그 결과 여느 경전이나 다라니보다 자주 접촉하게 되었고, 분량도 적당하고 의례에 자주 쓰이다 보니 우리말 음운변화를 따라 변화되어 읽기가 쉬워져 변화가 적은 여타 다라니보다 친근하다는 것과 '시리시리' '소로소로' 등의 의성어가 많이 등장하여, 진언과 하나 되는, 몰입이 쉽다는 점 등으로 다른 다라니에 비해 우위를 점할 수 있지 않았을까 하고 추측한다.

천수경의 친연성과 관세음보살에 대한 지극한 믿음으로 신심 있는 불자들은 '관세음보살' '관세음보살' 하며 늘 입에 달고 산다. 자나 깨나 관세음보살을 찾는다. 우리말에 노는 입에 염불한다는 말이 있듯이 짬만 나면 관세음보살을 염하는 것이다. 답은 여기에 있다. 우리가 늘 찾는 관세음보살은 미래 악업 세상의 번뇌 많은 중생에게 이익을 주기 위해 신통하고 그 성능이 뛰어난 다라니를 전해주었기 때문이라고 할 수 있다.

스님들은 대개 천수를 친다고 하지 천수경을 친다고 하지 않는다. 이런 말을 꺼내면 '아니 초짜처럼' 하는 반응을 보인다. 당연히 천수경을 줄여 천수라고 하는데 그런 걸 뭐 하려고 따지냐는 투로 말이다. 과연 그럴까. 천수는 천수경의 약칭일까. 예전의 의례 곳곳에는 '천수 운운'이라는 표현이 빈번히 등장한다. 필자는 『한국불교전서』 의례관련 문헌 번역의 증의(證義)를 맡을 때마다 이것을 '천수경을 읽는다'라고 번역해서는 안 된다는 것을 누차 지적하고 있다.

현재와 같은 '천수경'이 천수경이라는 이름으로 책이 만들어지고 유포된 것도 과히 오래된 일이 아니다. '천수경'이 『불경요집』(1925)과 같은 경문이나 의식규범집에 '불설천수경' 혹은 '조송주문'의 형태로 빈번히 나타나기 시작한 것은 19세기 말 20세기 초엽이라고 할 수 있다.

그러므로 이전 의궤에 있는 '천수'라는 표현은 우리가 알고 있는 현재의 천수경을 의미하지 않는다. 이전의 의궤에 나오는 '천수'는 '천수다라니', '대비주(중국의 의궤에는 주로 대비주로 표기됨)'라고 하는 것으로 현재 한국불교에서 널리 읽히는 '신묘장구다라니'를 지칭한다.

천수주가 의식에 자주 쓰이다 보니 의식을 집전하는 스님들뿐만 아니라 웬만한 불자들은 암송하고 있다. 그러다 보니 의궤를 편찬하고 목판을 만들 때 당연히 알고 있는 천수주를 일일이 적을 필요가 없었을 것이다. 하여 '천수 운운'이라거나 '천수'라는 표기만 남겼다고 할 수 있다. 이같은 연유로 '천수'라는 말은 현행 천수경이 형성되기 훨씬 이전부터 '천수 (바라) 친다'는 말로 전승돼왔다고 보인다.

'천수 친다'는 말이 자연스럽게 정착된 그 위에 '천수'는 천수다라니의 위대한 공덕과 능력으로 조석에 행하는 대소 염송 의궤를 흡인하여 현재 우리가 읽고 외우는 '천수경'으로 모습을 갖추게 되었다. 이제 천수 친다는 말은 천수주를 (바라를) 치는 것이 아닌, 천수경을 암송한다는 의미로 통용되게 되었다.

자비의 아버지 관세음보살은 우리에게, 고통 속에 건져 줄 강력한 힘을 지닌 이 다라니를 설하여 주신다. 대체로 다라니들은 이름이 여럿 있다. 그런데 이 다라니는 무려 아홉 가지나 된다. 이름이 많다는 것은, 여래의 열 가지 다른 이름에서 알 수 있듯이, 그 공덕과 능력이 많아서일 것이다. 공능(功能)이 많은 만큼 다양한 역할을 하게 되어 다양한 의례에 쓰이게 되었다.

그중 하나가 바로 천수경의 핵심 역할인 우리의 소원을 채워 주는 만원다라니이며, 업장을 녹이는 파악(破惡)다라니요, 마음속의 삼악도를 없애는 멸악취(滅惡趣)다라니이다. 소원을 이루고자 할 때는 어떻게 기도해야 할까. 불교에는 다양한 수행법만큼이나 다양한 기도법이 존재한다. 수행과 기도의 본질적 차이는 잠시 미뤄 두고 흔히 말하는 기도하는 법부터 살펴보자. 일체중생에 대해 자비심을 일으키며 관세음보살이 발원했던 열 가지 원과 여섯 가지 악업을 없앨 것을 발원해야 한다. 그리고 관세음보살과 관세음보살의 본사 아미타불을 오로지 염하며 하룻밤에 다섯 편 이상 채워야 한다. 이같이 신앙하며 기도하는 '만원' '파악' '멸악취'의 행법/의식은 1편에 해당이 된다.

한국불교에서 염송되는 현재의 천수경은 여타 대승불교를 신앙하는 국가에서는 찾아볼 수 없다. 천수신앙과 천수다라니 신앙은 존재하나 현재 우리가 염송하는 것과 같은 천수경은 없다는 것이다. 이는 무엇을 의미하는가. 천수경이 우리나라에서 형성되었다는 것을 의미한다. 흔히 불경은 성립이라는 표현을 쓰지만, 의식을 봉행하는 데 쓰이는 일종의 대본이라고 할 수 있는 의궤(성립이라고 할 수 있는 것이 있지만)에는 형성이라는 표현이 적절할 듯하다. 의례는 시대와 지역에 따라 다양한 형태로 나타나기 때문이다.

이쯤에서 표제어와 제목에 대해 한마디 해명해야 할 것 같다. 천수경에 대한 오해와 진실을 의궤에서 찾는다고 했다. 그렇다면 종전에는 천수경을 어떻게 보았다고 해서 그러냐고 반문할 것이다. 한마디로 말하면 종전의 천수경 연구서와 해석서는 현행 천수경은 완결성이 있다는 측면에서 주로 다루고 있다고 할 수 있다. 물론 일부 연구서에서는 천수경이 역사적으로 적층이 되고 의궤라는 공간 속에 존재해 왔다는 것은 말해 왔다. 이 책은 이 점에서 좀 더 나아간다. 현행 천수경에 내재한 이전의 의궤들을 복원해 고유의 이름을 붙여 주고 본래 의미를 찾아 설명한다. 그 과정에 자연히 천수경과 유사 의궤들이 종합되는 모습을 어렴풋이나마 볼 수 있을 것이다. 다시 말하면 천수경에는 의궤라는 사건이 횡적으로 결합하고 역사라는 흐름에 따라 종적으로 적층이 되며 형성된 모습을 보인다. 하여 횡설수설할 것이다. 횡설(橫說)은 가로축의 공시(共時)적인 설명이고 수설(竪說)은 세로축의 통시(通時)적인 설명이라는 뜻이다. 이 과정에 불교 내부에서 자주 다루어지지 않았던 진언의 표기, 한문 문법의 이해, 불교 게송의 문학적 설명 등이 조금씩 다뤄질 것이다.

구함을 따라 원을 채워 주는 만원(滿願)과 파악(破惡)다라니로 대표되는 천수다라니행법에, 특별 의궤에서 쓰이는 행법들이 합편된 채 염송되고 있는 현행 천수경의 특징상 의궤라는 사건과 역사라는 시간 속에서 형성된 천수경의 의미를 톺아본다는 것이다.

완고할 것 같지만 의례는 의외로 변형을 겪는다. 그것은, 대장경을 가득 채우고 있는 예참과 송주 및 공양의궤들이 증명해 준다고 하겠다. 특정 시공간과 상황에 따라 적잖은 변화를 보여 온 의궤를 바르게 설명하려면 공간의 횡축과 시간의 종축을 동시에 관찰해야 의례규범의 의미를 바르게 이해할 수 있다. 다른 의궤의 영향으로, 마치 한 지붕 세 가족처럼 한 의궤에 자리하고 있다고 그것들을 인과적으로 설명하거나 그럴듯하게 자의적으로 이해하는 것이 능사인지는 독자 제현께서 논의의 진행을 봐 가면서 판단하시면 좋을 것이다.

약방의 감초처럼 천수경은 거의 모든 의례에 쓰이고 있다. 천수경을 바르게 이해하기 위해서는 천수경의 모본이라고 할 수 있는『천수천안관세음보살광대원만무애대비심다라니경』을 정독할 필요가 있다. 천수경과 관세음보살 사십이주가 실린 이 경전에 따라서 천수경행법이 시설될 수 있었다. 이 경전에서 경전이나 주문을 읽고 외우는 행법을 살펴보아야 한다. 그리고 여타 의궤들이 어떻게 행해지고 있는지를 알 필요가 있다. 제2편에서 제6편까지는 천수경에 들어 있는 여타 의궤에서 실행되었던 의문이라고 할 수 있다. 이 책에서 이 같은 모든 행법과 역사를 다 설명하는 데는 한계가 있다. 가능한 범위 내에서 집중적으로 설명하고자 한다.

현행 천수경에는 '신묘장구다라니' '준제진언'의 본주와 그리고 8(12)개의 주문, 7언 1구와 5언 1구의 송, 4언 12구, 7언 1구의 십원과 10대원 등의 율문이 주를 이루며, 칭명하여 가피를 구하는 귀명성호(聖號)와 제목뿐이다.

천수경 구조에 대해서는 "10문 3분 5단설; 삼단설; 8단락설; 제5의식 중 전 제4의식"[1] 등 학자들의 다양한 견해가 있지만, 이 책에서는 원초적인 제1편 천수다라니행법; 수륙재 등을 열기 위해 도량을 엄정하게 하는 제2편 도량청정행법; 업장을 참회하는 제3편 참회행법; 준제진언을 염송하는 제4편 준제지송행법; 수계 후 서원하는 제5편 발원행법; 의궤 편찬과정에서 천수경의 마지막으로 이해되고 있는 '귀명삼보'(새로운 행법을 시작하는 '거불'이라고 할 수 있는 '나모상주시방불법승')와 작단의궤의 네 진언에 제6편 '새로운 세계로'라는 편명(篇名)을 부여하고, 현행 천수경의 용도와 해석 등에 대한 갖가지 오해와 진실을 찾아 나선다.

그동안 천수경의 이해와 설명이, 완결성을 전제로 설명되고 이해되었다면 이 책은 천수경 각 부분의 독자성을 부각하여 그 안에서 인과를 찾아 나갈 것이다. 일반적인 경전해석을 지양하고 여러 의궤에서 차용되어 생성된 이 경전의 특징을 찾아볼 것이다. 그 과정에는 자연 원초 의궤에 대한 이해가 전제돼야 하므로 염송행법, 예참행법, 수륙재 등 재공의식의 해당 부분의 의궤를 일별할 것이다. 천수경에는 각 구문의 성격을 이해할 수 있는 협주와 같은

---

[1] 졸고, 「'현행' 천수경의 구조와 의미」(『한국선문화연구』제7집, 한국불교선리연구원, 2009), 219~252.

주가 없으므로 선행 자료나 타 의궤에 의지해야 현행 천수경의 형성 이면을 이해할 수 있다고 생각한다.

    그러므로 진언을 빼고 나면 천수경은 제목과 운문의 게송이 주다. 이러한 천수경의 의미를 찾으려면 시적 장치와 율격을 참고하여 문학적 특성 파악과 문법 분석 등 여러 방법이 필요하다. 그렇지 않으면 의례의 현장성과 고도의 신심 성취라는 행법의 특성으로 인해 자의적인 해석으로 흐를 개연성이 다분하기 때문이다.

    바람이 있다면, 관세음보살님의 한량없는 가피를 체증하고, 천수주 염송 행자의 깨침이 오롯이 드러나는 데 이 책이 조금이라도 보탬이 되었으면 좋겠다. 단지 재주 적음이 우려될 뿐이다. 행여 구설의 보를 면하게 해줄 산하 제현 석덕(碩德)의 가편과 논의가 있다면 더없이 고마운 일이 될 수 있지 않을까 한다.

2024년 3월, 牛辿

제1편
천수다라니행법

1. 몸과 마음을 맑히다
2. 성현을 청하다
3. 법문·법장을 청하다
1) 찬탄하며 예경을 올리다
2) 십원과 육향을 발하다
3) 가호를 청하다
4. 다라니를 설하다

제1편 천수다라니행법

제1편은 앞에서 소원을 채워 주고 악업을 없애 주는 행법/의식이라고 말했다. 다시 말해 천수주 수행의 온전한 방법이 정연하게 갖추어져 있다는 것이다. 이 행법은 『천수천안관세음보살광대원만무애대비심다라니경』('천수다라니경'이라고 약칭함)에 제시된 법에 따르고, 몸과 마음을 청정하게 하고 성현을 청해 다라니를 청하는 부분이 더해져 완성되었다. 천수다라니를 염송하여 원을 이루고자 하는 수행자는 이 같은 방법으로 천수다라니를 관세음보살께 청해 받아 1일에 21편 독송의 정진을 수행한다.

이 천수다라니경뿐만 아니라 여러 염송의궤에는 구체적인 염송법이 설해져 있다. 먼저 마음을 깨끗이 하고, 여러 가지 잡스러운 생각을 없애는 등 마음을 제어한다. 그리고 한곳에서 일체 제불보살에 머리 숙여 예배하여 참회하고 삼업이 청정하게 한다. 그런 뒤에 일체 송주 등을 하는 것이다.[1]

지금은 대체로 법당 등 실내에서 주로 염송하며 정진하

---

[1] 『저리삼매야부동존위노왕사자염송법』(대정장21), 7上.

나 예전에는 단을 만들고 수법하여 정근한다는 것을 경궤들은 알려 주고 있다. 예참 의궤에는 깨끗하게 도량을 장엄한다는 의미의 '엄정도량'편이 목차의 가장 앞에 나온다. 도량을 장엄하는 방법은 같지 않지만 대체로 주변을 깨끗이 하고 불상을 모시라고 하고 있다.

가령 관행(觀行)의 사전 예참행법에 천수다라니가 채택된 비교적 이른 본이라고 할 수 있는, 사명지례(知禮, 960~1028)가 찬집한 『천수안대비심주행법』의 도량장엄법을 보면, 진흙 향으로 땅을 바르며 여러 번을 걸고, 불상은 남향으로 관세음보살상은 동향으로 하는데 천수안관음상이나 사십이수상(手像)을 안치한다. 만약 이 상들이 없으면 6수나 4수상 혹은 관음상모 앞에서 혹은 석가상·세지상 등도 무방하다는 등 도량을 엄정하는 설단 방식을 설하고 있다.

『하야게리파관세음보살수법단』에는 단 만드는 법이 좀 더 구체적이다.

> 사문이나 바라문 모든 선남자 선녀인 등이 보살법을 받고자 하면 4주(肘: 1肘는 1자 반의 길이)의 단을 지어야 한다. 뛰어나고 청정한 곳을 찾아 잘 쓸고 물을 뿌려 깨끗이 청소하며 땅에 향수와 우분으로 (바르고) 갖가지 여러 잡색의 번과 보배 요령을 달고 거울을 차고 아울러 금은 등 갖가지를 사이에 섞어 도량을 장엄한다. 그 도량 가운데 가로세

로 4주의 오색의 단을 세운다. 먼저 아래에는 백색 다음은 황색 다음은 적색 다음은 흑색으로 네 문을 만든다. 그 단 중심에 연화좌를 만들어 하야게리파관세음상을 안치한다. 동문에는 화좌를 만들어 십일면보살을 안치하며, 북문에는 연화좌를 만들어 팔비관세음을 안치하며, 남방에는 난타 용왕 등 여덟 용왕을 안치한다. 45개의 등을 켜고 먼저 여덟 용왕을 부른다.

옴 도야비도야 아쨔나가라도야 아라천도 스바하

그 단 서문 근처 남쪽에 한 화로를 안치한 다음에 중심인 하야게리파보살을 청하고 다음에 8비관음을 청한다.(신인: 身印이 온다) 옴 야세야첩담 스바하.[2]

이렇게 준비된 도량에서 천수주를 염송하는데 하룻밤에 다섯 편을 채우면 몸 가운데 백천 만억 겁을 살고 죽어야 하는 무거운 죄가 멸해 없어진다는 것이다. 현재 염송하는 천수경은 사실 이 천수주를 염송하는 행법이 중심이다. 가범달마(7세기경 인도인) 번역의 천수다라니경에는 십원과 육향과 칭명존호만 제시되었다.

3장의 계수 찬탄은 불공(不空, 705~774) 역 『천수천안관세음보살대비심다라니』에 실려 있다. 적어도 8세기 말에는 국내에 유입되었을 것이나 이 행법을 알 수 있는, 잘 알려

---

[2] 『何耶揭唎婆觀世音菩薩受法壇』(대정장20), 171下~172上.

진 문헌으로 『5대진언집』이 있다. 불공 번역과 가범달마의 다라니와 42주(呪)가 연이어 편철되어 전해지고 있다. 순수한 천수주 행법이라고 할 수 있다.

이 천수다라니행법 서두에 합쳐진 독송 또는 염송의 사전행법 '정구업진언·오방내외안위제신진언·개경게·개법장진언'이 언제부터 천수다라니행법에 합편되었는지는 단언하기 어렵지만 『권공제반문』(1574)의 '염불작법', 『염불작법』(1575), 『염불보권문』(1764) 등 16세기 염불작법의 선행행법으로 천수주행법의 서두에 나타나다가 안주 은적사에서 팔관이 간행한 『삼문직지』(1769) 등을 거치면서 송주행법의 정형화가 이루어졌다고 할 수 있다.

현행 천수경에서 천수다라니행법의 순수성을 확보하려면 여타의 행법(특히 완결성이 뛰어난 제4편의 준제행법)에서 분리되었으면 좋겠다는[3] 의견이 적지 않다.

---

3 김호성, 대한불교조계종 '한글천수경 토론회' 공청회(2008.10.25.)에서 주장하였다. 『경허집』의 법문곡 뒤에 준제행법이 준제진언 염송 후 발원 부분만 간략하게 나타나고 비교적 온전하게 실려 있는 사례를 볼 수 있다. 『한암선사 육필본 경허집 영인본』, 대한불교조계종 제4교구 본사 오대산 월정사, 2009, 171~172.

1. 몸과 마음을 맑히다

淨口業眞言 [정구업진언]
「수리 수리 마하수리 수수리 스바하」

 이 책의 6편 18장 가운데 원문이 가장 짧은 장이다. 왜 진언 하나가 한 장을 차지할 수 있는가. 첫째는 무엇보다도 이 구절이 중요하다는 것이다. 둘째는 다음 구의 오방내외안위제신진언과는 그 의미상 차이가 있기 때문이다. 먼저 천수주(신묘장구다라니) 염송 정근을 하려는 수행자의 자세를 알아보자. 관세음보살은 천수다라니경에서 이렇게 말씀하고 계신다.

> 만약 이 신주를 독송하고 수지하려는 선남선녀는 광대한 보리심을 발하고 일체중생을 제도하겠다는 서원을 세워야 한다. 몸은 부정하지 않도록 계율을 지키고 중생들에게 평등심을 일으키며 항상 이 신주를 독송하되 끊임이 없도록 하라. 깨끗한 방에 머물러 청정하게 목욕하고 깨끗한 의복을 입어라. 번과 등을 달고 향 꽃 온갖 음식으로 공양 올리며, 마음을 바로잡아 한곳에 둘 것이요,~
> 다시는 다른 일을 쫓아다니지 말라. 만약 현세에서 구하는 소원이 있는 중생은 삼칠(21)일을 청정하게 계율을 지키며 이 다라니를 독송하면 소원을 이룰 것이다.~

만약 세간의 괴로움을 싫어하고 장생의 즐거움을 구하려는 사람이 있다면 한가하고 고요한 곳에서 주변을 청정하게 갖추고 주의(呪衣)를 입고 물이나 음식을 먹을 때 향을 사르거나 약을 먹을 때 다라니 108편을 독송하고 행하라.[4]

송주(誦呪)를 하려면 먼저 보리심을 내고 몸을 깨끗이 하며 계율을 지킬 것을 설하고 있다. 보리심을 발하는 구체적인 의궤는 뒤로 미루고, 몸을 깨끗하게 하는 행법의 의미와 방법의 순서를 보자.

위에서 보듯이 몸을 깨끗이 하라고 하고 있다. 때때로 '정구업진언'보다 '정삼업진언'이 더 적합하지 않은가, 정구업진언 다음에 정삼업진언을 합편해야 한다는 의견이 종종 들린다. 의미 있는 지적이다.

경전을 읽기 위한 사전의식이라고 할 수 있는 이 송경의식으로 고래의 본은 부(傅)대사 금강경,『금강경언해』등에 실린 것이 비교적 원형에 근접하고 있다고 할 수 있을 것이다.『금강경언해』(1464)의 송경의식을 보자.

금강경계청, 정구업진언, 안토지진언, 보공양진언, 청8금강4보살, 발원문, 운하범(云何梵), 개경게를 하고 본문으로 들어간다. 정구업진언은 입으로 지은 업인 구업을 참회

---

[4] 伽梵達摩 譯,『千手千眼觀世音菩薩廣大圓滿無礙大悲心陀羅尼經』(대정장20), 108上, 109上, 109中.

하고 (성현을) 토지에 청해서 진언으로 널리 공양한 후 8금강과 4보살을 청해 가호를 청하고, 인사를 올린 다음 발원을 하고, 장수를 어떻게 얻는가와 붓다께 미묘한 비밀의 문을 열어 널리 중생을 위해 법문을 설해 달라고 범음으로 청한 뒤에 경전을 여는 게송을 하고 본문을 청해 듣는 순서로 진행되고 있다. 전형적인 법석의례이다.

한국불교의 송경의식은 현행 천수경에 실린 '정구업진언 오방내외안위제신진언 개경게 개법장진언'의 순서로 정형화되어 있다고 할 수 있지만 『삼문직지』(1769)에는 어느 지적에서처럼 정구업진언 대신에 정삼업진언을 염하고 있다. 또 한국불교와 같이 대승불교를 신봉하는 또 하나의 지역이라고 할 수 있는 홍콩에서 발행된 『백의관음신주』에도 '정구업진언 · 정신업진언 · 안토지진언'의 세 진언을 지극한 마음으로 염송하라고 하고 있다. 정구업진언은 한국불교와 다르지 않고 안토지진언은 '오방내외안위제신진언'과 같다.[5] '오방내외안위제신진언'의 이름의 변천과 의미에 대해서는 2장에서 자세히 다룬다. '정신업진언'은 몸으로 짓는 업을 깨끗하게 하는 진언이라는 뜻이다. 그런데 왜 삼업 가운데 마음으로 짓는 의업을 맑히는 진언을 하지 않을까.

---

5 『白衣觀音神呪』(香港: 興亞印刷公司, 2006), 四面.

수륙재 등을 하기 위해 계단을 설치할 때 하는, 몸과 말과 뜻으로 짓는 업을 참회하는 정삼업진언이 의미상 옳을 터인데 정구업진언이 등장하고 있다. 왜일까. 여러 설명이 가능하겠지만 입으로 짓는 언어는 마음속의 좋아함을 나타내고, 언어로 드러난 업이나 드러나지 않는 업이 모두 입으로 짓는 업과 관련이 있기 때문이다.

인간은 입을 통해 말로 의사를 전달하고 다른 사람들과 관계를 이루면서 생활한다. 그러므로 말이 차지하는 비중은 대단히 높다. 우리 속담에 '말 한마디로 천 냥 빚을 갚는다'라거나 '말이 씨가 된다'라는 말이 널리 회자가 된다. 말이 갖는 무게가 어느 정도인지 보여주는 대목이다.

사람들은 무슨 일을 하다가 잘되지 않거나 집안일이 잘 안 풀릴 때, "아이고, 내 팔자야. 내가 전생에 무슨 업을 지었길래…" 하고 탄식하거나 '업이야.' '업장이 두터워서'라고 하는 말을 하고 많이 듣게 된다.

그렇다면 업, 업 하는 업이란 무엇일까. 업은 인도 말 갈마(karman)라는 말을 번역한 것으로 (농사를) '짓는다'라고 하듯이 '짓는다'라는 뜻이다. 행위, 소작(所作)·행동(行動)·작용(作用)·의지(意志) 등으로 해석되며, 몸과 마음의 활동이다. 혹은 의지로 말미암아 몸과 마음의 생활이 일어나게 하며 원인과 결과에 관계하며 결합한다. 즉 과거의 행위가 이어져 다음에 형태가 이루어지는 힘이 된다. 또 업에는 행위의 선악 고락(苦樂) 인과보응 사상이 들어 있다. 곧 과거 현재 미래 등의 윤회사상이라고 할 수 있다. 업(業)설은 원래 인도에서 유행되던 사상인데, 불교에서 이러한 관념을 채용하여 사람들이 미래를 위해 노력하게 하는 근거로 삼았다.

결국 업(業)은 인도 고유의 사상에서 불교가 채용하여 새롭게 해석한 사상이라고 할 수 있다. 인도 업론(業論)이 현실을 수용하도록 설득하는 데 활용된다면 불교의 업은 미래의 삶을 위해 현재의 행위 지침을 알려 주는 목적이 있음이 다르다고 할 수 있다. 현재를 구속하는 사상이 아닌, 미래의 결과를 이룰 수 있는 현재의 행위를 하도록 인도하는 사상이다. 현실을 숙명으로 수용하라는 것이 아니라 바람직한 미래를 향해 자신의 행위를 스스로 선택하도록 권하는 것이 불교 업설(業說)의 특징이라고 할 수 있다. '지은 대로'가 아니라, '짓는 대로'를 말하는 데에 특징이 있다고 할 수 있다.

업에는 신업(身業) 어업(語業) 의업(意業)의 삼업이 있다. 이 삼업에는 다시 몸으로 짓는 업 세 가지, 마음으로 짓는 업 세 가지, 입으로 짓는 업 네 가지 등 열 가지의 하위의 업이 있다고 한다. 이 가운데 입으로 짓는 나쁜 업 네 가지는 거짓말, 이간질하는 말, 나쁜 말, 발린 말이다.

말로 지은 나쁜 어업(語業, vāk-karman) 또는 구업을 참회하기 위해 '정구업진언'을 염송하는 것이다. 말이나 행동이나 생각으로 어떤 업을 지었다고 해서 다 악업은 아니다. 입으로는[언에] 거짓말을 하지 않고 이간질을 하지 않고 나쁜 말을 하지 않고 발린 말을 하지 않는 것이 입으로 짓는 선한 업이라 하고; 몸으로는[행동] 상해를 끼치고, 주지 않는 것을 가지며, 옳지 않은 이성 관계를 갖지 않는 것을 몸으로 짓는 선한 업이라 하고; 생각으로는[의지] 탐내지 않고, 성질내지 않으며, 삼법인 등에 정견이 아닌 어리석게 사고하는 것을 뜻으로 짓는 선한 업이라고 한다. 이것이 열 가지 선업[十善業]이다. 나쁜 업[惡業]은 나쁜 과보[惡報]로 나타나지만 선한 업은 선한 과보로도 나타난다.

선악에 대한 불교의 독특한 인식이라고 할 수 있다. 일반적으로 이것은 선행 행위, 저것은 나쁜 행으로 나누나 불교에서는 나쁜 행위를 하지 않는 것을 선한 업이라고 하여 얼핏 보면 소극적인 것 같지만 선악이라는 이분법에서 벗어나 자유 의지로 선업(善業)을 닦을 것을 역설하고 있다고 하겠다.

말로 지은 업은 마음의 드러남이라는 설명에서 보듯이 입으로 말하며 지은 구업으로, 구업을 깨끗이 한다는 것은 마음을 깨끗하게 하는 것과 같다는 것을 확인할 수 있다. 그렇다면 입으로 말을 해 지은 '구업'을 어떻게 맑히는가. 바로 다라니를 읽으며 참회를 하는 것이다. 다라니의 공능에 의지하는 것이다.

진언의 깊은 세계로

진언(眞言)은 범어 만트라(mantra)의 번역어로 만달라(曼怛羅)·만다라(曼茶羅)로 음사(역)하고 혹은 다라니(陀羅尼)·주(咒)·명(明)·신주(神咒)·밀언(密言)·밀어(密語)·밀호(密號)라고 번역한다. 곧 '진실하여 헛되고 거짓되지 않은 말'이라는 뜻이다. 밀교에서 말하는 삼밀 가운데 어밀(語密)에 해당하며 '진언비밀'이라는 것이다. 또 불보살과 제천 등의 본래 서원의 덕을 가리키거나 그분들의 다른 이름이다. 깊고 오묘함이 함유된 교법의 비밀 어구를 가리키므로 범부나 이승(二乘: 성문과 연각)은 알 수 없다. 하여 진언에 대해 고르게 번역하지 못하므로 그 원음 그대로 사용하여 염송하고 혹은 베껴 쓰는 것[書寫]을 인정하고 그 문자를 관한다[作觀: 관하는 수행]. 즉 그렇게 하면 진언과 같이 그에 상응하는 공덕을 얻을 수 있다. 그러므로 진언은, 즉신성불(即身成佛)에 이르는 길이며, 깨달음을 열어 주며, 세속의 소원과 바람을 채우게 할 수 있다.

예를 들면, 광명진언(원명: 불공견삭비로자나불대관정광진언)을 듣게 하면 듣는 이가 가지고 있던 죄의 장애를 소멸할 수 있고; 광명진언을 외워 흙과 모래에 가지(加持, 위력을 가하여 지니게 함)하여 죽은 이의 시체나 무덤 위에 뿌리며 가지의 힘으로 곧 죽은 이의 죄를 소멸할 수 있고, 죽은 이가 서방 극락세계에 왕생할 수 있다고 하였다.

진언 만트라(mantra)의 문자적 의미는 사유하는 도구라는 뜻인데, 특히 신이나 귀신 등에게 하는 신성한 언어 구절이다. 이 만트라를 외우는 풍습이 인도에는 오래전부터 유행하였음을 베다 경전 중에서 볼 수 있다. 다만 만트라문학 중에서는 만트라를 해석하면 사유 해방이라는 뜻이다. 곧 나고 죽는 속박에서 인류를 해방[解脫]하게 하여 주는 사유라고 하겠다.

이 같은 뜻 외에 진언에는 ①밝다[明, vidyā]: 배우고 묻는다는 지식이라는 뜻이 있고, ②다라니(dhāraṇī, 總持): 입으로 설하는 것을 다라니라 하고, 몸을 명이라고 표현한다. ③ 또 진언에서 긴 것을 다라니, 짧은 것을 진언이라고도 하며, 한 자 두 자 등을 종자(種子)라고 한다.

또 넓은 의미로는 언어 문자가 아니라 밀주로 표시되는 것을 진언이라고 하거나 법신불의 설법을 진언이라고 한다. 또 산봉우리 솔바람 물 흐르는 소리와 같은 모든 것이, 여래의 진여 실상을 연설하는 법이 아닌 것이 없다고 하며 이를 다 진언이라고도 한다.

진언에 대한 밀교의 분류는 번다한데 그중에 많은 글자는 다라니, 한 글자는 진언, 글자 없는 진언은 실상이라는 형식적 분류도 있다. 이 분류로 볼 때 일자 진언 외에는 다라니라고 해야 하지만 예전 의궤에서 반드시 그렇게 구분돼 쓰인 것이라고 하기는 어렵다.

동아시아 불교국가들에서는 진언은 번역하지 않고 소리 그대로 읽어 왔다. 곧 현장이 정한 오종불번(五種不翻)이다. 첫째 비밀고(秘密故)로 다라니와 같이 미묘하고 깊어서 생각할 수 없는 단어이므로, 둘째 다함고(多含故)로 한 말에 많은 뜻이 있으므로, 셋째 차방무고(此方無故)로 이곳(중국)에는 없는 물건이므로, 넷째 순고고(順古故)로 예부터 음사만으로도 알 수 있는 아눗다라삼먁삼보디와 같은 단어이므로, 다섯째로 존중고(尊重故)로 반야와 같이 번역하면 그 참뜻이 오히려 가벼워지므로, 중국어로 번역할 때 뜻으로 풀지 않고 음사(역)로만 번역하기로 한 원칙을 말한다.

진언을 잘 알지도 못하면서 간략히 풀어 보는 것은 언어는 모두 의미가 있다는 속세 범부의 차원이지 성현의 경계를 가벼이 여겨서가 결코 아니다. 「수리수리 마하수리 수수리 스바하」라 표기된 '정구업진언'에는 진언의 접두어 '옴' 또는 '나무'가 없다.[6] 수리는 범어로 스리(śrī)이며 '좋다[吉祥]', '깨끗하다, 깨끗이 한다[淨]'라는 뜻의 형용사이다. 마하수리(mahāśrī)는 '참으로 좋다[大吉祥]'는 뜻이며, '수수리(suśrī)'는 '묘하게'라는 뜻의 형용사 '수(su)'가 붙어 '묘하게 좋다', '묘하게 깨끗하다'는 의미 정도이다. 마지막으로 '스바하(svāha)'는 '말하다'는 뜻의 '아(ah, āha)'에 '수(su)'가 첨가된 것으로 '말한 것이 이루어지다'라는 뜻으로 '성취되다', '원만해지다'라는 정도의 의미라고 할 수 있다. 이상의 내용을 전제로 위 진언을 번역해 보면 '깨끗하고 깨끗하다, 참으로 깨끗하다, 그렇듯 깨끗하니, (모든 것이) 원만히 성취되다'라는 뜻이라고 할 수 있다.

새해 인사 때 '올 한 해도 하는 일이 술술 풀리기를 바라네.' 하는 덕담을 건네는 경우를 많이 본다. 아마 이때 '술술'은 정구업진언 '수리수리'의 축약형이거나 그 영향일 수도 있지 않을까 하는 생각이 든다.

---

6 『염불보권문』(한국불교전서9, 55下)에는 범자로 '옴' 자를 써 놓았으며, 『불가일용작법』(『한국불교의례자료총서』3, 526下)에는 미륵불 탄생을 기다려 '옴' 자를 붙인다는 최상경을 인용하여 협주하고 있다. 과문이지만 최근 중국이나 일본의 송주경서에는 언급하는 것을 보지 못했고 '옴'자가 등장한다.

2. 성현을 청하다

五方內外安慰諸神眞言[오방내외안위제신진언]
「나무 사만다 못다남 옴 도로 도로 지미 스바하」

천수다라니를 받기 위해 앞의 장에서 '정구업진언'으로 자신뿐만 아니라 도량을 깨끗하게 하였다. 이제 성인을 청해 우리가 원하는 것을 아뢰거나 경전을 설해주실 것을 청해야 할 차례이다.

성인을 청하기 위해 도량을 청정하게 한 행자는 이제 성인의 강림(내려오심)을 청하는 진언을 염송한다. 이 책에서 한 분장 가운데 가장 많은 오해를 불러일으킬 수 있는 곳이 바로 이곳임을 제현들은 이미 눈치채셨을 것이다.

그동안 이 진언은 '오방내외에 제신을 위로하는 진언'이라는 해석에 익숙해 있고 그렇게 이해해 왔다고 할 수 있다. 본서의 주장을 뒷받침하는 좀 길고 번잡한 인용문이 이어진다. 처음부터 독자 제현의 아량에 의지할 수밖에 없다.

중국이나 국내 고 의문에는 안토지진언, 안위제신진언 등으로 표기되었지만 현재에는 이렇게 표기되어 있다. 그 연유를 살펴보도록 하자.

누가 누구를 위로할까[7]

1932년 『조석지송』에서 '오방에 안과 밖으로 모든 귀신들을 편안이 위로하는 진언이라'[8]고 번역된 이래 '모든 귀신들이 천수다라니를 읽는 소리를 들으면 모두 놀라서 두려운 마음으로 달아나게 되므로 모든 신들을 편안히 위로해주는 진언', '안팎의 모든 신을 안위하는 진언', '오방의 모든 신은 평안한 마음으로 경문을 들으소서', '온 우주의 모든 신들을 편안케 해주는 진언'[9] 등 '오방내외 신들을 편안케 하는 진언'이나 '제신을 위로하는 진언', 존대의 명령으로 해석하고 있다. 그렇다면 이 진언은 정녕 제신을 위로하는 진언일까. 여기서 제신(諸神)은 송주(誦呪)하고 있는 우리에게 위로받아야 하는 하위의 존재들일까.

진언 번역원칙은 현장(玄奘, 602~664) 삼장의 '오종불번(五種不飜)'이 지켜져 왔고 의미도 있다. 하지만 이 진언의 이름은 여러 차례 변천을 겪고 있고, 이 진언의 위치가 정법

---

7 이 단락은 대한불교조계종 포교원 포교연구실 기획하고 필자가 대표집필한 「오방내외안위제신진언의 의미: 누가 누구를 어떻게 위로할까」(불교신문, 2010.2.10일자)를 수정 보완하였다.

8 權相老, 『朝夕持誦』『韓國佛敎儀禮資料叢書』第4輯, 이하 '한의총1, 2, 3'으로 약함), 77上.

9 오고산, 『불자수지독송경』(보련각, 1976/1982), 26; 월운, 『삼화행도집』(보련각, 1986), 25; 대한불교진흥원, 『통일법요집』(대한불교진흥원출판부, 1988/1993), 286; 김호성, 『천수경이야기』(민족사, 1992/2000), 28. 이하 별도의 표기가 없는 경우는 동일 저자의 동일 책자를 지칭한다.

계진언의 일종인 정삼업진언, 정구업진언의 바로 다음이라는 데 의문이 시작되었다. 정삼업진언 정법계진언 다음에는 대체로 봉청이나 헌좌 등이 나타나야 하기 때문이다.

또 국내 최초의 천수경 해설서라고 할 수 있는 『천수해설』(1922)에는 '동서남북 오방에 있는 제위 신장이 내의 육신을 항상 옹호하게 하야 달라고 발원하는 진언이라'[10]고 하는 것으로 볼 때 이 진언을 옹호봉청(擁護奉請)진언으로 이해하고 있음을 알 수 있다. 이 해설에 의지하면 제신은 안위의 대상이 아니라 주체이다.

그렇다면 '오방내외안위제신진언'의 역할은 무엇일까. 왜 이렇게 불렸고, 처음부터 이렇게 불렸을까. 그렇지 않다면 현재의 명칭으로 불리기 시작한 것은 언제부터일까. 이와 유사한 구조 아래 유사한 진언을 보이는 독송 의궤에는 여럿 있다. 『금강경언해』(1464)에는 정구업진언 다음에 안토지진언과 보공양진언의 이후에 4금강8보살을 청하고 있다. 이 진언은 『삼문직지』(1769)에서는 '내외안토지진언', 『불가일용작법』(1869)에서는 '안위제신진언'으로, 『고왕관세음경』(1881)에 이르러 현재의 '오방내외안위제신진언'이라 명명되고 있다.

---

10 〈천슈해설: 천수해설〉은 1922년 금허 강대련(姜大蓮, 1875~1942) 스님에 의해 필사된 것으로, 일산 원각사 주지 정각(승가대 교수)에 의해 발견되고 보고되었다[불교신문 2236호/ 6월 14일자].

현재의 명칭 자의(字意)대로 오방 내외의 제신을 안위하는 진언일까. 먼저 이 진언의 자의를 살펴보자. 현재 표기되고 있는 '나모 사만다 못다남 옴 도로도로 디미 스바하: 나무 사만다 못다남 옴 도로 도로 지미 스바하'[11]를 범어로 풀이하고 있는 연구자들의 해석은 약간씩 차이를 보인다.

예A[12]

나막(namaḥ) 사만다(samanta) 웃다남(uttānam)

귀의(歸依), 원만자(圓滿者), [보]편자(遍者)

옴(oṁ) 두루두루(dūrdūr) 지비(jivi) 스바하(svāhā)

옴, 신성(神聖), 신성(神聖), 속(速)히 스와아하

예B[13]

나막(namaḥ) 살바(sarva) 붓다남(buddhānām)

일체의 각자들께 귀의합니다.

옴(Oṁ) 두루(turu) 두루(turu) 지미(jimi) 스바하(svāhā)

옴 (수레를 타고) 달리소서. 달리소서. 내려오시도다. 영광이 있기를

---

11 표기는 『三門直指』(『한국불교전서』제10책, 145상, 이하 '한불전'으로 약칭함)를 따랐다. 이 진언을 안위제신진언이라고 명기하고 있는 『진언집』의 표기는 '南無 三滿嚲 沒駄㬉 唵 度嚕 度嚕 地尾 莎(二合)訶'로 '지반문' 소재 진언을 싣고 있는 자료이므로 정삼업진언 다음에 자리하고 있다. 이는 제반문의 차례임을 의미한다.
12 김유광, 「秘密陀羅尼의 現代的 理解」(『한국불교학』, 한국불교학회, 1980), 104~105.
13 정각, 『천수경연구』(운주사, 1997), 160~161.

전반 구인 '나모 사만다 못다남'은 정법계진언과 '소청진언(召請眞言)'14류에 보이는 통상의 귀명사(歸命辭: 歸敬辭)이므로 문제될 게 없다. 이 진언의 의미를 담고 있다고 볼 수 있는 후반 구절은 『진언집』(眞言集, 1800) 소재 '자기문(仔夔文)'에는 '안좌다라니(安座陀羅尼)'라고 명명되고 있다.15 이 사실과 자구 해석으로 볼 때 이 진언은 '(도량에) 신들을 청해 모시는 진언'16이라고 할 수 있을 것 같다.

위의 분석 가운데 '지미'(地尾)에 대해 '예A'는 '지비(jivi: 속히)'로 예B는 '지미(jimi: 내려오다)'의 동사로 풀고 있다. 그런데 이 구절은 죽암 편, 『천지명양수륙재의찬요』의 '봉영거로진언' 둘째 구절에도 보인다.17 (여러 성중이 탄) 수레를 맞이하는 진언에 쓰이고 있다는 것이다. 수레를 타고 내려오시라는 청원의 의미가 담겨 있다.

대개 진언의 의미는 진언의 제목으로 유추하고 적힌 한자 음사어(音寫語: 소리대로 옮겨 적는 번역어)를 재구해서 뜻을 풀고 있다. 위의 두 연구자 또한 그와 같은 경로를 걷고 있다. 진언의 제목과는 거리가 있음을 알 수 있다. 제목에서 '청한다'는 개념을 찾기가 쉽지 않은 것이다.

---

14 映月 編, 『眞言集』(한의총3), 283.
15 映月 編, 『眞言集』(한의총3), 291上.
16 정각, 앞의 책, 161.
17 竹庵編, 『天地冥陽水陸齋儀纂要』(한의총2), 221下.

그렇다면 이와 유사한 진언과 구조가 나타나는 의궤를 살펴보자. 귀경사(歸敬辭)를 제외한 구문 '옴 도로도로 지미 스바하'가 나타나는 유사 염송의궤에서 단초를 찾아보기로 한다.

먼저 법현(4세기 중엽~5세기 초)이 번역한 『관자재보살여의륜염송의궤』에 '옴 도로 도로 훔'이 보인다. 행법은 '보거로인(寶車輅印)을 맺고, 금강어가의 칠보거로가 이루어지고 하늘로 올라 극락세계에 이르게 됨을 염송하며, 제 성중을 청하라. 곧 이 진언 3편을 외우라. 진언은 이렇다. 옴 도로 도로 훔'[18]

금강지(金剛智, 717~741)가 번역한 『불설칠구지불모준제대명다라니경』의 '결거로계(結車輅契)' 제10에도 이와 유사한 내용이 나타난다. 위에서와 같이 거로계를 맺고, 칠보로 장엄한 거로에 올라오시기를 청하는 진언으로 '옴 도로 도로 스바하'[19]가 등장한다. 이 진언의 이 '결거로계(結車輅契)' 이후에 '결영청성자계(結迎請聖者契)'가 이어지고 있다. 이후

---

18 "應結寶車輅印, ~ 想印成七寶車輅, 金剛駕御寶車, 乘空而去至於極樂世界 °請諸聖衆 卽誦眞言三遍眞言曰: 唵都嚕都嚕吽" 法賢 譯, 『觀自在菩薩念誦儀軌』(대정장20), 66下.
19 來去卽成妙言曰: 唵 睹嚧 睹嚧 莎嚩訶(結此契~請准提佛母聖者, 乘七寶莊嚴車輅, 車輅上有白蓮花座, 座上有如所畫像形, 心中想念如在目前. 卽誦妙言三遍~), 金剛智 譯, 『佛說七俱胝佛母准提大明陀羅尼經』(대정장20), 176上.

에 제반의식 등에 등장하는 도향게(塗香偈)와 그 진언도 보인다.

　죽암(竹庵) 편 『천지명양수륙재의찬요』의 '소청상위(召請上位)'편 '청제여래진언'(請諸如來眞言)에도 '옴 미보라 발라라 리 두로두로 훔훔'[20]이라 하여 유사한 진언이 등장한다.

　이 진언이 '안위제신진언'이라는 이름으로 소개된 『진언집』에는 지반문 소재 진언 가운데 정삼업진언 다음에 나타난다. 지반문은 송의 지반(志磐, 13세기)이 찬한 『법계성범수륙승회수재의궤』 여섯 권을 말하는데 '정삼업진언'을 하여 내심(內心)과 외신(外身)을 청정히 한 다음에, 열여덟 가람의 수호신왕에게 붓다의 교칙을 받들어 가람을 지켜 줄 것을 청하는 게송과 진언, 그리고 법사(法師)의 관상법이 보인다.

> 열여덟 신왕은 붓다의 칙명을 받들어
> 항상 법계를 다니며 가람을 수호하시네.
> 오직 이 맑고 깨끗한 법왕궁을
> 반드시 밝은 신께서 와서 지키시네.
> 이 날 정성으로 평등한 공양재을 일으키니
> 법음을 주고받으나 대중은 시끄럽지 않네.
> 진언에 의지하여 가지를 하니

---

20 竹庵 編, 『天地冥陽水陸齋儀纂要』(한의총2), 221上.

위로하며 기뻐하여 제신은 뛰어난 힘 더욱 느시네.

[진언은 생략한다.]

[법사는 가람을 수호하는 제신이 다 위로하며 기뻐하며 영원히 수호할 것을 발원하는 것을 생각한다[想]. 혹은 집안과 가족이 있다면 드러내 아뢴다. 요령을 흔들며 안위택신게송과 주문을 외운다.]

오직 이 주거지를 부지런히 지키시며
사람과 물상 편안히 보호하며 드러내시는 여러 신이여
위엄과 신령하고 자유자재 쓸지라도 사사로움 없으시고
불상사를 꾸짖고 금하며 법 있는 곳에 응하시네.
이 날 정성으로 평등한 공양[재]을 일으키니
성인 범부 함께 모여 다르게 항상 머무시고
진언에 의지해 가지하니
신들이 마음에 두려움이 없게 하시네.[21]

이 게송은 제신을 청해 도량을 옹호하고 (우리들의) 정신과 마음을 달래어 기쁘게 하고 탁월한 힘을 더하게 한다는 의미이다. 위로받는 대상이 제신(諸神)일 수도 있고, 또 공양을 올리려고 신구의(身口意) 삼업을 맑히는 '재자'라고도 할 수 있다. 물론 제신의 가호에 감사의 의미로 위로를 드리기도 한다.

죽암이 편찬한 수륙재문에는 '안위제신진언'은 보이지 않는다. 하지만 대회(大會) 의례상 정삼업진언, 이후에 있는

---

21 志磐 撰, 『法界聖凡水陸勝會修齋儀軌卷第一』(한의총1), 575上.

개벽오방편과 안위공양(安位供養)편에 해당하는 자리쯤이 아닐까 추측된다. 안위공양(安位供養)편은 '송대비주 안좌(安座) 신오공양(伸五供養: 다섯 가지 공양을 폄)한 뒤에 가지개통도로(가지에 의지하여 도로를 엶) 일칠(一七)편'의 순서라는 협주를 달고 있다.

염송행법이 적용된 독송의궤라고 할 수 있는 금강경을 보자. 『부대사금강경』은 '지심으로 정구업진언을 염하고 8보살 4금강 명호를 열어 칭하라'는 계청[22]으로 시작되고 있는데 사전의 독송 의궤 구절은, '정구업진언(淨口業眞言) 허공장보살공양진언(虛空菩薩普供養眞言) 운하범(云何梵) 발원문(發願文) 봉청팔금강(奉請八金剛)' 이후에 금강경 본문을 염송하고; 회향편으로 '송변계(頌遍計) 송의타(頌依他) 송원성(頌圓成)'의 유식의 삼성을 노래하는 오언율시 이후에 '대신진언(大身眞言) 수심진언(隨心眞言: 마음을 따른 진언) 심중심진언(心中心眞言: 현재의 금강심진언)'이 등장하고 있다.

이 의궤에는 정구업진언 이후에 8금강을 청하고 있지만 청하는 진언은 보이지 않는다. 그렇다면 『금강경언해』는 어떨까. 계청문을 비롯하여 '정구업진언 · 안토지진언 · 보공양진언 · 청8금강4보살 · 발원문 · 운하범 · 개경게'로, 부

---

[22] '先須至心念淨口業眞言. 然後啟請八金剛四菩薩名號, 所在之處常當擁護.' 『부대사금강경』(대정장85), 1上.

대사 금강경에 보이지 않는 '안토지진언'과 '개경게'가 등장한다. 회향편은 '보궐진언 반야무진장진언 금강심진언(심중심진언과 동일) 보회향진언'[23]으로 끝나고 있다.

유식(唯識) 삼성(三性: 변계소집성, 의타기성, 원성실성)을 노래하는 게송 3편을 뒤에 추가하고 있는, 유가 입장의 『부대사금강경』과는 입장이 사뭇 달라졌음을 단박 알 수 있다.

현재처럼 천수경이, 천수주와 준제주가 합편된 첫 의례서로 알려진 『천수경』(한글본)은 '오방내외안위제신진언' 다음에 봉청문이 없지만, 뒤편의 『고왕관세음다라니경』은 '오방내외안위제신진언' 다음에 바로 8보살을 봉청하고 있다.[24] 이것은 이 진언의 공능이 호법선신께서 이 땅에 오셔서 송주(誦呪)하는 자를 옹호하여 주시기를 청하는 데 있다는 것을 추측할 수 있다. 또 이 『고왕관세음다라니경』에 합편되어 있는 『불정심모다라니경계청』에도 금강경에서와 같은 계청법이 실려 있다.

이상의 여러 의궤에서 볼 수 있듯이 이 진언은 제 성자들께서 보배 수레를 타고 법회에 오셔서 자리에 앉으시라

---

23 『금강경언해본』(홍문각 영인본), 30~33, 343.
24 『고왕관세음경』(삼성암, 1881)에는 오방내외안위제신진언 다음에 봉청8보살을 하고 있으면서도 동일 합편된 불정심모다라니경 계청에는 정구업진언 오방내외안위제신진언 개경게 개법장진언 후에, 봉청 8금강 4보살 뒤에 경전 독송으로 들어가고 있다.

는 봉청(奉請)과 안좌(安座) 등에 쓰인 진언이라고 할 수 있다.

이제 '오방내외안위제신진언'의 의미가 봉청 안좌하는 데 쓰인 진언이라는 것은 쉽게 수용될 것이다. 그렇다면 이 진언이 왜 자신의 역할과 거리가 있다고 보이는 '안위하는, 위로한다는'의 의미를 안고 있는 현재의 이름으로 변했을까. 그 과정에는 어떤 사고가 투영되었을까.

여기서 또다시 몇 가지를 확인해야 한다. 첫째는 이 진언의 명칭이라고 할 수 있는 '안토지진언'의 의미이고, 둘째는 '안토지진언'이 어떻게 '안위제신진언'으로 변형되었을까 하는 것이다. 지금부터 우리는 이 열쇠를 찾는 여행을 떠나야 한다.

먼저 '안토지'의 의미를 찾아보는 방법의 하나로 한자 자원(字源)과 기능을 눈여겨볼 필요가 있다. '안토지(安土地)'에서 '안(安)'의 의미를 찾아보는 것이다. '안'이 일반적인 '편안하다'의 의미인가, 아니면 '안(安): (~에) 안치하다'는 의미인가. 이와 유사한 술어로 '안좌(安座)' '봉안(奉安)'이 있다. '안좌(安座)'는 '안좌(安坐)'가 아님을 유의해야 한다. 일반 한문 문법 구조로 볼 때 '안좌(安座)'는 '안좌(安坐)'로 적고 '편안히 앉다: 앉히다'가 잘 어울린다. 하지만 안좌게(安座偈) 헌좌게(獻座偈) 등에서 볼 때 '자리에 (위패를) 안치하다, 자리를 올리다'의 뜻으로 쓰인다. 그렇다면 '안토지(安土地)'는 '토지'를 제2 목적어로 보면 '(~를) 토지에 앉히다'로 해석할 수 있고 제1 목적어로 보면 '토지신을 안치하다'가 된다. 어느 것이 적합할까.

위에서 살펴본 '안토지'에서 '토지'의 의미를 제2 목적어로 이해하려고 했는데 이를 좀 더 깊이 살펴보아야 할 듯하다. '안토지'와 같은 구조를 가진 술어로 '안좌(座)'가 있다. 이때의 '좌'와 '토지'를 대비해 보는 것이다. 좌(座)와 호응하는 익숙한 불교 술어로 보좌(寶座) 대좌(臺座) 연좌(蓮座) 보리좌(菩提座) 부좌(敷座)가 있다. 수식 구조인 이 단어는 대부분 화려하고 장엄한 불보살님이 앉아 계시는 자리에서 쓰인다. 또 헌좌(獻座) 안좌(安座)의 좌는 '(자리를) 드리다; (자리에) 앉히다'는 의미로 동사+빈어(목적어)의 동빈(動賓)구조를 이루고 있다.

그렇다면 '안토지'에서 '토지'는 '자리에 앉히다'의 '자리에'와 같은 의미라고 할 수 있다. 다시 말해 '토지'는 유정명사로 변할 근거가 적은 무정명사라는 것이다. 불상을 봉안한다고 할 때 '안불상(安佛像)' 또는 '안상(安像)'이라는 표현은 잘 쓰지 않는다. 상위를 부르고 청하는 '소청상위(召請上位)'라고는 하지만 '안상위(安上位)'라고는 하지 않는다.

그러므로 '안토지'는 보좌와 같은 고정된 자리가 아닌

천수다라니행법 47

바로 이 땅, 내가 현재 머물고 있는 장식되지 않은 난야에 제신이 내려오시기를 청하는 것으로 이해할 수 있다. 그러므로 소청의 '안좌다라니'의 '좌'를 '토지'로 바꿔서 '안좌진언'이 '안토지진언'으로 변형됐다고 할 수 있다. 결국 '안토지진언'은 안좌다라니와 의미상은 다르지 않지만 '좌'가 아닌, 땅, 나아가서 가공되지 않는 심지(心地)를 표현하려고 하였다고 할 수 있다. 성주사 무염 선사의 '무설토론(無舌土論)'에서 혀 없는 땅은, 곧 말 없는 세계 진여의 세계와 다르지 않다고 할 수 있다. 그 땅이 '좌'보다 강조되었다고 이해할 수 있다. 『금강경언해』(1464)와 『삼문직지』(1769)에서 볼 수 있는 안토지진언의 의미가 아닐까 한다.

또 '안토지진언' 앞에 정삼업진언이 아닌 정구업진언이 등장하는 것은 작단 등 불사에는 반드시 정삼업진업을 해야 하지만 독경 송주할 때는 송(誦)이 중심이므로 정구업진언만으로 가능하다고 인식하고 있었다고 볼 수 있다.[25] 그런데 이 '안토지진언'이 『삼문직지』에서 '내외안토지진언'으로 변모된 후 『불가일용작법』(1869)에서는 '안위제신진언

---

25 심상현은 '정법계진언이 장르가 나눠지는 성격을 갖는다'(『불교의식각론』V, 117)고 하는 분석은 유의미하다고 이해한다. 논자는 정구업진언 정삼업진언의 공능 역시 정법계진언의 하위적 성격을 갖고 있다고 이해한다. 그러므로 주로 새 의식의 시작에는 정법계진언이 등장하고 있음을 알 수 있다.

(安慰諸神眞言)'으로 전혀 다르게 변형되었다. 여기에 어떤 곡절이 있을까. 충분치 못한 문헌자료는 때로는 우리를 절망하게 하고; 쉽지 않은 판독은 눈의 피로를 가중하게도 한다. 안토지진언은 송주의궤라고 할 수 있는데 수륙재와 같은 작단의궤의 영향으로 같은 모습을 가지게 되어 '안위제신진언'이라고 명명하게 되었을 것으로 보인다. 마치 제신(諸神)소청의 보소청진언이 불부·연화부·금강부의 소청진언을 모두 평정하고 소청진언으로 통일된 것과 같지 않을까 싶다.

앞에서 보았듯이 이 진언의 전구는 소청삼계제천진언에 쓰이고 있다. '안토지'의 토지(土地)는 토(土)와 지(地) 각각 토신(土神)과 지신(地神)을 뜻하기도 한다. 이 토지를 지신과 토신으로 이해하는 순간 이 진언의 모습은 걷잡을 수 없는 변형을 예고한다. 흔히 사직단을 중히 여기는 근대 왕조시대의 사고에서 볼 때 토지신은 곧 지신(地神)과 직신(稷神)을 상징한다. 그러므로 제신이라는 의미를 떠안게 된다. 신은 하늘신인 천으로 승화되고 일체 하늘신인 제천으로까지 확장된다.

위에서 보았듯이 19세기 중반 이후 무정의 '토지'가 유정의 제신(諸神)으로 인식되는 데는 큰 무리가 없을 것이다. 그러나 '제신(諸神)'이 되면서부터 '제신'의 격은 일체 악귀를 포함한 모든 신으로 이해되기 쉽다. 그들을 호법신중이 아닌 잡신들로 받아들이게 되어, 이제 그들은 봉청하여 안좌의 성중에서 수위안좌 정도의 지옥 아귀로까지 격하된다. 천수주 독송하는 소리를 듣고 제 악귀가 놀라 도망간다는 것은 천수다라니경에서 천수다라니의 공능으로 설해지고 있다. 성현을 청해 다라니를 설해주어 받기도 전에 다라니를 듣고 놀라 도망가야 할 제신을 위로할 정도로 우리들의 자비심이 많아서라고 해야 할까.

이렇게 되면 이 진언의 상대자였던 성중(聖衆)은 사라지고, 호법선신도 아닌 구제의 대상만이 그 자리를 차지하게 된다. 성중의 의미는 불법을 믿지 못하고 진리를 설하며 놀라 달아나는 잡다한 귀중이라고 이해되었다. 그러므로 그들이 다라니를 듣고 놀라 달아나지 않도록 해야 하게 된 것이다. 그러다 보니 다라니를 읽기 전에 먼저 그들을 안심하도록 해야 한다고 믿었다고 볼 수 있다.

결국 '안토지진언(安土地眞言)'이 '안위제신진언(安慰諸神眞言)'이 되면서 성중의 봉청 안좌진언이 벽사진언에까지 이르지는 않았으나 제신을 위로하는 진언으로 기능이 180도 바뀌게 된다. 『불가일용작법』(1869)의 '안위제신진언'이 『천수경』(1881)에 이르면 여기에 '오방내외'라는 관형사를 달아버린다. 이제는 확실하게 다라니를 설한 관음보살과 같은 성중도, 불법을 지키려고 서원한 호법선신의 모습은 보이지 않고 오방내외의 일체 신들을 위로하는 진언으로 변모하였다.

다음은 번역법을 한번 생각해 보자. '안위제신진언(安慰諸神眞言)'을 제신을 안위하는 진언으로 푸는 데 문제는 없는가. 위의 '안좌(安座)' '안토지(安土地)'의 용례처럼 '안위제신진언'의 본동사를 '안(安)'으로 보고 '안위(安慰)'의 연합동사구로 해석할 필요는 적다고 할 수 있다. 연합동사로 이해한다면 『설문해자주』[26]에서 말하는 위(慰)의 풀이 '거(居)'를 수용하면 정리될 수 있을 것이다. '제신이 머물러서 (법회의 공덕을 증명하는/ 다라니를 설해 주시기를 원하며) 안치하는 진언'으로 이해할 수 있는 것이다. 진언이나 의궤의 경우 제명의 압축이 심할수록 기본 문법으로만 번역하면 한계에 봉착하게 된다.[27]

---

26 "慰安也. 方言慰, 居也, 江淮靑徐之間慰." 段玉裁, 『說文解字注』(台北: 天工書局, 民國81), 506上.

27 사자성어와 같은 제목 번역의 경우 일반 한문 구조 번역만으로는 한계를 갖게 마련이다. 성어의 원리는 일정한 법칙을 가지고 있는 것이 아니라 주어 동사의 주술구조, 동사 목적어의 동빈구조, 명사 명사가 합해진 연합구조, 동사로만 이루어진 구조 등 다양하다. 예로 금강경 31분 '知見不生分'을 대다수 번역은 '지견을 내지 말라'고 하고 있는데 이는 지견에 대한 理解도 하위 본문도 고려하지 않는 번역이라고 할 수 있다. 지견은 여실지견이므로 붓다의 바른 견해이다. 보조 지눌 스님이 절요에서의 '지견' 설명 이래 상대적 앎의 知解로 知見을 인식하는 것도 문제이지만 지견을 내지 말라고 번역하려면 본문이 '不生

천수경이 형성된 역사의 후반부를 개관해 보면, 천수경은 조모(朝暮)송주의 정시 일상 의궤라는 줄기와 불특정 독송주라는 수시 의궤로 진행되고 있음을 알 수 있다. 이때 수시 독송의궤에 합편된 의궤들은 벽사용 경과 주(呪)가 주(主)를 이루고; 정시 일상 의궤는 장엄염불과 경전 독송이라는 염불작법이 주를 이루고 있다. 현행 천수경은 이 두 계통이 합편되었다고 할 수 있다.

정시의궤계통:
「불가일용작법」(1869); 「조석지송」(1932); 「석문의범」(1935)
수시의궤계통:
「천수경」(1881); 「천수해설」(1922);
「소재길상불경보감」(1925)

지금까지 '오방내외안위제신진언'이 '제신을 청하여 가람의 옹호를 청하는 진언'에서 '제신을 위로하는 진언'으로 이해하게 된 연유를 자세히 살펴보았다. '안토지진언'이 안위제신진언으로 바뀐 원인은 여러 가지가 있을 것이다. 조선 후기로 들어오면서 불교가 지나치게 의례화의 길을 걷게 되면서 송주용(誦呪用)의궤에 작단용(作壇用)의궤가 편입되어

知見; 莫生知見' 정도가 되어야 한다. 이것은 본문의 '發~菩提心者, 於一切法 如是知 如是見 如是信解 不生法相'에서 '知見不生'을 도출한 것이라고 이해해야 본문을 드러낼 수 있다고 할 수 있다.

진언제목이 변했고, 제목에 나타난 자구(字句)의 표면적 의미로 해석하면서 주객이 전도된 이해와 번역을 산출해 내게 되지 않았을까 하고 추측해 볼 수 있다.

이제 진언의 본문을 살펴보자.「나무 사만다 못다남 옴 도로 도로 지미 스바하」는 앞의 두 연구 예를 바탕으로 의미를 유추해 보자. 이 진언들의 산스크리트어는 전승되지 않으므로 추정 음가라고 할 수 있다.

'나무'는 현재는 거의 모든 본이 '나무'로 적고 그렇게 읽고 있지만『진언집』(1800)을 비롯하여 20세기 이전 본들은 '나모'로 표기되고 있다. 나무는 한자로 남무(南無) 또는 낭모(曩謨)로 주로 음사되는데, '남무'에서 '남'은 다음 음이 같은 자음인 순음(ㅁ)이 오게 되어 자연스럽게 탈락하여 '나'로 읽었지만 (십방이 시방으로 읽히듯이) '무' 자는 한자 음가가 '무'로 고정되면서 '나모'를 '나무'로 표기하고 읽었다고 보인다. 당대의 대학자로 알려진 권상로 스님에 의해 번역된『조석지송』(1932)에는 한결같이 '남무'로 적고 있다. 만일 오늘날 '나무'를 '남무'로 적거나 읽는다면 무식하다는 손가락질을 면하기 어려울 것이다. 남무로 읽는 것은 현실 한자음대로 읽은 것임에도 불구하고 그것은 전통을 모르는 '무식의 소치'라고 할 것이다. 생각해 볼 일이다.[28]

---

28 '보리' '도량' 등에서 알 수 있듯이 'ㄷ'음이 유성음 간에서 'ㄹ'로 음이

'나무', '나막(namaḥ)'은 '귀경(歸敬)하다'는 인사 때 쓰이는데 현재 인도 네팔 등지에는 '나마스떼'로 쓰인다. '사만다'는 '사만타(samanta)' 혹은 '살바(sarva)'로 보고 있는데, 1차 의미는 차이가 있지만 2차 의미는 유사하다고 할 수 있다. 앞의 것은 (모든 곳에) 두루 하는 분이라는 뜻이고 뒤에 것은 '일체의'라는 뜻이라고 할 수 있으므로 그렇다. '못다남'은 '붓다남(buddhānām)'으로 볼 수 있는데 '각자(覺者)에게'라는 뜻이다. 그렇다면 '붓다남'이 왜 '못다남'으로 읽힐까. 진언을 로마자로 재구성한 것이 각기 다른 것은 '진언 염송의 특성에 연유하는 것이 아닐까'라고 생각한다. 진언을 염송할 때는 몸과 마음이 합일해져 관상하면서 폐 깊숙한 곳에서 소리를 내므로 공명이 일어나고 그렇게 읽다 보면, 모음조화 유성음화 등 음운변화가 일어나는 것이다. 이것을 음편(音便)이라고도 한다. 붓다남/못다남, 보디/모디(지)가 대표적이라고 할 수 있을 것이다.

앞에서 거론하였듯이 이 네 구절은 청하는 진언에 공통

변화된 또 다른 예로 우리말로는 차례(次第)와 모란(牧丹)이 있다. 이 차례를 현실 한자음으로 읽으면 '차제'인데 보리와 도량은 현실음으로 읽으면서 한국 불교학계에서는 '차례'는 '차제'로 굳이 읽고 있다. 그 인식의 저변에는 '차례'는 차례(次例)로 오인하기도 하고, 목차 순서와 차례를 '차제'('보리도차제광론', '차제설법' 등)로 해야 뭔가 변별력이 있다고 인식하는 경우를 보게 된다. '차제설법'과 '차례설법'이 어떻게 다를 수 있을까. 그러므로 이때의 차제(此際)와 구별하기 위해서도 차제설법은 차례설법으로 표기하는 것이 좋을 것이다.

적으로 나타나는데 '보편하신 일체의 붓다께 귀경하오니 가지하소서.'라는 의미의 예경과 가피를 구하는 의궤로 당구가피(當求加被)라고 부른다.

그러므로 다음에 '옴 도로도로 지미 스바하'가 본 진언이라고 할 수 있다. '옴(Oṁ)'이란 창조[아]에서부터 유지[우] 소멸[훔]에 이르기까지의 소리를 함축시켜 놓은 '소리'이며 '상징'이라고 할 수 있다. 또 우주의 기에 자신의 기를 합일하는 소리의 음상이므로 전혀 번역의 의미가 없다.

'도로도로'(turu)란 수레가 달리는 의성어라는 설과 '달리다', '재촉하다' 정도로 해석할 수 있고, '지미(jimi)'는 '(남을 위해) 내려오다'는 뜻을 가지고 있으며, 앞서 말했듯이 '스바하(svāhā)'는 '(모든 것이) 성취되다', '원만하게 하여지이다' 정도의 의미로 해석할 수 있다.

전체를 이어 해석한다면 '일체의 각자(覺者)들께 귀명하오니, 옴, (수레를 타고) 달리소서! 달리소서! 내려오시도다! 이루어지이다!'라고 할 수 있다. 이에 엄밀한 의미로서 '오방내외안위제신진언'은 도량에 신들을 청해 모시는 진언이라 할 수 있을 것이다.

그렇다면 이 진언에서 말하는 제신은 누구일까. 당일 법회 또는 도량의 성격에 따라 모셔야 할 성현이 달라질 수 있다. 삼업을 맑히는 진언을 하고 '안위제신진언'을 할 때 모시는 제신(諸臣)으로 『칠불팔보살소설대다라니신주경』에는 '미음·범음·천고·교묘·탄미·광묘·뢰음·사자음·묘미·범향·인음·불노·탄덕·광목·묘안·철청·철시·편관'이라는 가람을 수호하는 18신이 등장하고 있다.[29] 이 신들은 가람전(伽藍殿)에는 가람을 수호하는 토지신상(土地神像)을 모시는데, 예전에는 토지당(土地堂)이라고 일컬었으며, 불전(佛殿)의 동쪽에 위치하였다. 일반적으로 많이 모신 상은 최초로 기원정사(祇園精舍)를 지어서 보시했던 급고독장자(給孤獨長者)와 기타태자(祇陀太子) 그리고 그의 부친 바사닉왕(波斯匿王) 등 세분의 상(像)이었다고 한다.

이렇듯이 그날 법회의 성격에 따라 불러 청해 모실 대상은 달라진다. 지금 이 도량은 천수다라니를 청해 염송하려는 자리이다. 그러므로 소청해야 할 성현은 천수다라니를 가지고 계시며 대자대비로 우리를 위해 설해주시는 자비의 관세음보살님이신 것이다. 관세음보살님을 청하였으니 이제 경전을 받아 읽을 준비를 하는 차례다.

---

29 『七佛八菩薩所說大陀羅尼神咒經』(대정장21), 557上.

3. 법문·법장을 청하다

開經偈[개경게]
無上甚深微妙法[무상심심미묘법]
위없고 깊고 깊은 미묘한 법은
百千萬劫難遭遇[백천만겁난조우]
영원 속에 만나기 어렵지만
我今見聞得受持[아금견문득수지]
나는 이제 뵙고 들어 받아 지니어
願解如來眞實義[원해여래진실의]
붓다의 참뜻을 깨치오리다.

開法藏眞言[개법장진언]
「옴 아라남 아라다」

千手千眼 觀自在菩薩[천수천안 관자재보살]
廣大圓滿[광대원만] **無碍大悲心**[무애대비심]
大陀羅尼[대다라니] **啓請**[계청]

천안으로 살피시고 천수로써 건지시는
관자재보살님의, 넓고 크게 채워 주고 대비로써
일체업장 없애 주는 대다라니 여시기를 청합니다.

'정구업진언'부터 '개법장진언'까지를, 일반적으로 경전 외우기 전에 하는 사전 송경의식이라고 설명하고 있다. 이

천수다라니행법 57

후부터는 구체적으로 청해야 하는 경전이나 다라니가 달라지기 때문이다. 자신의 업장을 맑히는 정화를 하고, 경전을 법장을 청해 받기 위한 경전과 법장을 여는 게송과 진언까지만 하면 된다는 것이 일반적인 관점에서는 옳다.

이하는 법문(현교계 경전)이든 법장(밀교계 진언 다라니)이든 그것을 설하여 주실 성현의 문제가 아닌, 설한, 또는 설할 대상만 달라지기 때문에 이상을 송경의식으로 이해하는 데는 큰 무리가 없다고 할 수도 있다. 하지만 이 책에서는 이 송경의식을 다시 2장으로 나누었다. 제1장은 개인의 청정을 위한 장치라고 한다면 제2장은 경전을 설하여 주신 성현과 그 성현의 법문 또는 법장을 청하는 장치로 이해하고 있기 때문이다.

제2장의 서두에서 성현을 청했다. 이제 법장을 열어 주시기를 청해야 한다. 법장을 열어 주시기를 청하기 전에 법장을 여는 진언을 염송한다. 그런데 개법장진언 앞에서 다음의 개경게를 먼저 염송하고 있다. 개경게와 개법장진언이 경이나 법장을 여는 게송이나 진언이라면, 이 둘이 유사한 기능을 수행하는데 왜 굳이 함께 있는가 하는 의문을, 관심 있는 분이라면 가질 수 있을 것이다.

결론부터 말하면 앞의 개경게는 현교의 경전을 여는 장치이고, 개법장진언은 밀교의 경전을 여는 장치이다. 그렇다면 현교와 밀교가 공존하는가. 이에 대한 견해는 다양할 수 있을 것이다. 불교사상사에서 보면 현교보다 밀교의 성립은 후대의 일이다. 그러다 보니 자연 경전의 성립과 번역이 늦어질 수밖에 없었다. 누구나 쉽게 이해하지만 현교는 인간의 지고한 이성에 뿌리를 두는 데 비해서 밀교는 성인의 무한한 자비원력에 뿌리를 두고 있다고 할 수 있다. 그렇게 되어 현교는 지나치리만큼 철학적으로 변하고, 이에 비해 밀교는 성인의 심지는 범부의 힘으로 측량할 수 없게 되어 그것을 체득하는 데 성인의 마음에 계합하는 수행과 신앙이 강조된다.

불교를 자비문중이라고 한다. 이는 불보살님의 자비는 일체 중생에게 무차별적이라는 것이다. 그러므로 누구든지 쉽게 마음을 내어 수행하면 그곳에 이를 수 있는 장치가 계발된다. 밀교 이전 현교의 예참행법을 보면 수행하려는 행자에게 몸과 마음을 깨끗하게 하는, 목욕재계와 같은 현실적 방법을 행법으로 제시하고 있다. 정구업진언 같은 진언을 읽는 밀교적 행법은 없다. 하지만 7, 8세기경부터 중국에서 밀교경전이 번역되고 중국불교에 수용되면서 밀교행법은 독자적으로 발전하기도 하였지만 이미 수용된 현교의 방법에 합편되기 시작한다. 말하자면 '현밀의궤(顯密儀軌)'라고 하는 것이 그것이다. 현교의 방법과 밀교의 방법을 함께 닦아 나가는 것이다. 그러니까 법화경이나 화엄경 같은 경전을 읽으며, 동시에 천수다라니 등 각종 진언을 염송한다. 지식이 있고 없음을 떠나서 수행할 수 있다는 밀교 행법을 현교의 입장에서 수용해 나갔다고 할 수 있는 것이다. 한 중생을 제도하려 백천 생을 따라다니는 보살의 원력 소산이라고 할 수 있다. 이는 불교의 융통성과 역동성을 보여주는 한 증거라고 할 수 있겠다.

> **開經偈**[개경게]
> **無上甚深微妙法**[무상심심미묘법]
> 위없고 깊고 깊은 미묘한 법은
> **百千萬劫難遭遇**[백천만겁난조우]
> 영원 속에 만나기 어렵지만
> **我今見聞得受持**[아금문견득수지]
> 나는 이제 뵙고 들어 받아 지니어
> **願解如來眞實義**[원해여래진실의]
> 붓다의 참뜻을 깨치오리다.

경전을 여는 게송이라는 개경게(開經偈)인데 칠언절구 시형이다. 1구는 경전의 수승함을, 2구는 경전 만나기 어려움을, 3구는 그 같은 경전을 내가 만났음을 말하면서 이제 여래께서 말씀하신 가르침의 참된 이치[義]를 깨쳐서 알기를 서원하는 내용이다. 1구는 무상(無上)과 심심(甚深)이라는 극도의 대비로 여래의 가르침이 수승하고 오묘한 법임을 찬탄한다. 무상은 위로는 더 높은 것이 없고, 심심은 깊이로 더 깊은 것이 없는 지극히 미묘한 법이라는 것이다.

붓다의 전생 이야기 속에는 진리 한 구절을 듣기 위해 자신의 하나뿐인 목숨을 바치는 경우가 수없이 나타난다. 진리를 얻으려는 구도자의 자세를 보여주는 데 그치는 것이 아니라 그 진리가 생명과 다르지 않음을 설파하는 것으로 이해할 수 있다. 법(法)이란 말은 다양한 의미가 있다. 수승한 가르침, 일체의 것, 존재하는 이치, 바르고 참된 이치 등 다양하다. 여기서 말하는 진리는 붓다의 교설과 진리 자체를 함께 나타내고 있다고 볼 수 있다.

1구가 공간의 상하 개념을 활용하여 붓다의 가르침이 뛰어나다는 것을 표현하였다면 2구에서는 시간 대비를 통해 붓다의 미묘한 법문 만나기 어려움을 노래하고 있다. 백 겁이나 천 겁은 한량없는 시간 단위를 의미한다. 물론 이 겁 속에는 공간개념도 함께 들어 있기는 하지만 이는 시간 개념의 무한 수를 뜻한다. 겁(kalpa)은 겁파(劫波·劫跛) 등으로 음역하고 분별시분(分別時分)·분별시절(分別時節)·장시(長時)·대시(大時)·시(時) 등으로 의역한다. 겁은 원래 인도 바라문교에서 극대 시간을 지칭하는 시간 단위였는데,

불교에서 그것을 따라 계산할 수 없는 장구한 세월을 보이는 단위로 삼았으며, 경론에는 겁에 대한 다양한 비유로 설명한다. 인도에서는 범천의 하루, 곧 인간세계의 4억 3천2백만 년을 1겁이라 하고, 불교에서는 보통 연월일로써는 헤아릴 수 없는 아득한 시간을 표현한다.

겁을 표현하는 대표적인 설명으로 개자겁, 불석겁(拂石劫)의 비유를 든다. 개자겁은 둘레 40리 되는 성중에 개자를 가득 채워 놓고, 장수천인(長壽天人)이 3년마다 한 알씩 가지고 가서 죄다 없어질 때까지를 1겁이라 하는 것이고, 불석겁 또는 반석겁(磐石)은 둘레 40리 되는 돌을 하늘 사람이 무게 3수(銖) 되는 천의로써 3년마다 한 번씩 스쳐 그 돌이 닳아 없어질 때까지의 기간을 1겁이라 한다.

붓다의 참된 진리는 그런 겁을 백천만 겁을 지나더라도 만나기 어렵다는 말이다. 태평양 바다 한가운데 깊은 물 속에 사는 눈먼 거북이는 백 년에 한 번씩 물 위로 숨을 쉬러 나오는데, 그때 구멍이 뚫린 널빤지를 만나야 그 널빤지에 의지해서 숨을 크게 쉴 수 있다고 한다. 이것을 '맹구우목(盲龜遇木)'이라 하여 붓다의 가르침 만나기 어렵다는 것의 비유로 들고 있다.

그렇게 만나기 어려운 법, 즉 붓다의 말씀을 내가 이제 관세음보살님을 청해 뵙고 보고[見] 다라니를 설하여 주면 듣고 받아 지니어 진리를 말씀하신 붓다의 참된 뜻을 알게 하여 달라는 발원이다. 개경게 3구 3, 4언이 15세기 후반 이후 국내본에는 '문견(聞見)'으로 나타나나 측천무후가 지었다고 알려진 이 게송의 원문이나 중국 일본 등지의 불교 의궤에는 한결같이 '견문(見聞)'으로 나타난다.

모든 붓다의 말씀은 공연히 설하여진 것은 없다. 때에 따라 적절하게, 법을 듣는 대중을 위해 하신 말씀이다. 그러므로 경전의 깊은 뜻을 바로 아는 것은 곧 붓다의 마음을 아는 것이며, 그 경전을 읽음으로써 붓다의 마음과 같아지게 되는 것이다.

開法藏眞言 [개법장진언]
진리의 곳집을 여는 진언
「옴 아라남 아라다」

아무리 훌륭한 보배가 있는 창고를 가지고 있더라도 스스로 그 문을 열고 그 보배를 꺼내 쓰지 않으면 그것은 쓸데없는 물건이 된다. 진리의 문을 스스로 열어나가야 한다. 이것이 개법장진언을 외우는 근본 뜻이다.

「옴 아라남 아라다」를 로마자로 표기하면 '옴(oṁ)' '아라남(āraṇam)' '아라다(ārata)'로, 뜻을 살펴보면 '아라남'은 '심연 깊은 곳으로'이며 '아라다'는 '유희(遊戱)하다'는 뜻이라고 할 수 있다. '옴, 깊은 곳(진리)에로 (이르러) 유희함을…' 바라는 소망이나 혹은 '옴, 깊은 진리를 통달하였음'을 확신하는 상태 정도로 이 진언을 해석할 수 있다.

국내 의궤에서 법문을 여는 게송과 다라니를 청하는 개법장진언이 통합된 예는 『권공제반문』(1574)의 '염불작법'이 있다.[30] 이와 같은 것들로 볼 때 16세기 중엽 이후에 확립되었다고 보인다. 금강경 독송의 사전의식에는 개경게만 보이는 데 비해 '염불작법'류에 개법장진언이 함께 등장하는 것은 다라니와 아미타경 등이 함께 등장하는 '염불작법'의 성격 때문이라고 할 수 있을 것이다.

현교와 밀교의 법문과 법장을 여는 진언을 외웠으므로 이제 법장을 열어 설해주시기를 청하는 순서이다.

千手千眼[천수천안] **觀自在菩薩**[관자재보살]
廣大圓滿[광대원만] **無碍大悲心**[무애대비심]
大陀羅尼[대다라니] **啓請**[계청]

천안으로 살피시고 천수로써 건지시는
관자재보살님의, 넓고 크게 채워 주고 대비로써
일체 업장 없애 주는 다라니 여시기를 청합니다.

그 동안 이 구문은 천수경 신묘장구대다라니의 갖춘 이

---

30 『권공제반문』(안변 석왕사, 한의총1), 698.

름이라 하여 천수다라니의 이름이라고 이해해 왔다. 앞에서 보았지만 천수다라니의 아홉 개 이름 가운데 '광대원만'과 '무애대비'의 2개의 이름이 신묘장구다라니를 대표하고 있다고 할 수 있다. 가범달마의 번역에서 볼 수 있는 제목이고 불공 역본에는 '천수천안 관세음보살 대비심 다라니'이다. 두 역본의 이름으로 볼 때 관세음보살의 대비심 다라니임이 분명하다. 이하에 등장하는 계수문과 찬탄문은 불공 역본에 근거하고 있음을 유념하면서 이 제목의 두 가지 성격에 관해서 생각해 보자. 개경게 이후에 경전 원문이 나오는 것은 기정사실이다. 하지만 이 천수경은 천수다라니염송의궤이다. 염송을 위해 사전에 하는 의례이다. '천수천안관자재보살'에서 '천수천안'은 관세음보살님의 형상이므로 설명이 필요 없고, '광대원만 무애대비심 대다라니' 또한 다라니의 제목이므로 큰 설명이 필요치 않다. 남는 것은 '계청'이다. 역할이 무엇일까.

'계청'의 역할을 확인하기 위해, 먼저 '계청'이 제목인지와 본문의 성격인지 등 '계청'에 대한 이해를 검토해야 할 것 같다. 첫째는 '계청'을 제목으로 이해하는 것으로, '천수천안~다라니' 전면에 배치하거나[31] 줄을 달리하여 '계수'(稽首)문 이하의 소제목으로 이해하는 것이다.[32]

---

31 광덕, 『불광법요집』(불광출판부, 1983), 36; 김호성, 앞의 책, 33.

둘째는, '계청' 해석에서 역할을 확인해 보는 방법인데, '신묘법문 열리소서'라고 하는 청원문으로,[33] 또는 '경을 열면서 청하옵니다'[34]라고 하는 진술문으로, 또는 지문이므로 읽지 않아야 한다[35]고 이해하고 있다.

이렇게 이해한다면 다음 몇 가지가 확인돼야 한다. 첫째 '계청'은 제목인가, 본문인가. 둘째 제목이라면 '천수천안~다라니'의 앞으로 이해해야 하는가, '계수' 이하인가. 셋째 본문이라면 청문인가, 진술문인가. 넷째 현재와 같은 제 인식의 문제는 없는가.

성현을 청했으므로 다라니를 받아야 하는 것은 누구나 안다. 그러기 위해 십원(願)과 육향(向)을 발하고 관음보살님과 아미타불을 칭명하라고 하는 것은 천수다라니경에서 관음보살님께서 우리에게 일러 주신 방법이다. 십원 육향의 발원과 관음보살님의 명호를 외우는 것은 열어 청하는 계청법이다. 그러므로 이견이 있을 수 없다.

계청이 제목인가를 보자. 천수다라니경에서 설한 계청

---

32 권상로, 『지송지송』(한의총4, 1932), 77; 월운은 '계청'을 고딕으로 인자하고 '(모심)'이라는 해석을 달았다. 월운, 『삼화행도집』(1986), 27.
33 광덕, 앞의 책, 36.
34 김호성, 앞의 책, 33; 학담, 『천수관음과 대비다라니』(큰수레, 1991; 2008), 188.
35 무비, 『천수경』(불일출판사, 1992; 1999), 57~58; 권상로, 앞의 책, 77. '열어서 청함이라' 정도로 해석하고 있는 것으로 볼 때 지문으로 이해하고 있다고 할 수 있을 것 같다.

법에 '천수천안~다라니계청'과 '계수'의 구문이 추가되었다.[36] 염송의궤 『오대진언집』(1495)에 '계청'구가 삽입되었고 이후 염송의궤에 채용되고 있다. 그런데 이 '계청'을 제목이라고 이해해 별도로 줄을 바꾸어야 할 이유는 없는 것 같다. 『오대진언집』이나 『석문의범』(1935)의 '계청'은 띄어 쓰지 않고 있다. 만일 '천수~다라니'가 제목이고 '계청'이 이하의 제목이라면 띄어 인자하였을 것이나 그렇지 않다. 설령 『조석지송』(1932)처럼 행을 바꾸었지만 '열어서 청한다'라고 하면서 "먼저 여러 말씀을 열어 말하고 여러 보살을 청한다"는 말이라고 이해할 수 있을까.

또 『삼문직지』(1769)처럼 숫제 '계청'을 '관세음보살마하살' 등 12보살의 앞으로 옮길 수 있을까 하는 점이다.[37] 12보살의 칭념은 가피를 구하는 칭념이라고 해야지, 설주를 청한다는 것은 관세음보살상을 모셔놓고 계수(절)하는 문장과 적합하지 않다. 이것을 인정하면 계수문은 관상(觀想)문이 되어 버린다. 제목이라 할지라도 행을 바꿀 이유가 없다. 제목이라면 '천수천안관자재보살~다라니'와 함께 있어야 한다. 대체로 '천수천안관자재보살광대원만무애대비

---

36 『오대진언집』(한의총1), 137. 계수문은 不空 本 『千手千眼觀世音菩薩大悲心陀羅尼』(대정장20, 115)에 등장하는 것인데 그곳에는 '계청'이 나오지 않는다.
37 물론 이곳에는 계수문도 십원 육향도 없다.

심대다라니'를 경의 제목이라고[38] 이해하지만 송주 때 제목은 '신묘장구대다라니'이다.

본문으로 인정한다면 청원이 될 수 있을까. 한마디로 대답한다면, 없다. 왜냐하면 청원 동사가 없기 때문이다. 청원으로 이해하는 것은 창조적 해석은 될지라도 청원문은 아니다.[39] '계청'이 왜 청원이 아닌가. 계청문은 문자 그대로 청하는 문장이어야 한다. '일심봉청~진여불보(一心奉請~眞如佛寶)', '일심봉청~심심법장(一心奉請~甚深法藏)'과 같은 청사 등을 말하는 것이다. 다만, 여기서는 절하고 찬탄하고 발원하고 명호 칭념하는, 계청하는 방법이 제시되어 있을 뿐이다. 의궤의 의문(儀文)이라고 할 수 있다. 굳이 본문으로 이해하려면 설해주기를 청한다는 진술문으로 보아야 한다.[40]

그렇다면 '계청'은 어떻게 보아야 하는가. 본서는 '천수'

---

38 정각, 앞의 책, 164; 김호성, 앞의 책, 33.
39 광덕은 "천수천안 관음보살 광대하고 원만하고 걸림 없는 대비심의 신묘법문 열리소서"라고 하여 '열어 달라고 청하는 것'에서 더 나아가 관음보살의 대자비심에 의지하여 다라니 법문이 열리기를 청하고 있다. 이는 단순히 구조의 문제를 뛰어넘어 지극한 신심의 발현이라고 보인다. 천수신앙의 최상의 절정체를 잘 보여주고 있다고 하겠다. 광덕, 앞의 책, 36.
40 "다라니를 저희들에게 활짝 열어 주십사 청하옵니다."(학담, 앞의 책, 215)라고 하며 문면에 없는 수지자(受持者)를 구체적으로 드러내는 번역도 있다.

부터 '계청'까지, 곧 '천수천안~대다라니계청'을 '천수다라니'를 계청하는 법이라는 제목으로 이해한다. '천수천안~대다라니'가 경[주]의 제목이 아닌 것은 아니지만 여기서는 경[주]의 제목으로 이해하지 않고 '천수~다라니'를 열어 설해 주시기를 청하는 법으로 이해하고,[41] 편의상 진술문으로 번역하였다.

자비의 아버지, 관세음보살

늦은 감이 있지만 우리에게 천수다라니를 설하여 주시는 '자비의 아버지' 관세음보살님에 대해 좀 알아보자. 관세음(觀世音, Avalokiteśvara)보살은 자비로써 중생을 구제할 것을 본래 원으로 세우신 보살님이다. 자비와 서원의 힘이 크신 관세음보살님은 광세음보살·관자재보살·관세자재보살·관세음자재보살·현음성보살·규음보살로 불리며, 관음보살이라고 간략히 불린다. 별칭으로는 구세보살 연화수보살 원통대사라고도 하는데 대세지보살님과 함께 서방 극락세계 아미타불을 옆에서 보좌한다. 이 세 분은 서방 삼성이

---

41 그렇다면 그 근거는 무엇일까. 『오대진언집』(1485)에는 천수주 계청법 말고도 '대불정다라니계청' '불정존승다라니계청'도 나오는데, 계청하는 법이 끝나고는 반드시 '~다라니왈'이라고 하고 있다. 그러니까 앞의 '~다라니계청'은 그 방법을 말하고 뒤의 '~다라니왈'의 다라니가 주[경]의 제목이라고 이해할 수 있는 것이다.

라고도 불린다. 무릇 어려움을 만난 중생이 관세음보살의 명호를 염송하면 보살께서 즉시 그 음성을 듣고 그의 앞으로 나아가 건져 구하므로 '관세음'보살이라고 한다. 그 어떤 이치와 현상의 경계에도 걸리지 않으므로 살피고 통달하고 자재하므로 관자재보살이라고 하는 것이다.

『법화경』「관세음보살보문품」에는 이 보살이 사바세계에서 중생을 이롭게 하는 일들이 자세히 설해져 있다. 고통 받는 중생이 일심으로 관세음보살을 칭명하면, 관세음보살이 그 음성을 살펴 듣고 구하시며, 구하는 것이 있는 이들은 다 얻게 하고, 불신(佛身)·비구신(身)·우바이신(身)·천신(身)·야차신(身) 등을 나타내어 중생을 인도하여 교화하신다고 말하고 있다.

관세음보살님이 머무시는 곳은 『신화엄경』68권에 실려 있다. 이 보살은 남쪽 바다 보타낙가산에 머무시는데, 그 머무시는 곳은 사바세계이다. 『대아미타경』권상, 『무량수경』권하, 『관세음수기경』 중에도 관세음보살님이 등장하고 있다.

관세음보살님의 형상에 관해서는 중생에 응(應)하여 교화함에 어떤 특정 지방을 가리지 않으므로, 상의 모습이 여러 가지다. 두 팔의 정관음(正觀音)을 그 기본 모습으로 삼으며 다른 모습은 신통변화가 자재한 힘과 쓰임을 나타내는 것이다. 일수(一首) 삼수·오수 내지 천수·만수·팔만사천의 삭가라⁴²수(首)의 머리, 이비(二臂) 사비 내지 만비 팔만사천 모다라비의 팔, 이목(二目) 삼목 내지 팔만사천 청정한 보배 눈 등이 있다. 교화의 모습으로 천수천안, 십일면, 준제[디], 여의륜, 불공견삭, 청경, 향왕 등 개별의궤에도 다 있다.

관자재보살은 왜 천의 손 천의 눈을 가진 모습을 하고 있을까. 이는 곧 관세음보살의 구원과 자비를 표현하는 방법일 뿐이다. 관세음보살의 손과 발이 어찌 천 개뿐이랴? 다른 어떤 숫자나 수사로 관세음보살께서 세상을 구하는 능력을 다 표현할 수 있으랴? 각처에서 부르는 고통에 빠진 중생을 다 보려면 수많은 눈이 필요하고, 그들을 적절히 구제하기 위해서는 많은 능력이 필요한 것을 천의 손과 천의 눈이라 한 것이다.

관세음신앙은 인도와 서역에서 시작되어 뒤에 중국과 서장, 남해 등지로 전해졌다. 관세음보살 관련 기사는 허다하다. 서장(티베트)에는 관세음보살 신앙이 대단한데 대대

---

42 범어 차크라(cakra), 작갈라(灼羯羅)·작가라(斫迦羅)·작가바라(斫迦婆羅) 등으로 음사하며, 금강(金剛)·견고(堅固)·윤철(輪鐵) 등의 뜻이 된다. 범어에서 철위산을 가리키기도 하며, '삭가라'에는 마음이 흔들림이 없다는 뜻과 정진 견고의 뜻이 있다. 또 삭가라안(爍迦羅眼) 금강안(金剛眼), 견고안(堅固眼)이라고도 하며, 옳고 그름을 밝혀 판정하고 얻음과 잃음을 판별하는 눈이라는 뜻이다.

로 이어지는 달라이라마는 관세음보살의 화신이라고 한다. 또 그 진언 육자대명주가 지금 숭상되고 그 지역에 널리 전해졌다. 서진의 축법호가 『정법화경』을 역출한 이후 중국 내에도 관세음신앙이 크게 일어났다. 관련 저작이 많다. 북위 이후 관음상을 조성하는 풍습이 더욱 성행했다. 지금의 대동(大同)·용문(龍門)·타산(駝山) 등 지역에 존재하는 유품이 많다. 수당 이후 밀교 저작을 따라 밀교가 중국에 전입되어 여러 종류의 관세음상이 만들어지고 세워졌다. 돈황 천불동의 보살상은 관세음보살상이 절반에 이르고 있다. 또 원위(元魏) 손경덕의 『고왕관음경』을 위시로 하여 『관세음보살구고경』(觀世音菩薩救苦經)·『관세음십대원경』(觀世音十大願經)·『관세음삼매경』(觀世音三昧經) 등이 육지에서 이어서 나타났다. 중국의 관세음보살님이 신령한 법을 설하는 도량으로 절강성 보타산(普陀山)에서 그 모습을 드러낸다고 전해진다.

여기서 잠깐 보타산(普陀山)과 관련이 있다고 보이는 보문시현(普門示現)에 대해 생각해 보기로 한다. 자비의 아버지 관세음보살은 보타산 도량에서 늘 선정에 들어 계신다. 이를 관음선정이라고 한다. 관세음보살님을 한국불교에서는 자비의 어머니라고 부르고 있으나 관세음보살님은 어머니의 모습보다, 자부(慈父)라고 하여 아버지 모습으로 등장한다. 보문시현 하시기 때문이다. 자비의 어머니가 집안에서 아이를 돌보고 키운다면 아버지는 밖으로 다니면서 험하고 힘든 일을 마다하지 않으신다. 이 점이 관세음보살의 아버지 이미지라고 할 수 있다. 그런데 왜 한국불교에서는 관세음보살을 자모(慈母)라 이해하는가. 이는 다분히 한국 유가(儒家)의 엄격한 아버지 이미지로 말미암은 것이 아닐까? 하는 생각이 든다.

관세음보살이 자비의 아버지 남성인 데 비해 여성의 관세음보살로 등장하는 분이 따라보살[佛母]이다. 밀교의 유명한 본존들 가운데 한 분이자, 중생구제를 서원하여 여성의 몸으로 성불하신 최승의 다끼니[空行母]이자, 오불만다라 가운데 북방의 불공성취불과 합체존(合體尊)을 이루는 최승의 불모이자, 제불보살님의 모든 사업을 앞장서서 실천하는 대비의 모존이 바로 거룩하신 따라 성모이다. 그리고 성관자재보살과 불가분리의 관계를 맺고 계신 따라불모에 대해 국내에는 역사의 굴곡으로 인하여 제대로 전해지지 못해서 아는 이가 별로 없는 실정이지만[43] 해방 전후까지 통도사에 '아리다라회'가 있었다는 증언이 있는 것으로 볼 때[44] 따라신앙이 국내에 없었다고 단정하기는 어려울 것

---

43 중암 편역, 『여성 붓다, 아리야 따라의 길』, 서문 원고.
44 김용환·윤소희 공편, 『신라의 소리 영남범패 — 의례와 소리 전승 대담집』(정우서적, 2010), 71. 혜룡은 '아리다라회의 뜻은 아미타불 극

같다.

자비의 아버지 관세음보살께서 머무시는 보타산(普陀山)의 '보' 자는 '普(보)'보다는 '補(보)', '寶(보)'가 주로 쓰인다. 그러다 보니 '普門示現(보문시현)'을 해석할 때 '普(보)'를 장소가 아닌, '넓다'의 형용사로 이해한다. '보타산의 문'과 '넓은 문'은 비슷하나 의미는 같다고 볼 수 없다. 관세음보살은 평소 늘 선정에 들어 계시다가 중생들이 고통에서 벗어나고자 당신을 부르면 보타산의 문에서 나와 여러 곳에 몸을 나타내신다는 의미로 이해된다. 이때 주로 32[卅二]응신이 말해지는데, 32응신이 어찌 많으랴. 천의 손 천의 눈으로 관찰하시므로 그 수는 알 수 없다. 하여 '좁은 문'의 상대적 개념으로 보이는 '넓은 문'이 아니라 보타의 문[普門]으로 이해하는 것이 훨씬 의미의 폭이 넓어진다. 보타산의 문을 나와서 온갖 나라의 모든 중생 앞에 모습을 드러내시는 분이 바로 자비의 아버지 관세음보살이신 것이다.

19세기 초반의 의문인 『작법귀감』(1826)에도 '관세음보살 대성자 사생지부(四生之父)'라고 하고 있으나 그 이후에 '자비의 어머니'로 전화(轉化)되었다고 할 수 있다.

락세계를 뜻하는데 수행자와 불자들이 최후로 발심하는 것'이라고 증언하고 있는데, 증언의 내용보다 편찬자들은 이 보살을 여성보살이자 불모라는 지적일 것으로 추측하고 있다. 주3).

3-1-1. 찬탄하며 예경을 올리다

稽首觀音大悲主[계수관음대비주]
자비하신 관세음께 절하옵니다.
願力洪深相好身[원력홍심상호신]
크신 원력 거룩하온 덕상 갖추고
千臂莊嚴普護持[천비장엄보호지]
천수로써 온갖 중생 보살피시며
千眼光明遍觀照[천안광명변관조]
천안으로 온 세상을 두루 비추고
眞實語中宣密語[진실어중선밀어]
진실한 말씀 속에 다라니 펴며
無爲心內起悲心[무위심내기비심]
함 없는 마음속에 자비심 넘쳐
速令滿足諸希求[속령만족제희구]
저희 소원 하루 속히 이루게 하고
永使滅除諸罪業[영사멸제제죄업]
모든 죄업 남김없이 없애 주시네.

천수다라니를 열어 설해 달라고 관세음보살님을 청했으니 이제 예경을 올린다. 계수를 하는 대상이 관세음보살이다. 그런데 『석문의범』에는 대비주(大悲主)의 주(主)가 주(呪) 자로 나온다. 이를 근거로 다라니(곧 법보)에 예경한다는 의견이 있다. 천수다라니행법이 정치한 의궤를 갖추고 있다고 말하기는 어렵다.

예참행법이 아닌, 천수다라니행법이라고 할 수 있는 독체(讀體, 1601~1679)의 『천수천안대비심주행법』에 의하면 불보에 예를 갖추고, 다라니에 예를 올리고, 마지막으로 승보인 보살들께 일심정례를 하고 천수다라니경에서 설한 행법에 따라 십원 육향의 발원을 한다.

계수문은 다음 단락의 찬탄문과 이어져도 크게 문제될 것은 없다고 할 수 있다. '계수'의 목적어는 사실상 16구라고 할 수 있기 때문이다.

1구는 본동사 구절로 대비주께 머리를 조아린다고 하였다. 2구의 주어는 대비주인데, 전반부의 원력이 크고 깊다는 것을, 후반부는 대비주의 상호에 대한 찬탄이라고 할 수 있다. 칠언 1구 상 '상호신'이라는 3언에 상호를 표현하며 3구와 4구의 주어가 된다. 2구는 관음보살 내면의 원력과 외면의 상호를 대비한 후, 2구의 후반부 '상호신'은 3구와 4구의 주어 역할을 한다. 상호의 구체성이 3·4구에서 드러나고 있다. 곧 천수천안이다. 천안으로 관찰하여 천수로 보호하시는 관음보살을 표현한다. 3·4구가 몸체라면 5·6구는 활용이라고 할 수 있다. 5구의 '진실어'는 참되고 실다운 말은 무엇인가를 다룬다. 이는 현교의 법이라고 할 수 있다. 현교 가운데서 비밀스러운 다라니를 펴신다는 것이다.

6구는 5구와 구조상 대구이다. '진실어'라는 드러남에 '무위심'이라는 함 없어 드러나지 않는, 숨음으로 의미상 대조를 이룬다. 또 '밀어'와 '비심'이라는 구조, 다라니라는 '숨음'과 자비심의 '드러남'을 극명하게 대조시켜 관음보살의 공용을 보여주고 있다. 7·8구는 활용의 구체화이다. 관세음보살님의 자비는 다른 데 있지 않다. 우리들의 소원을 들어주시는 것이다. 7·8구는 5·6구의 그것처럼 의미뿐만 아니라 문법 기능까지 모든 시구가 대구를 이룬다.

速令滿足諸希求[속령만족제희구]
저희 소원 하루 속히 이루게 하고
永使滅除諸罪業[영사멸제제죄업]
모든 죄업 남김없이 없애 주시네.

시간 부사 '속(速)'과 '영(永)', 사역동사 '영(令)'과 '사(使)', 본동사 채움의 '만족(滿足)'과 소멸의 '멸제(滅除)', 목표인 '희구(希求)'와 '죄업(罪業)' 등을 보면, 속도의 빠름[速]과 세월의 오램[永]이 시간부사로 대비되고, 보(普)와 편(遍)의 형용 부사로 대비된다. 또 사역동사의 대비, 채움과 덞의 바람[希求]과 죄업(罪業)으로 상반된 두 축을 대비하는 문예 미를 한껏 보여주고 있다.

속히 모든 바람을 만족하게 하시고, 영원히 모든 죄업을 없애게 하시네. 누가? 관세음보살이 그렇다는 것이다. 8구까지 주체는 다 관세음보살이다. 전체 8구를 다시 나누면 전 4구는 몸체이고 활용의 도구 5·6구는 7·8구를 위해 존재하는 것이다.

'진실한 말씀'이란 천수다라니경에 나오는 관세음보살께서 설하는 내용이라고 할 수 있고 '밀어'는 신묘장구다라니이다. '진실어'는 진실한 언어를 말함으로써 보통은 실현이 불가능한 것을 성취시키려고 하는 것이다. 여기서는 곧 관세음보살님의 서원이고 다라니의 공덕을 설명하는 말씀이라고 할 수 있다. 그 말씀들은 하나도 헛되지 않고 실답다는 것이다. 그 가운데 밀어[다라니]를 펴셨다는 것이다.

무위심(無爲心)이란 함 없는 마음, 변함없는 마음, 번뇌에 물들지 않는 근본 마음이다. 무위의 반대는 유위(有爲)이다. 유위란 함, 즉 인위적 조작이 있고, 수시로 변하는 마음이다. 무위의 마음, 근본 마음에서 관세음보살은 중생을 불쌍하게 생각하는 마음[悲心]을 일으키는 것이다. 보현행원품에서 보살은 대비를 체[근본]로 한다고 하였다. 그러한 근본 되는 마음에서 사랑을 일으켜 중생들이 원하는 모든 소원을 만족하게 하시고, 영원히 모든 죄업을 멸하게 하여 주시는 것이다. 이어지는 후반부의 8구 역시 계수의 목적어 구문이다. 편의상 나누었다.

3-1-2. 찬탄하며 예경을 올리다

天龍衆聖同慈護[천룡중성동자호]
신중님들 자비로써 옹호하시니
百千三昧頓熏修[백천삼매돈훈수]
온갖 삼매 한꺼번에 이루어지고
受持身是光明幢[수지신시광명당]
대비주 수지하니 몸은 빛나고
受持心是神通藏[수지심시신통장]
대비주 수지하니 자유로워라.
洗滌塵勞願濟海[세척진로원제해]
번뇌를 씻어 내고 고해 건너서
超證菩提方便門[초증보리방편문]
깨달음의 방편 문 얻게 되오며
我今稱誦誓歸依[아금칭송서귀의]
저희 이제 지송하며 귀의하오니
所願從心悉圓滿[소원종심실원만]
마음 따라 바른 소원 이루어지네.

앞의 계수구문이 예를 드리는 관세음보살님의 일차적

형상과 공덕과 능력을 찬탄하며 예를 올렸다면 이 8구는 관세음보살님의 자비 실현으로 일어나는 천수다라니독송 공덕과 이치로, 곧 이차적 현상을 찬탄하고 있다고 할 수 있다. 그렇다면 천룡중성은 누구인가. '관세음보살의 자비심이 너무 훌륭해 주위의 성인들이 가만히 있을 수 없어서'[45] 여러 성인이 함께 자비로써 보호하는 것인가, 아니면 화엄성중인가. 천수다라니경에는 관세음보살께서 여러 천룡신중들을 천수다라니를 수지하고 염송하는 자에게 보내 옹호하라고 명령하는 장면을 만날 수 있다.

> 내 이제 금강밀적(金剛密跡)과 오추(烏芻)와 군다(君茶)와 앙구시(鴦俱尸)와 8부의 역사(力士)와 상가라(賞迦羅) 등에게 명하니, 이 다라니 수지자를 옹호하라. (중략)
> 내 이제 수화신(水火神)과 뇌전신(雷電神)과 구반다왕과 비사사 무리에게 명하니, 이 다라니 수지자를 옹호하여라.
> (중략)
> 이들 선신과 용왕과 금강력사와 신모녀(神母女) 등은 각각 오백 권속이, 또한 대력야차(大力夜叉)가 이 대비주를 지송하는 사람을 항상 따르며 옹호하며, 그 사람이 만약 빈산이나 넓은 들에서 외롭게 잠들어 있더라도 이 모든 선신이 번갈아 지키고 보호하여 재난과 장애를 없애 줄 것이다.

---

45 무비, 앞의 책, 66.

만약 깊은 산에서 길을 잃고 헤맬 때 이 신주를 독송하는 까닭에 선신 용왕이 선한 사람의 모습으로 변화하여 그 바른 길을 알려 주고 만약 산의 숲이나 텅 빈 들에서 물이나 불이 부족하여 어려우면 용왕이 호위하는 까닭에 물과 불을 쉽게 만나게 될 것이다. (중략)
중생들이 탁하고 악해 나쁜 마음을 일으키고 저주로써 호리고 미워하며 원수를 맺어도 지심으로 대비주를 지송하면 호린 귀신이 도리어 (저주하는) 본인에게 붙을 것이다.[46]

천수다라니경에는 밀적금강에서 수신(水神) 화신(火神)의 여러 천룡과 신중들이 관세음보살님의 명령을 받고 천수다라니를 염송하는 자를 함께 보호하시므로 백천의 삼매도 문득 이루어진다는 것이다. 밀교의 즉신성불의 가르침이 빛나는 장면이다. 다라니 지송 공덕에 대한 최상의 문법이라고 하겠다. 삼매를 이루기 위해 화두를 들라거나 관법을 하는 게 아니라 다라니를 염송하므로 삼매가 이루어지는 것이다. 또 다라니를 수지한 몸이 곧 광명의 당간이다. 다라니를 수지한 마음이 신통의 곳간이다. 적극성과 현실성을 잘 보여주고 있다. 저 멀리 아니면 아주 먼 훗날이 아니다. 바로 이 몸이 광명의 당간이고 신통의 곳간이

---

46 伽梵達摩 譯, 『千手千眼觀世音菩薩廣大圓滿無礙大悲心陀羅尼經』(대정장20), 108中~108下.

라는 즉신성불 가르침이 절정에 달하고 있다. 광명의 당간은 무엇인가. 무명의 넓은 들판에 버려진 이들에게 이정표이고 길을 안내하는 표지판이 되는 것이다. 신통의 곳간은 신통력이다. 걸림 없는 자유자재를 말한다.

수지한다고 하는 것은 곧 신묘장구다라니를 받아 읽고 외우며 마음에 새기는 것이다. 이 신묘장구다라니를 수지하는 사람의 몸과 마음은 지혜로 가득 차서 다른 이들의 길잡이가 되고 밝은 마음을 내어 쓰므로 신통한 힘이 저절로 솟아나게 되는 것이다.

요즘 우리 주변에는 많은 이들이 평범한 것보다는 무슨 신통한 것을 좋아하는 것을 볼 수 있다. 그들의 생각 속에는 무엇인가 특별한 것을 해야만 신통력이 나오는 줄 아는, 삿된 견해를 가지고 있는 경우가 많다. 그래서 웬만한 것은 시시해서 하지도 못하고 재미도 없고, 무슨 기발하고 특별한 것만을 찾아 헤맨다. 그러나 아무리 기발하고 특별한 것을 개발해도 곧 시들해지고 만다.

그러므로 기발한 것만 잘하고 평범한 것은 잘하지 못하는 기이한 현상이 만연하게 된다. 신통력은 기발함에서 나오는 것이 아니다. 평범한, 무심함에서 나온다. 도인들은, 깨달은 이의 하루를 밥 잘 먹고 똥 잘 누는 것이라거나, '평상심이 도'라고 말씀하고 계신다. 마음을 깨끗이 하고 번거롭게 하지 않는 청정한 가운데서 신통력은 저절로 샘솟는 것이지 따로 신통한 것을 구해서는 신통력이 나오지 않는다는 것이다.

계수 후반의 1~4구는 당위적이라면 후반의 2구는 방법이고 이어지는 2구는 기원이다.

洗滌塵勞願濟海[세척진로원제해]
번뇌를 씻어 내고 고해 건너서
超證菩提方便門[초증보리방편문]
깨달음의 방편 문 얻게 되오며

진로(塵勞)는 번뇌다. 번뇌를 씻어 내야 고해를 건너게 된다. 번뇌를 간직한 채 고해를 건널 수 없다는 것은 무엇인가. 번뇌하면 고해이다. 왜 번뇌하는가. 실상이 아님을 실상으로 받아들이고 진리를 믿지 못하기 때문이다. 진리는 법이다. 법은 사성제나 삼법인으로 표상된다. 이것을 믿지 않고 이해하지 못하므로 희로애락에 빠진다. 그것이 바로 괴로움으로 가득한 바다라고 하겠다.

우리가 사는 세계는 참아야 살아갈 수 있는 사바세계, 고해이다. 참을 것이 많다는 것은 고통스러운 일이다. 고통이 많다는 것은 곧 번뇌가 많다는 것이요, 번뇌가 많다는 것은 욕심이 많다는 말이다. 이런 것은 모두 씻어 내야 할 먼지들이다. 몸에 때가 많으면 간지럽고 괴롭다. 하지만 그 때를 말끔히 씻어 내고 나면 시원해진다. 이처럼 마음의 때도 말끔히 씻어 내야 한다. 그래야만 진정한 깨달음으로 나갈 수가 있는 것이다. 이 큰 다라니는 이와 같은 모든 찬사에 걸맞은 아주 위력이 큰 다라니이다.

깨달음을 뛰어넘는 방편 문을 얻는다고 했다. 붓다만큼 많이 쓰이는 말 중의 하나가 보리(菩提, bodhi)라고 할 수 있는데, 보리는 무엇인가. 보리는 범어 '보디'의 음사어로 우리말의 음운변화를 겪어서 보리로 읽게 되었다. 각(覺)·지(智)·지(知)·도(道) 등으로 번역되며, 넓은 의미로 세간의 번뇌를 끊고 열반의 지혜를 얻는 것으로 곧 불(佛)·연각(緣覺)·성문(聲聞) 각각이 얻은 깨달음의 결과라고 한다. 이 세 보리 가운데 붓다의 보리를 위가 없고 높으며 다함이 없는 구경의 보리라고 하여 '아눗다라삼먁삼보디(리)'라고 한다.

흔히 '방편(upāya)' 하면 '편의적인 수단'으로 말해지나 자비가 전제되어야 한다. 꼼수가 아니라는 말이다. 방편이란 말로 정법이 아닌 삿된 법을 써서는 안 된다. 방편은 대상자가 향상하고 진전하여 반드시 정법으로, 깨달음으로 인도할 수 있어야 한다. 그렇지 않다면 방편이 아니다. 그렇게 될 때 방편을 권교(權敎)의 지혜라고 하는 것이다. 곧 불보살님이 중생의 근기에 따라 임시로 좋은 방편을 쓰시는 것이다.

입춘을 맞으면 삼재 부적이 방편이라는 명목으로 널리 활용된다. 부적이 방편이 되기 위해서는 부적을 통해 불보살님의 자비를 체험하고 다라니 등을 염송하여 지혜를 얻을 수 있도록 인도할 수 있어야 한다.

我今稱誦誓歸依[아금칭송서귀의]
저희 이제 지송하며 귀의하오니
所願從心悉圓滿[소원종심실원만]
마음 따라 바른 소원 이루어지네.

천룡중성에게 다라니를 염송하는 자를 옹호하게 하시는 관세음보살님의 자비와 다라니 수지의 공덕을 찬탄하였다. 그러므로 이와 같은 공덕이 있는 다라니를 외울 것을 서원하며 관세음보살님께 귀의하니 원하는 대로 모든 것이 마음을 따라 다 원만해진다는 것이다.

계수의 마지막 8구를 '이뤄지이다'의 원망(願望)으로 번역하는 경우가 있다. 이는 바람이라기보다 '저절로 이루어진다'는 뜻이라고 보인다. 그러므로 찬탄으로 해석되는 것이 적합하다고 하겠다.

3-2-1. 십원을 발원하다

南無大悲觀世音[나무대비관세음]
願我速知一切法[원아속지일체법]
제가 빨리 일체 법을 깨치려 하니
南無大悲觀世音[나무대비관세음]
願我早得智慧眼[원아조득지혜안]
제가 빨리 지혜의 눈 열려지이다.
南無大悲觀世音[나무대비관세음]
願我速度一切衆[원아속도일체중]
제가 빨리 모든 중생 건네주리니
南無大悲觀世音[나무대비관세음]
願我早得善方便[원아조득선방편]
제가 빨리 좋은 방편 얻어지이다.
南無大悲觀世音[나무대비관세음]
願我速乘般若船[원아속승반야선]
제가 빨리 지혜의 배 오르게 되어
南無大悲觀世音[나무대비관세음]
願我早得越苦海[원아조득월고해]
제가 빨리 고통바다 건너지이다.
南無大悲觀世音[나무대비관세음]
願我速得戒定道[원아속득계정도]
제가 빨리 계정혜를 갖추게 되어

南無大悲觀世音[나무대비관세음]
願我早登圓寂山[원아조등원적산]
제가 빨리 원적산에 올라지이다.
南無大悲觀世音[나무대비관세음]
願我速會無爲舍[원아속회무위사]
제가 빨리 함 없는 곳 이르게 되어
南無大悲觀世音[나무대비관세음]
願我早同法性身[원아조동법성신]
제가 빨리 진리의 몸 이뤄지이다.

천수다라니를 외워 지니려고 하는 행자는 일체 중생들에게 자비로운 마음을 일으키고 먼저 관세음보살을 따라 위의 열 가지 원을 발원하라고 하였다. 앞 단락 마지막 구절에서 천수다라니 수지하는 공덕이 너무나 크므로 마땅히 서원하고 귀의하며 소원이 다 이뤄지리라고 하면서 관세음보살님께 머리 숙여 예경하였고, 이제 본격적으로 관세음보살님을 따라 발원하는 단락이다.

열 가지 원을 하는 방법은 또 하나의 특이한 종교적 숭고미를 지니고 있다. 먼저 '나무대비관세음'은 칭명하여 가피를 구하는 염불의궤라고 보고 번역하지 않고 원음 그대로 두었다. '나무'가 의궤에서 '귀의'의 의미보다는, 마치 진언을 만드는 기제로 작용하는 것이다. '나무불'을 '귀의불'

로 번역하면 원래 '귀의불'은 어떻게 번역하겠는가. 자세한 것은 '제1편 3장의 3)'에서 다루므로 여기서는 별도의 설명을 하지 않는다. 밀교에서는 유난히 가피를 구하는 의궤가 강조된다. 일반적으로 '의궤'를 시작할 때와 한 의궤 안의 작은 단락에서 또다시 당구가피(當求加被: 가피를 구하기 위해 불보살명을 칭념하는 것)를 구하는 염송인 '거불보살명=거불'이 빈번히 등장한다. 이 십원을 발하는 대목에는 십원의 각 원마다 선행하여 마치 전렴처럼 반복된다.

각 원에 선행하는 가피를 구하는 '나무대비관세음'을 제외하면 이 열 가지 원은 두 원이 서로 목표와 수단이라는 인과 구조로 이어지고 있다.

> **願我速知一切法**[원아속지일체법]
> 제가 빨리 일체 법을 깨치려 하니
> **願我早得智慧眼**[원아조득지혜안]
> 제가 빨리 지혜의 눈 열려지이다.

나는 일체 법을 깨치기를 원한다고 하였다. 일체 법이 무엇인가. 법은 진리, 붓다의 말씀, 온갖 것 등 다양한 의미를 지닌다. 법은 어떤 원리일 수도 있고, 모습일 수도 있다. 그것을 알려고(깨치려고) 하면 법을 보는 눈이 있어야 한다. 그래서 지혜의 눈이 열리기를 발원하는 것이다. 앞의 계수의 구에서도 보았으나 천수경에 내재한 게송들은 문학은 아니지만 구조의 미가 아름답다. 어떻게 보면 딱딱하게 볼 수 있는 철학적인 사유 구조를 문예 미학으로 승화시키고 있다.

일체 법을 알려면 지혜의 눈이 필요하다. 그래서 지혜의 눈을 얻기를 원하는 것이다. 지혜의 눈이 무엇인가. 두 구의 말언(끝 자)은 법(法)과 안(眼) 곧 법안이다. 대표적인 눈에 대한 설법은 『금강경』18분 일체동관분의 육안·천안·혜안·법안·불안 법문이 있다. 여래에게 다섯 가지 눈이 모두 갖춰져 있다는 경구는 잘 알려져 있다. 법안으로 무엇을 할까.

願我速度一切衆[원아속도일체중]
제가 빨리 모든 중생 건네주리니
願我早得善方便[원아조득선방편]
제가 빨리 좋은 방편 얻어지이다.

다라니를 염송하며 보리심을 일으키고 일체중생을 건지겠다고 발원하는 자는 무엇을 하는 이인가. 일체중생을 건네기를 원하는 이다. 대승불교를 수행하는 이들의 가치관을 무엇보다 잘 보여주는 대목이다. 보리심을 발하고 일체중생을 건지겠다는 서원, 어디서 많이 보았을 것이다. 사홍서원이다. 불자들의 공통된 원, 총원의 첫째이다. 중생을 건지려면 어떻게 해야 하는가. 중생을 건지는 방편이 필요하다. 그래서 좋은 방편을 빨리 얻기를 원하는 것이다. 방편에 대해서는 앞에서 살펴보았다. 방편은 반드시 선방편이라야 한다. 수행자가 자신을 정당화하는 것은 선방편이라고 할 수 없다.

앞에서 법안을 얻기를 발원하였다. 이제는 중생을 건지기를 원했다. 이제 답이 보일 것이다. 중생을 건지는 좋은 방편을 얻기를 원하였다면 건져야 할 중생을 어떻게 아는가. 바로 앞의 법안으로 살펴 아는 것이다. 법안으로 중생의 소리를 보는 것이다. 중생의 소리, 당신을 찾는 중생의 소리를 찾아 고통에서 건져 내는 '심성구고(尋聲救苦)'다. 바로 누구일까. 관세음보살. 답이 너무 쉽게 나온 것 같을 것이다. 다라니를 염송하려는 행자는 바로 지금 관세음보살을 따라 발원하고 있다. 이 점을 잊어서는 안 된다. 행자는 지금 관세음보살이 되는 것이다.

願我速乘般若船[원아속승반야선]
제가 빨리 지혜의 배 오르게 되어
願我早得越苦海[원아조득월고해]
제가 빨리 고통바다 건너지이다.

이제 반야선에 올라서야 한다. 반야선은 무엇인가. 지혜의 배이다. 지혜는 깨달음이다. 깨달음이 없이는 고해라는 바다를 벗어날 수 없다. 이 두 구는 법안을 얻은 행자가 일체중생과 함께 고해를 건너가는 것을 그리고 있다. 이 반야선은 나만 홀로 타고 건너가는 일인용 배가 아니다. 일체중생을 모두 태우고 고해를 건너가는 배이다. 극락으로 가는 배, 반야용선, 어디서 많이 보지 않았는가. 망자를 극락으로 인도할 때 반야용선(般若龍船)에 태워 극락으로 인도하는 것이다. 이 반야용선을 극락 가는 망자의 배로만 오해하면 곤란하다. 왜일까. 반야는 지혜의 원 표현이다. 원어, 현지어다. 지혜 없이는 고해를 건널 수 없기 때문이다. 지혜는 무엇인가. 깨침이라고 했다. 어리석음에서 벗어나는 방법은 지혜를 얻는 길밖에 사실 없지 아니한가. 반야라는 지혜의 배에 올라 고해를 건너 다 함께 극락으로 가고자 발원하는 이 대목은 앞의 중생구제의 한 모습이다.

願我速得戒定道[원아속득계정도]
제가 빨리 계정혜를 갖추게 되어
願我早登圓寂山[원아조등원적산]
제가 빨리 원적산에 올라지이다.

반야선에 올라 고해를 건넜다. 이 두 원은 반야선에 오르고 고해를 건너는 방법지라고 할 수 있다. 다시 말해 구체적인 실천법이다. 계정혜는 무엇인가. 불교 수행의 핵심의 하나 아닌가. 계를 지키는 것은 몸과 마음을 깨끗이 하는 것이다. 다라니 염송의 첫 조건으로 깨끗한 몸과 보리심을 발할 것을 설하고 있다. 깨끗한 몸은 무엇인가. 적어도 몸의 때를 벗기는 것을 의미하는 것은 아닐 것이다. 행동거지를 깨끗이 하는 것으로 계를 받아 잘 지키는 것이다. 정은 마음을 고요히 하여 선정을 이루는 것이다. 앞의 계행만 가지고는 수행이라고 하기 어렵다. 수행을 통한 깊은 선정 체험은 필수적이다. 이 정(定)에 대해서도 여러 설명이 필요하지만 이쯤에서 그치고 정을 닦고 혜(慧)를 닦아야 한다. 고려 보조 스님의 수행의 모토였던 정혜쌍수를 하는 것이다. 정은 지(止: 사마타)에서 이루어지고 혜는 관(觀: 위파싸나)에서 이루어진다. 이를 잘 닦는 것이 계정혜를 구족하는 것이다. 여기서 말하는 계정혜가 구족되는 것은 선정체험도 중요하나 다라니 염송의 힘으로 이루어지기를 발원하는 것으로 볼 수 있다. 계정혜가 구족되면 열반의 산에 빨리 오를 수 있는 것이다. 열반의 산은 반야용선으로 고해를 건너는 그곳이고 계정혜가 구족될 때 이르는 곳이다. 열반은 무엇인가. 적정지처(寂靜之處)로 번뇌가 사라진 무여(無餘, 남음 없는)의 자리이다. 번뇌가 없는 자리이다.

그러므로 윤회가 끊어진 자리이다. 곧 붓다의 자리라고 할 수 있다.

願我速會無爲舍[원아속회무위사]
제가 빨리 함 없는 곳 이르게 되어
願我早同法性身[원아조동법성신]
제가 빨리 진리의 몸 이뤄지이다.

열반산에 올랐으니 그곳에 무위사가 있다. 무위사에 머무는 이들은 법 자체의 성품이다. 이 십원이 갖는 구조는 인과적 구조와 점층적 구조를 보인다. 지혜를 닦아 이른 구극에는 모두가 무위사에 모여 법성의 몸, 곧 불(佛)을 함께 이루기를 발원하는 구조로 되어 있다.

십원은 불이(不二)와 동체대비(同體大悲)의 불교, 특히 대승불교수행관의 정수를 잘 보여주고 있다.

사명 지례(知禮, 960~1028)는 이 십원을 사홍서원과 마찬가지로 사성제와 인과로 배대하여 해석하고 있다.[47] 사홍서원의 '중생무변서원도(衆生無邊誓願度: 가없는 중생을 모두 건지고)'는 고성제(苦聖諦)이고, '번뇌무진서원단(煩惱無盡誓願斷: 다함없는 번뇌를 모두 끊으며)'은 집성제(集聖諦)이며, '법문무량서원학(法門無量誓願學: 한량없는 법문을 모두 배우고)'은 도성제(道聖諦)이

---

47 지례, 『천수안대비심주행법』(대정장46), 974~975.

고, '불도무상서원성(佛道無上誓願成: 위 없는 깨달음을 모두 이루리)'은 멸성제(滅聖諦)에 의지하여, '고집도멸(苦集道滅)'의 순서를 보이고 있으며, 십원은 상호적으로 성립된다고 하면서 사성제에 배대하여 인과로 설명하고 있다. 십원의 첫 원과 둘째 원은 집성제의 인(因)에, 셋째 원과 넷째 원은 고성제의 과(果)에, 다섯째 원에서 여덟째 원은 도성제의 인(因)에, 아홉째 원과 열째 원은 멸성제의 과(果)라는 것이다.

이상 열 가지 원은 한결같이 선(善), 곧 길상의 공덕을 채우는 만원(滿願)의 길이라고 할 수 있다. 천수다라니의 다른 이름 가운데 만원다라니가 생각날 것이다. 천수다라니행법의 목적은 곧 만원(滿願)에 있는 것이다. 십원 하나하나에 '나무대비관세음'을 칭명하여 관세음보살님의 가피 속에 성취할 수 있도록 구조화되어 있다. 마치 화음으로 선후창을 하듯이. 이것이 이 행법의 큰 특징의 하나라고 할 수 있다.

3-2-2. 육향을 발원하다

我若向刀山[아약향도산]　**刀山自摧折**[도산자최절]
내가 칼산 향하면 칼산 절로 꺾이고
我若向火湯[아약향화탕]　**火湯自消滅**[화탕자소멸]
내가 화탕 향하면 화탕 절로 사라지며
我若向地獄[아약향지옥]　**地獄自枯竭**[지옥자고갈]
내가 지옥 향하면 지옥 절로 없어지고
我若向餓鬼[아약향아귀]　**餓鬼自飽滿**[아귀자포만]
내가 아귀 향하면 아귀 절로 배부르며
我若向修羅[아약향수라]　**惡心自調伏**[악심자조복]
내가 수라 향하면 악한 마음 무너지고
我若向畜生[아약향축생]　**自得大智慧**[자득대지혜]
내가 축생 향하면 지혜 절로 얻어지리.

관세음보살을 따라 상향(上向: 상구보리)의 열 가지 원을 세웠으니, 이제 다시 육향(向) 여섯 곳(道)으로 나아가야 한다. 먼저 이 여섯 곳을 좀 분석해 보자. 법계라고 하면 흔히 십법계를 떠올린다. 지옥(地獄) 아귀(餓鬼) 축생(畜生) 수라(修羅) 인간(人間) 천상(天上) 성문(聲聞) 연각(緣覺) 보살(菩薩) 불(佛) 등의 세계를 지칭한다. 이 중 인간은 그 중간에 자리한다. 그 중간에 자리하여 발심 수행하여 위로 올라갈 수도 있고 악업을 지어 그 아래로 내려갈 수도 있다. 이

중간자적 위치에 있는 수행자가 십원에서 상향적 원을 발원하여 얻은 공덕과 힘으로 자신보다 아래에 있는 중생의 구제를 위해 나설 것을 맹세하는 장면이라고 할 수 있다.

인간의 세계는 십법계 중 위로부터 세나 아래서부터 세나 가운데이다. 이 법계관은 불교의 지극한 인간 중심 사고를 투영하고 있다. 인간 아래에 있는 네 법계는 수라 축생 아귀 지옥이다. 이 네 곳을 향한다고 볼 수 있는데 본문은 육향이다. 무슨 일일까. 아래로부터 세 곳을 삼악도라고 하는 것쯤은 상식이다. 삼악도는 탐·진·치 삼독으로 상징되는 곳이다. 그러므로 지옥 아귀 축생의 삼악도는 별도의 설명이 필요 없을 것이다. 그렇다면 수라의 세계가 문제이리라. 수라는 아수라(Asura)의 축약 명칭이고, 비천(非天)이라고 하는데, 제석천과 싸우느라 쉴 틈이 없다고 한다. '아수라장'이라는 표현은 이 신의 행동에서 유래되었다. 수라계는 인간계와 천상계와 더불어 삼선도(三善道)라고 불리며 삼악도(三惡道)와 대비되고 있다.

그렇다면 다라니 염송을 위한 수행자의 이 네 법계로 향하는 차례에 어떤 의미가 내포되어 있을까. 삼악도와 수라의 네 법계로 향하면서 유독 도산지옥과 화탕지옥으로 먼저 향하고 있다. 열쇠는 업장을 닦아 내기 어려운 순서라고 할 수 있다. 도산은 무엇인가. 칼산지옥이다. 서릿발이라는 말이 있다. 서릿발과 같은 칼이 서 있는 그런 지옥으로 향하겠다고 한다. 둘째는 화탕지옥이라고 했다. 천수경에 나오는 화탕(火湯)지옥은 확탕(鑊湯)지옥의 다른 표현이라고 보아야 할 듯하다. 18지옥에는 화탕은 없고 확탕의 끓는 물을 불에 비유하면서 화탕이라고 이해하지 않았을까 한다. 하지만 거의 모든 원전에 화탕으로 나오고 있다. 첫째 둘째의 이 지옥은 결국 성냄, 진에(瞋恚)의 표현으로 하나는 냉기, 하나는 화기에 전화(轉化)로 말미암은 것이라고 할 수 있다. 삼독을 닦기 어려운 것은 마찬가지겠으나 진에의 독에서 자유롭게 되는 것은 참으로 어렵다. 유식한 사람일수록 이 진에의 독에 갇혀 있는 경우가 많다. 그 까닭에 발원하는 자가 도산지옥과 화탕지옥으로 먼저 향하게 하는 것이다.

삼독의 대표적인 독소라고 할 수 있는 진에의 독으로 향하였으니 이제 지옥세계로 향한다. 지옥은 만족하지 못하고 서로 차지하려고 다투는 것을 본업으로 삼기 때문에 그 또한 없애기가 어렵다. 그래서 발원자는 지옥으로 향한다. 아귀세계는 굶주린 세계인데 굶주리게 된 원인은 여럿 있겠지만 탐하는 마음이 주인이다. 하여 탐의 세계로 향한다. 그리고는 싸움터로 간다. 싸움의 원인은 참 많다. 이익과 명예, 질투 등 다양하다. 그래서 이 세계에는 다섯 번째로 향하게 된다. 탐내고 성내는 성질이 없는 것은 아니지만 그보다는 좀 낫기 때문일 것이다. 마지막으로 향하는 세계가 축생의 세계다. 축생은 짐승이다. 우리말 짐승은 이 축생의 음운변화로 생긴 말이라고 할 수 있다. 온순하고 순한 짐승들에게는 큰 욕심은 없어 보인다. 단지 이들은 지혜를 갖지 못하여 윤회의 보를 받는다. 그러니까 탐내고 성질내는 업은 최소한 짓지 않으므로 업장이 얇다고 할 수 있을 것이다.

我若向刀山[아약향도산]　**刀山自摧折**[도산자최절]
내가 칼산 향하면 칼산 절로 꺾이고
我若向火湯[아약향화탕]　**火湯自消滅**[화탕자소멸]
내가 화탕 향하면 화탕 절로 사라지며

십원과 육향의 특징은 모든 행자의 공통의 원, 총원이나 주어를 분명히 드러내는 특징이 있다. '중생무변서원도'처럼 주어 '나[我]'는 문장 밖에 있지만 십원과 육향은 주어 '나'가 분명히 선행한다. 그만큼 자신의 업은 스스로 지어야 하는 것을 강조한다고 할 수 있다. 육향의 본동사 '향(向)하다'는 실천성을 담보하고 있는 것이나 관념적이라고 할 수 있다. 도산을 향하기만 하면 된다. 향한다고 하는 것과 가는 것이 같을 수는 없다. 마음을 먹기만 하면 될 수 있다는 것을 의미한다고 하겠다. 어찌 보면 실천성이 빠진 듯이 보인다. 하지만 그렇게만 보면 이 문의를 제대로 읽었다고 할 수 없다.

그렇다면 왜 그렇게 향하기만 하면 도산이 꺾이고 화탕이 사라지는가. 여기서 도산지옥은 8한(寒)지옥을, 화탕지옥은 8열(熱)지옥을 대표하고 있다고 할 수 있다. 도산지옥 화탕지옥이 사실은 다른 어떤 곳에 있지 않다는 것을 말해주는 것이다. 앞에서도 논했으나 도산은 극도의 성질을 내는 지옥이다. 여인이 한 번 성을 내면 오뉴월에 서리가 내린다는 속담처럼 칼날 같은 성질을 부리고, 분노의 불길이 가마솥처럼 타오르는 이가 그곳으로 마음을 향하면 누구보다 먼저 자신을 찌르고 자신을 삶고 있는 자신을 보게 될 것이다. 그런데도 계속 찌르고 삶을까.

이 육향의 문법은 이렇게 스스로 그 답을 제시하고 있다. 주절의 부사 '자(自)'는 조건절의 주어 '아(我)'를 안고 있다. 다의(多義)적이다. 도산과 화탕이 냉기와 화기를 대비하듯이 부사 '스스로'는 '나[我]'를 떠날 수 없다. 그래서 향한다고 하는 것이다. 여기서 '나'는 지금 대승의 보살도를 가는 보리심을 발한 이임이 분명하다. 보리심을 발하고 내 안의 6도(道)와 삼독(三毒)을 버리기를 서약하고 있다. 아직 힘이 없다. 그 힘을 길러서 회향할 때 하는 논리라면 하화의 길이라고 할 수 있다. 그렇게 되면 내가 악도로 향하는 것이 아니라 '악도에 내가 가면'이라고 해야 의미가 분명해진다. 다 그게 그것 아니냐고 하는 소리가 들리는데, 그렇다면 수없이 많은 언어가 필요 없고 법문이 설치될 이유가 없다. 제불의 자비심은 다양성에 있다고 본다. 다양하므로 다양한 방편이 나오고 다양한 문법이 등장했다고 보기 때문이다. 그러므로 육향의 발원은 자신 안에 있는 삼악도의 못된 습관을 없애는 자리 수행문이다. 타리(他利)라는 외피 속에 감춰진 자리(自利)의 발원이라고 할 수 있다.

앞의 십원은 상구보리의 자리(自利)이고 이 육향은 하화(下化)중생의 이타(利他)라고 설명한다.[48] 대승보살의 길이라고 한다. 틀린 말은 아니다. 그렇지만 소극적이고 단조롭지 않은가. 물론 자리와 이타라고 주장하면서 또다시 자리와 이타는 둘이 아니[不二]라고 한다. 불이의 문법을 이럴 때 써도 좋은가. 불이법문(不二法門)은 '아(我)'와 '법(法)'에 집착하는 이들을 위해 설해졌다고 봄이 좋을 것 같다. 왜인가. 십원은 공덕을 채움[滿願]의 길이고, 육향은 탐진치와 삼악도를 소멸하고 깨부수는 파악(破惡) 멸악취(滅惡趣)의 길이다. 이쯤에서 이 다라니의 제목이 생각날 것이다. 만원다라니와 파악다라니. 나쁜 악취는 없애 주고 복덕의 길상

---

48 정각, 앞의 책, 169.

은 채워 주는 다라니. 천수다라니를 염송할 명분은 가득해졌다.

我若向地獄[아약향지옥]　**地獄自枯竭**[지옥자고갈]
내가 지옥 향하면 지옥 절로 없어지고

총론에서 다루었으므로 간략히 넘어갈까 한다. '지옥은 없어지고, 아귀는 배부르며, 악한 마음 무너지고, 지혜 절로 얻어지리'라고 하였다. 지옥이라는 표현은 굉장히 일반화되었다. 주변에는 입시지옥, 교통지옥을 비롯하여 '생지옥이야' 하는 말들이 자주 쓰인다. 지옥을 벗어나야 하거늘 온통 지옥 속에 있는 것이다. 불교에서 거론되는 지옥은 앞에서 잠깐 말한 8열 8한 등 18지옥이 대표적이다.

경론별로 차이가 보이는데 한국불교의 의궤를 중심으로 논의하고 있으므로 『불가일용작법』에서 말하는 '십팔지옥송'의 명호를 보자. 무간지옥 이경(犁耕)지옥 한빙지옥 비시(沸屎)지옥 화거(火鋸)지옥 동주(銅柱)지옥 제곡(啼哭)지옥 철착(鐵錯)지옥 검산(劍山)지옥 철상(鐵床)지옥 애마(磑磨)지옥 확탕(鑊湯)지옥 노탄(爐炭)지옥 어니(淤泥)지옥 중합(衆合)지옥 석개(石磕)지옥 쇠수(釗樹)지옥과 8한8열지옥을 제시하면서 각 지옥에 송을 붙이고 있다. 8열8한지옥의 게송을 보면 "5계와 10계를 모르고 행주좌와(行住坐臥)에 항상 게을러 수

없이 억겁 동안 항상 고통을 받으며, 사람 몸을 받더라도 뿔난 용의 몸이 되네"라고 하고 있다.[49]

사찰의 감로탱화에 지옥이 곧잘 묘사되는데, 이는 지옥이, 불사(不死)를 희구하는 인간 욕망의 정화에 쓰이고 있음을 보여주는 것이라고 할 수 있다. 지옥 갈 짓이란 말처럼 갖가지 지옥 갈 짓을 하는 한 지옥은 면할 수 없다. 8열8한지옥의 송에서 말하고 있듯이 계율의 준수가 무엇보다 필요하다. 5계와 10계를 모르고 게으르면 지옥행은 보장받았다고 할 수 있다. 일체 생명 있는 것을 괴롭히지 않고, 주지 않는 물건을 빼앗지 않고, 잘못된 이성 관계를 하지 않고, 거짓을 말하지 않고, 인간 이성을 빼앗는 술을 먹지 않는 것이 오계이다.

그럼 10계는 무엇인가. 5계에 다시 다섯 가지 지켜야 할 계목이 더해진다. 여섯째 아름다운 꽃으로 몸을 장식하지 않는 것이고, 일곱째는 춤추고 노래하지 않으며 그곳에 가서 보지 않는 것이고, 여덟째는 높은 자리에 앉거나 눕지 않는 것이고, 아홉째는 정해진 공양 때가 아니면 먹지 않는 것이고, 열째는 금과 은과 같은 재물을 저축하지 않는 것이다. 10계는 재가자를 위한 계목이 아니고 출가자를 위한 계목이었다.

---

49 井幸 編, 『불가일용작법』(한의총3), 558.

재가자를 위해 마련된 계목은 팔재계가 있다. 팔재계는 팔관재계(八關齋戒, aṣṭāṅga-samanvāgatopavāsa)라고도 하는데 이 계를 받은 이는 하루 밤낮 동안 집을 떠나서는 안 되고, 승단에 머물게 되었을 때는 출가한 사람과 같은 생활을 한다. 팔관재계에서 팔은 계목이 여덟 가지임을, 관(關)은 통과해야 하는 관문이라는 뜻과 마음을 닫는다는 의미이고, 계(戒)는 잘못을 막고 악(惡)을 그치게 한다는 데 의미가 있다. 신구의 3업으로 짓는 악행을 방지하고 악도의 문을 닫아건다는 의미로써 이 팔관재계는 매월 6재일(齋日: 8, 14, 15, 23, 30일)에 받아 지닌다.

앞의 다섯 계목은 5계와 같고 여섯째는 꽃과 다발로 자신의 몸을 장식하지 않고, 노래하고 춤추며 그것을 보거나 듣지 않는 것이고, 일곱째는 높고 넓고 화려하게 장엄한 평상에 앉거나 눕지 않는 것이고, 여덟째는 때가 아닌 때 먹지 않는 것이다. 팔관재계를 받으면 적어도 하루는 불음계(不婬戒)를 지켜야 한다.

5계와 8관재계를 지닌다는 것은 지옥행을 면하는 길이다. 설령 그 같은 선행을 잘하지 못해 지옥에 머물게 되었더라도 육향의 발심을 통해 소멸해 나가는 구조라고 할 수 있는 것이다.

화탕은 고갈되는가, 소멸되는가!

국내 본에 약간의 논란이 되었던 지옥은 '고갈'되는 것이 아니고 '소멸'되고 앞 구절의 화탕이 '고갈'되어야 한다고 생각하는 견해가 상존한다. '소멸' '고갈'에 대해서 알아보기로 한다. 의례문은 전승과정에서 의도적이든 그렇지 않든 간에 변형되게 마련이다. 그 연유로는 첫째 원문의 의미를 확장하기 위한 장치로, 둘째 의미 전성의 영향을 반영하는 데서일 것이다. 이 두 가지가 작은 단위에서 흔히 일어나는 사례라 한다면, 좀 더 넓은 단위에서는 의례문의 구조를 변형하는 것인데 당대의 사조, 의미의 재해석에 기인하기도 한다.

육향문의 '화탕자소멸(火湯自消滅)'과 '지옥자고갈(地獄自枯竭)'을 '화탕자고갈(火湯自枯竭)'과 '지옥자소멸(地獄自消滅)'로 교정해야 하는지 현재대로 그냥 둬야 하는지를 살펴보자.

화탕은 고갈되고 지옥은 소멸돼야 한다는 것은 어떤 본에 연유하기보다 현재의 일반적인 언어관에서 기인할 것이다. '탕(湯)'이니까 말라지고 '지옥'이니 소멸이 되는 것이 맞지 않는가 하며 경도 잘못된 것은 이참에 수정해야 하지 않느냐가 중심 요지일 것이다.

또 다른 이 주장의 근저는 1970년대부터 불교 경전 보급을 주도한 일부 출판사 간행 천수경에서 중국경전에서 그렇다 하며[50] 이 두 구절을 교체해 보급하였다. 이렇게 교정된 본으로 독체(讀體, 1601~1679)의 『천수천안대비심주행법』도 있다.[51] 그 결과 소멸(消滅)과 고갈(枯竭)[52]의 의미가 그 같은 시중에서 유통되는 본에 의해 상징조작과정이 거쳐졌다고 생각된다.

그렇다면 고본은 어떨까. 이 십원 육향이 있는 가범달마 역 천수다라니경, 불공(不空) 천수다라니, 지례의 『천수안대비심주행법』이나 또 국내의 『오대진언집』(1485)에서 『석문의범』(1935)에 이르기까지 '화탕자고갈'(火湯自枯竭)과 '지옥자소멸(地獄自消滅)'로 표기된 본은 보이지 않는다. 그러니까 원본도 잘못됐으면 고쳐야 한다는 주장을 강하게 할지 모른다. 그렇다면 이 구절이 생성된 시기는 언제일까. 적어도 가범달마나 불공이 천수다라니경을 번역한 7~8세기라고 추정하는 데는 이의가 없을 것이다.

7~8세기의 중국은 누가 뭐래도 근체시가풍이 성립돼 유

---

50 林碧峰 編, 『불자보감』(선문출판사, 1994, 30)에는 "火湯自枯渴과 地獄自消滅은 중국 佛敎修學要典에 의거 訂正했다"고 하고 있고; 曺性坡 편, 『신편 불자염송경』(선문출판사, 1984/1993, 24)에서도 火湯自枯渴과 地獄自消滅을 채택하고 있다.
51 讀體, 『천수천안대비심주행법』(속장경74책), 543下.
52 '竭'을 '渴'로 바꿔 보급되었다. 오고산 편역, 『불자지송독송경』(보련각, 초판 1976); 조성파 편, 『불자염송경』(선문출판사, 1988). 김호성, 『천수경이야기』(74)에서도 일부 언급되고 있는데 여러 정황상 현행대로를 주장하고 있다.

행하던 시기다. 잘 알다시피 근체시가의 절구나 율시의 핵심은 대구와 대조를 바탕으로 한 기승전결이라고 할 수 있다. 곧 시가를 짓는 문화라는 말이다. 여기서 시가를 짓는 한시미학을 떠올릴 필요가 있다. 중국의 한시 작풍을 일일이 거론할 자리는 아니나 작시(사)의 최소한 자원(字源)[53]의 이해를 간과할 수는 없다.

다시 화탕(火湯)의 화(火)는 불기운이고 탕은 펄펄 끓는 물의 기운을 나타낸다. 곧 한 말 같지만 양기와 음기를 표현하고 있다. 이에 대한 대(對)인 소멸(消滅)을 분석해 보면, 소(消)는 수(氵)+초(肖)로 물의 기운이 점점 작아지는 것을 나타낸다. 멸(滅)은 수(氵)가 불(火)의 위세(戈)를 점점 사라져 없어지게 하는 형상의 자(字)이다. 결국 물의 기운이 줄어듦과 불의 기운이 사라져 없어짐을 나타내는 소멸은 화탕의 대로 적합한 것이다.

고갈(枯竭)이 지옥의 대로 쓰이는 것은, 지옥은 추계(杻械)와 같은 형틀에 얽매이는 고통이므로 그와 같은 형구가 다 해져야 함을 나타낸다. 갈(竭)은 갈진(碣盡) 갈력(竭力)의 용례에서 보듯이 재물 등 자원이 없어짐을 의미한다. 그러므로 지옥의 구조물이 사라짐을 나타내는 용례로 적합하다. '영고성쇠'(營枯盛衰)라는 용례에서 볼 수 있듯이 고갈(枯竭)

---

53 字源에 대해서는 한문학자 심재동 선생님의 조언을 참고하였다.

의 의미는 구조물이 사라지는 데 쓰인다.

의미가 전성돼 현재 우리 언어에서 쓰이는 용례로 보면 그럴듯하지만 그렇지 않은 것이 적지 않다. 도산(刀山)의 경우도 마찬가지다. 도산은 최절(摧折)인데 '최'(摧)는 꺾였지만 그대로 붙어 있는 것을 말하고, '절'(折)은 꺾여 나감으로써 분절된 것을 나타낸다. 꺾이기도 잘려 나가기도 하는 상태이다.

소멸에서 또 하나 우리가 얻어 볼 수 있는 것으로 뉴스라는 의미의 '소식(消息)'이란 말을 눈여겨볼 필요가 있다. '소(消)'는 없어지는 것이고 '식(息)'은 생기는 것이고 늘어나는 것이다. 자식(子息)이라는 말에서 확인할 수 있다. 없어지고 생기고 하는 것들이 곧 소식이다. 뉴스가 무엇인가. 이 범주를 벗어나는 것이 없을 것이다. 만일 이를 잊고 있다면 우리는 음과 양, 양과 음의 콘트라스트(contrast)의 미학을 놓치고 있는지도 모른다.

뒤편에 나오는 참회게송의 백겁 대 일념, 적집 대 돈탕 등 의례 의문의 곳곳에는 한없는 문예 미가 붓다의 깨침과 보디를 구하고 중생과 함께하는 자비의 미학이 널려 있다. 더없이 훌륭하지만 지나치게 신심에 한정되면 그 미(味)는 향유할 수 없을 것이다.

我若向餓鬼[아약향아귀]　　**餓鬼自飽滿**[아귀자포만]
내가 아귀 향하면 아귀 절로 배부르며

걸신들린 사람이라는 말이 있다. 한시도 배고픔을 참지 못하고 먹어대는 사람을 두고 하는 말인데, 지옥의 대표적 표현으로 자주 거론된다. 그런데 왜 배고픈 아귀 지옥이 중요하다고 하는가. 인간은 몸을 가진 존재이고 한시도 먹지 않고는 살 수 없다. 사흘 굶고 담장 넘보지 않는 사람이 없다는 말처럼 배고픈 이에게 밥보다 더 좋은 것은 없다. 사람들은 대부분 일단 배가 차야 반듯한 이성이 작동할 수 있다. 분노의 지옥 다음으로 배고픔의 문제를 해결하려고 하는 것이다. 세속에 사는 이들은 스스로 일해서 밥을 먹고, 출가한 이들은 오로지 수행에만 전념하여 세속 사람들의 복전(福田)이 되며, 복전에 심는 선근의 인연으로 생명을 이어간다. 팔정도(正道)의 정명(正命)은, 수행자는 바르지 않은 방법으로 생명을 잇지 말라는 가르침이다. 바르지 못한 방법으로는 스스로 돈을 벌어서 생명을 잇는 것이 있는데, 이는 무소유를 통해 탐욕을 끊고 수행을 이루게 하려는 목적으로 시설되었다고 하겠다. 또 원효 대사는 수행자에게 『발심수행장』에서 이렇게 말씀하고 계신다.

배고프면 나무 열매를 먹어 주린 창자를 달래고,

목마르면 흐르는 물을 마셔
갈증 나는 마음을 쉬게 할지니라.
좋은 음식을 먹고 애틋하게 기를지라도
이 몸은 반드시 허물어질 것이며,
부드러운 옷을 입혀 지키고 보호하여도
목숨은 반드시 마칠 때가 있을 것이다.[54]

이렇듯이 먹는 문제는 크다. 지나치게 음식을 탐하면 아귀가 되고, 제대로 먹지 않으면 도(道: 깨달음)를 이루기도 전에 건강을 잃게 된다. 팔양경에서는 이 몸이 곧 불기(佛器)요 법기(法器)라고 하였다. 이 몸이 없이는 법을 담을 수 없기 때문에 적절한 음식 섭취는 지당하다. '아귀자포만'의 원리 또한 중도요, 절제의 미학(美學)이라고 할 수 있다.

아귀는 배는 남산만 한데, 목구멍은 바늘과 같이 작아서 먹어도, 먹어도 배고픔이 끝이 없고, 음식을 입에 가져가기만 하면 불로 변해버린다고 하는 배고픈 중생들이 사는 세계이다. 축생은 지혜 없는 어리석은 중생들이 사는 세계로 하루하루 먹고사는 문제 외에는 다른 생각을 할 수 있는 지혜가 없다고 한다. 사람들은 무슨 일이든 움직이기만 하면 업이 아닌 일이 없다. 몸이 있는 모든 생명은 유정이든 무정이든 다른 중생의 몸을 취하여 자신의 음식으로 삼

---

54 원효, 『발심수행장』(한불전1), 841上.

지 않고서는 단 하루도 살아가기 어렵다. 지옥에 있는 귀중(鬼衆)에게 음식을 베푸는 의식이 불교에는 발달돼 있다. 시식이라는 의례가 그것이다. 시식의 유래와 목적에 대해 알아보자.

시식의 연유와 목적은 무엇일까[55]

불교의 시식의례는 『불설구발염구아귀다라니경』(佛說救拔焰口餓鬼陀羅尼經)이나 『불설구면연아귀다라니신주경』(佛說救面然餓鬼陀羅尼神咒經)에 근거한 의궤에 기초하고 있다. 잘 알려진 두 경전의 이야기는 대동소이하다. 먼저 등장인물은 다문제일로 알려진 아난다 존자이다.

아난이 홀로 조용한 곳에서 소수법(所受法)을 염(念)하고 있었다. 밤 3경(三更)이 지났을 때 매우 마르고 누추한 염구(焰口)라는 아귀가 "3일 뒤 너는 명이 다하고 아귀계에 태어날 것이다"라고 했다. 이 말을 듣고 두려워 아난이 "만일 내가 죽어 아귀로 태어남을 면하려면 어떻게 해야 하는가?" 하고 물어 아귀로부터 "백천 나유타 항하사수 아귀에게 음식을 대접하고 또 아귀들을 위해 삼보께 공양 올리면 면할 수 있다"라는 대답을 듣게 된다.[56]

---

55 이 단락은 졸고,「韓國佛敎의 '施食儀' 認識과 變形 考察」(『생사의례/공양의 문화비교 연구발표회 자료집』, 日本, 供養의文化比較研究會, 2008, 33~51)을 수정 보완하였다.

이에 붓다께 청하여 붓다로부터 붓다께서 전세에 관세음보살로부터 받은 '무량위덕자재광명수승묘력(無量威德自在光明殊勝妙力)' 다라니와 4여래(四如來)의 명호를 받게 되고 이것을 활용해 시식하여 시식의례의 근거가 마련된다. 시식의 연유는 아난이 수명 연장과 사후 아귀계를 면하기 위해서 아귀에게 시식하는 표면적 구조로 이뤄져 있다.

그렇다면 이 연유의 단초인 소수법(所受法)을 어떻게 이해해야 할까. 소수법을 염했기 때문에 아난은 아귀를 볼 수 있었다. 3경에 소수법을 닦지 않았다면 아귀를 볼 수도, 수명을 연장할 수도, 사후 아귀계를 면할 수도 없었다.

소수법은 무엇을 의미할까. '신수심법(身受心法)' 4염처(四念處)의 '수(受: 感受)'를 관(觀)했다고 할 수 있다. 한밤중 3경에 일어날 수 있는 최고의 감수(感受)는 무엇일까. 하루에 아침 한 끼를 먹는 수행자에게는 배고픔이 아닐까. 아난은 3경에 이르는 정진을 통해 배고픔이 인간의 근원적 고통임을 다시 한번 인식하게 되었고, 그것을 통해서 배고픈 이들을 볼 수 있었다고 생각할 수 있다.

그렇다면 어떻게 해야 배고픈 이들을 먹일 수 있을까, 배고픈 아귀를 건질 수 있을까. 결론적으로 말하면 이 번민은 결국 시식의례를 낳게 된다. 아난의 고민을 붓다는

---

56 不空 譯, 『佛說救拔焰口餓鬼陀羅尼經』(대정장21), 464下.

어떻게 풀어주고 있는가, 이의 해결을 위해 무엇이 시설되는가. 첫째 '무량위덕자재광명승묘력변식진언'으로 알려진 다라니의 등장이다. 이 다라니를 통해 가지(加持: 宗敎的 聖化)를 하고 불보살의 자비 원력에 의해 한 그릇의 음식이 한량없는 음식으로 변화된다. 이 한량없는 음식으로 한량없는 아귀를 먹일 수 있게 되고 배부른 이들은 (편안한 마음을) 붓다의 진리를 듣고 복덕과 수명이 늘어날 뿐만 아니라 깨달음[bodhi]까지도 얻게 된다. 이것이 종교적 차원이라면 둘째는 아까운 마음이 없는 보시의 장려이다.

> 만일 시주가 대승에 깊은 믿음으로 유가를 바라고 다라니 감로 법문을 좋아한다면, 모든 유정을 건지겠다는 마음을 내고 은근히 찬탄하며 큰 재보를 희사하여 스승을 삼청해서 시식(施食: 檀法)을 청하며 한결같이 평등한 마음으로 미워하고 원망하는 마음을 떠나 후회하지 않는 보시를 항상 행하며,[57]

위에서 보았듯이 '시식'은 진언 염송과 같은 종교적 행위와 더불어 '보시(布施)'를 통해 배고픈 이를 구제하는 사회적 행위에 기초하고 있음을 알 수 있다. 곧 시주자(施主者)는 재보(財寶)를 보시하고, 수행자(修行者)는 '가지(加持)'라

---

57 不空 譯, 『瑜伽集要救阿難陀羅尼焰口軌儀經』(대정장21), 469中.

는 종교적 의례를 통해 공양물을 '정화(淨化)' '성화(聖化)'의 과정을 거쳐 일체 여래와 선신(仙神)과 귀중(鬼衆), 그리고 배고픈 이들에게 베풀어 먹게 하는 것이 시식의례이다.

그렇다면 시식의례는 삼보(三寶)와 귀중(鬼衆)의 공양과 베풂에만 목적이 있을까.

그대가 지금 수지(受持)한 이 다라니법(陀羅尼法)은, 그대는 복덕과 수명이 증장되고; 아귀는 천상과 정토에 나고 인천의 몸을 받게 한다. 시주는 장애와 재앙을 없애고 수명을 더욱 늘리며, 수승한 복을 불러오고 보리를 증득하게 한다.[58]

시식은 시식(施食)과 공양(供養)이라는 보시를 통해 타자(他者)를 해탈시킬 뿐만 아니라, 보시자도 복덕을 성취해 마침내 지혜를 이루게 하는 것이라 하고 있다.『지장경』의 '망자(亡者)를 위해 올린 공양의 복덕과 이익의 일체 성(聖)스러운 것의 7분(分)의 1은 망자가 받지만 7분의 6은 자신이 받는다'라는 칠분공덕설(七分功德說)[59] 또한 시식 공덕이 자신의 선업을 닦는 것임을 말하고 있다. 이것으로 볼 때 시식(施食)의례는 상구보리 하화중생이라는 대승의 보살도를 실천하는 장이라고 할 수 있다.

---

58 不空 譯,『瑜伽集要焰口施食起敎阿難陀緣由』(대정장21), 473上.
59 實叉難陀 譯,『地藏菩薩本願經』(대정장13), 784中.

아귀도에 있는 중생들에게 음식을 베푸는 시식의례를 좀 자세히 살폈다. 자신의 배고픔과 타자의 배고픔을 함께 극복하는 것이 결국 육향의 진정한 정신을 실천하는 것이 될 수 있을 것이다.

我若向修羅[아약향수라]　**惡心自調伏**[악심자조복]
내가 수라 향하면 악한 마음 무너지고

수라는 싸움을 좋아하는 신이다. 싸움을 좋아하는 마음은 여럿이 있을 것이다. 탐이라는 이익 때문일 수도 있고, 자신의 존재에 대한 도전과 같은 자존심 때문일 수도 있을 것이다. 살다 보면, 칼로 물 베기라는 부부싸움 등 별것 아닌 것 때문에 사생결단이나 하듯이 싸우는 것을 적지 않게 목격하게 된다.

이런 것들은 다 마음이 선하지 못해서 그렇다는 것이다. 악심을 조복(調伏)하면 수라 세계는 면할 수 있다는 뜻이다. 조복이라는 한자를 보면 조(調)는 말이 두루 원만하다는 뜻이고, 복(伏)은 개가 낮은 자세로 앉아 있듯이 자세를 낮추는 것이라는 뜻이다. 두루 원만한 말은 무엇일까. 보편적인 말이다. 집 안에서 하는 말을 집 밖에서 해도 원만하면 그것은 원만하다고 할 수 있다. '가까울수록 예절 바르게'라고 했다. 가깝다고 가볍게 말하는 것은 원만한 말이라고 할 수 없다. 낮추는 자세로 복위(伏爲)와 기부(起付)라는 말을 자주 쓴다. 가령 조상 혼령의 천도를 부탁하기 위해 엎드려 부탁하고 아래에 있는 이들에게는 서서 부탁한다고 하듯이, 자신을 낮은 곳에 엎드리면 다투고 싸울 일이 없어지니 그렇게 하라는 의미로 읽힐 수 있다. 그러므로 안팎이 없이 두루 원만한 말을 하고 자세를 낮추면 육향하는 수라세계는 조복이 된다고 하겠다.

我若向畜生[아약향축생]　**自得大智慧**[자득대지혜]
내가 축생 향하면 지혜 절로 얻어지리.

모래를 쪄서 밥을 하려는 사람을 '곰 같은 사람'이라고 한다. 육향의 마지막 이 구절은 결국 곰 같은 사람이 되어서는 안 된다는 뜻이다. 내가 축생계로 향하면 저절로 큰 지혜를 얻게 된다는 것이다. 큰 지혜는 마하반야바라밀이다. 마하반야바라밀을 지혜의 완성이라고 번역한다. 지혜의 완성이 육향의 마지막을 장식한다. 십원과 육향의 끝이 반야 지혜를 얻는 것으로 되어 있다.

불교는 어리석음을 타파하여 큰 지혜를 이루는 데 목적이 있다. 큰 지혜를 완성하는 '마하반야바라밀' 하면 한국불교 불자라면 누구나 반야심경이 쉽게 떠오를 것이다. 천수경과 더불어 가장 많이 염송되는 경전의 하나이다. 의식에서 염송되는 반야심경은 큰 지혜를 완성하는 경전이다. 이제 반야심경이 의식 또는 의궤에서 어떻게 작용하고 있는지를 알아볼 차례이다. 반야심경 또는 '마하반야바라밀'이 의궤에서 언제 어떤 용도로 쓰이는지를 보기로 한다.

반야심경의 용도는 무엇일까[60]

오늘날 봉행되는 법회의식은 그 기원이 『석문의범』의 '강연의식'[61]에서 어떤 힌트를 얻었거나 영향을 받았다고 보이는데, 반야심경은 법회 때 삼귀의 찬불가에 이어 독송되고 있다. 강연의식 목차를 보면 삼귀의 반야심경 이후 찬불게(가), 입정 강화(설법) 사홍서원 산회가의 법회 순서가 제시되었다. 현재 법회순서와 다른 점은 찬불가와 반야심경의 순서가 바뀌어 있는 정도이다. 현 법회에서 반야심경이 염송되는 위치를 일반적인 의궤로 비춰 볼 때 신묘장구다라니 정도를 염송하는 곳이라고 할 수 있다. 『석문의범』의 '설교의식'에는 삼정례 찬불게 송주가 이어지는데, 이때 주가 신묘장구다라니이다.[62] 곧 천수다라니 염송할 곳에

---

60 이 단락은 대한불교조계종 포교원 포교연구실 기획, 이성운 대표집필, 「현행 법회의식 이대로 좋은가」(불교신문, 2010.6.30일자)를 일부 발췌하여 수정 보완하였다.
61 安震湖, 『釋門儀範』下(前卍商會, 1935), 214.
62 안진호, 앞의 책, 211~212.

반야심경을 읽고 있다고 할 수 있다.

또 조석 신중단 예경 때 예경은 하지 않고 반야심경을 염송한다. 이때 염송은 대체로 승보의 일원인 스님이 더 낮은 하위의 신중에게 법문을 들려주는 '법시(法施)'의 의미로 봉행하고 있다고 보인다.[63] 신중단의 반야심경 염송과 법회의식에서 반야심경 봉송을 어떻게 이해해야 할까. 이 점을 염두에 두고 생각해 보자.

첫째, 제위신중께 법공양이나 법시로 염송하는 것이라면 제위신중이 깨달음에 이르지 못했다는 것이 전제되어야 한다. 신중불공 헌좌게 '원멸진로망상심(願滅塵勞妄想心)' '속원해탈보리과(速圓解脫菩提果)'는 축원인데 신중께 그리하시라는 인식과 유사하다고 할 수 있다. 39위 신중의 상단은 제석천왕과 4천왕들이고 하단은 불법을 옹호하고자 서원한 신중이다. 108위 신중의 상단은 석가화현 예적금강성자이다. 다시 말해 불격(佛格)이다. 신중청 청사에는 '예적금강 천부공계 산하지기'라 하여 불격(佛格)까지 거론하고 있다. 그렇다면 그분들이 과연 미계(迷界)에 있는 우리들의 법시를 받아야 하는 존재인가를 생각해 봐야 할 것이다.

---

[63] 월운은 '중단에 수행인이 절을 하면 신장들이 감복(減福)한다'는 이유로 정화 이후 신중단 예경은 하지 않고 반야심경을 염송하게 되었다고 하면서 복덕이 적은 소납은 중단에 예경을 한다고 하고 있다. 월운 편, 『日用儀式隨聞記』(중앙승가대출판국, 1991), 37.

둘째, 회향(廻向)의 봉송(奉送)과 안위(安位: 위패를 안치함)의 보내는 의미를 담고 있는 염송으로 이해할 수 있다. 수륙재의 경우 재를 열게 되었다는 것을 알리러 떠난 사직사자를 봉송할 때[64]와 공양을 위해 자리에 앉도록 할 때[65] 심경을 염송하고 있다. 또 반야심경으로 법회를 회향하는 경우도, 법의 자리가 파하였으니 이제 각자 자리로 돌아가라는 진언으로 심경이 염송됐다고 볼 수 있다.

사자를 보내는 진언으로 반야주가 쓰였고, 공양의 자리로 옮겨 가라는 의미로 반야주가 쓰이고 있는 것으로 볼 때 심경 염송은 법시(法施)나 법공양(法供養)이라 하기보다는[66] 봉송(奉送)의 의미가 있는 것이라고 이해할 수 있다. 신중단에 반야심경 한 편을 염송하는 의미는 무엇인가. 대웅전 예경을 올린 수행자들이 각자 맡은 전각으로 예경을 위해 떠나가라는 행위를 지시하는 진언이라고 볼 수 있다.

또 이 반야심경을 다 염송할 수 없을 때 반야주 혹은 '마하반야바라밀' 염송으로 미계(迷界)에서 오계(悟界)의 피

---

64 印光 撰, 『水陸儀軌會本』(宏願出版社, 中華民國 94年/2005), 74.
65 竹庵 編, 『天地冥陽水陸齋儀纂要』 '安位供養編'에 "已屆道場 大衆虔誠 諷心經安座" 이후 협주에서 "諷心經 安座 伸五供養 後 宣牒"이라 하고 있다(한의총2, 219).
66 백파는 『작법귀감』(한의총3, 389下)에서 '영가 시식 때 보공양 보회향이 끝난 후 영가가 음식을 충분히 드시는 것을 관상할 때 반야심경을 송하는 것은 불가하다'라고 하고 있다.

안(彼岸)으로 떠나겠다는 염원과 소청 불보살님을 봉송하는 의궤를 동시에 거행하고 있다고 할 수 있다. 소청만 있고 봉송이 없는 우리의 불공 의식에, 사바교주 석가모니불을 3칭(稱)하는 회향가지 앞에서 '마하반야바라밀'을 삼 편(遍) 칭하는 것은 봉송의식을 대신하고 있다고 생각한다.

하여 104위의 신중단 예경과 39위 신중단 예경을 구별하여 3정례 예경으로 환원돼야 한다. 또 신중을 인간보다 낮은 계위라고 이해해서 중단 예경은 하지 않고 반야심경만 염송하는 것은 재고되고 시정돼야 한다.

육향은 앞에서 죄악(罪惡)의 소재(消災)라는 자리(自利)라고 설명했다. 성내는 마음과 탐내는 마음과 어리석음을 타파할 때 진정한 발원이 완성된다. 십원으로 보리의 마음을 낸 수행자는 육향으로 지금껏 자신을 지배하고 있는 업장을 깨끗이 없애야 천수다라니를 얻어들을 수 있는 것이다.

거듭 말하거니와 자리를 완성하지 못하고는 타리를 완성할 수 없다. 특히 천수다라니를 읽는 목적은 업장을 참회하고 마음속의 소원을 이루려고 하는 데 있다. 날개 부러진 새가 거북을 업고 날 수야 없지 않겠는가. 육향으로 업장을 녹인 다음에야 가능할 법한 일이 아니겠는가.

시식 등 여러 의식에서 대비주(大悲呪), 천수(千手) 운운(云

云: 말하라)이 왜 자주 등장하며, 그곳이 어디인지를 보면, 천수의 다양한 공능(功能)을 확인할 수 있다. 관음시식과 같은 의식에서는 파지옥게송과 진언 앞에서이고, 수륙재에서는 도량을 엄정하게 할 때와 편안히 자리에 앉도록 인도할 때 등등이다.

이렇듯이 관음의 자비와 천수다라니의 위력은 미욱한 우리가 미처 알지 못하더라도 구석구석 골고루 비춰 중생들을 해탈의 세계로 이끌어 주고 있다.

3-3. 가호를 청하다

南無觀世音菩薩摩訶薩 [나무관세음보살마하살]
南無大勢至菩薩摩訶薩 [나무대세지보살마하살]
南無千手菩薩摩訶薩 [나무천수보살마하살]
南無如意輪菩薩摩訶薩 [나무여의륜보살마하살]
南無大輪菩薩摩訶薩 [나무대륜보살마하살]
南無觀自在菩薩摩訶薩 [나무관자재보살마하살]
南無正趣菩薩摩訶薩 [나무정취보살마하살]
南無滿月菩薩摩訶薩 [나무만월보살마하살]
南無水月菩薩摩訶薩 [나무수월보살마하살]
南無軍茶利菩薩摩訶薩 [나무군다리보살마하살]
南無十一面菩薩摩訶薩 [나무십일면보살마하살]

南無諸大菩薩摩訶薩 [나무제대보살마하살]
南無本師阿彌陀佛 [나무본사아미타불]

 천수다라니경에 십원 육향의 원을 발한 행자는 지극한 마음으로 나의 이름을 부르고 나의 본사이신 아미타불을 오로지 생각하며 부르고[칭명: 稱名], 그리고 이 다라니를 외워야 한다고 하고 있다. 또 지례의 『천수안대비심주행법』이나 독체의 『천수천안대비심주행법』에는, 여기에 다라니 염송행자는 몸이 이 불보살님 앞에서 대면하듯이 존귀한 명호를 칭념하며, 물에 빠졌을 때나 불에 타게 되었을 때 구제를 바라는 것과 같이 애절하게 오직 마음으로 생각해야 한다는 구체적인 행법을 더하고 있다. 지례나 독체의 행법에는 천수다라니경의 행법대로 '나무관세음보살' '나무아미타불'의 칭명법이 제시된다. 국내 『삼문직지』(1769)의 '염불의궤'에는 현행 12보살명이 등장한다. 이 염불의궤 차례에는 12보살명호를 계청하고 있다. 계수문과 십원 육향문이 없이 바로 '천수천안 관세음보살 ~ 대다라니 계청'의 '계청'을 개행하여 관세음보살마하살 이하 12보살의 명호를 열어 청하는 본동사로 인식하도록 작문하였다. 이후 '계청'이 '천수천안 ~ 다라니'를 제목으로, 이하를 계청문으로 이해하는 데 지대한 공헌을 하게 되었다고 할 수 있다. 『오대진언집』(1485)에서 작문된 '천수천안 관세음보살 ~ 다라니 계청'이 두어 견해를 갖게 하는 단초를 제공하고 있다. 그렇지만 그것이 반드시 그렇게만 전승되었다고는 볼 수 없다. 『불가일용작법』(1869)은 『오대진언집』의 문법을 다시 따르고 있으며, 『삼문직지』에 빠진 '본사 아미타불'을 복원해 놓고 있다. 이후 관음보살 등 12보살과 아미타불 칭명법은 정형화되었다.

이 글의 주된 논조는 의궤로 천수를 해석하는 것이다. 하여 염불작법을 위한 사전의 수법(修法)적인 진언염송과 천수다라니 자체를 염송하는 의궤를 같이 보려는 사고를 경계한다. 의례의 차서(次序)를 담은 서적을 지칭할 때 염송의궤, 시식의궤 등 의궤(儀軌), 의범(儀範)이라는 말과 청문(請文), 의문(儀文)이라는 말, 작법(作法) 등이 혼용된다. 의궤나 의범은 행동거지를 설명하는 지문(地文)이 비교적 상세하게 실리고, 청문이나 의문은 대사(臺詞) 중심이라 한다면, 작법은 바라나 등 도구를 더해 구체적 행동을 안내할 때 주로 붙여지고 있다고 생각할 수 있다.

그렇다면 천수경의 편찬목적이 무엇일까. 하나하나 고찰해 가는 가운데 그것이 드러날 것이다. 『오대진언집』을 보면 천수다라니를 염송하여 공덕을 채우고[滿願] 악업을 소멸하는[消災] 데 그 목적이 있다는 것을 확인할 수 있다. 하지만 『삼문직지』에서의 천수다라니염송은 꼭 그렇다고 보기 어렵다. '염불작법'의 사전에 하는 의식용이다.[67] 염불작법은 아미타불을 찬탄하고 관련 다라니를 외우며 정근하는 일종의 정토수행이다. 천수다라니경에서 '나무아미타불과 관세음보살'을 몇 편 칭념하라는 횟수는 없지만 『천수안대비심주행법』에는 바빠도 7편을, 『천수천안대비심주행법』에는 10편이 제시되고 있다.

국내 천수경에는 18세기 이후 정토사상의 영향으로 염불작법의 관음보살 대세지보살 12보살 1편과 '아미타불'의 3편을 칭명하는 것이 보편화되었다고 할 수 있다.

일반적으로 이 단락에 대해 '봉청의식' 또는 '결계의식'의 한 부분으로 분류하거나, '별귀의' '12보살' '관세음보살과 아미타불'이라는[68] 소제목을 부여하고 있으며, 또 번역을 보면 '관세음보살마하살께 귀의합니다' 하거나 번역하지 않고 원음 그대로 두고 있다.

먼저 이 단락의 공능이 무엇인가를 해명해야 할 것 같다. 그러기 위해서는 아무래도 열두 보살님의 초두에 있는 '나무'에 대한 의미를 다시 한번 깊이 생각해 보아야 한다.

---

67 심상현은 천수경을 '의식용 천수경'이라고 이름 붙이고 있는데, 이는 이 같은 입장에서라고 이해할 수 있다.
68 '봉청의식'(팔관; 월운) 또는 '결계의식'의 한 부분으로 분류하거나(심상현); '별귀의'(김호성); '12보살'(정각); '관세음보살과 아미타불'(무비)

신심이 있는 불자라면 누구나 입버릇처럼 '나무아미타불 관세음보살' 하거나 '나무관세음보살' 하면서 관세음보살을 염하는 경우를 볼 수 있다. 텔레비전 전통사극에 스님들이 출현하여 그 같은 모습을 연출하는 장면이 나오는 것을 보게 된다.

자주 인용되는 이야기 하나. 지금 뱀이 개구리를 포획하려고 하고 있다. 지나가던 한 스님이 이를 목격한다. 개구리를 살려야 하는가, 뱀의 생존을 막아야 하는가. 선택의 기로를 맞는다. 개구리를 살리면 뱀은 먹이를 잃게 되고, 그렇지 않으면 개구리는 생명을 잃는다. 먹이를 잃는 것보다 생명을 잃는 것이 더 크다고 말할 수 있을 것이다. 부정할 수 없지만 먹지 않고는 또 생명을 유지할 수 없다.

이럴 때 한마디. '나무아미타불'

현실 세계에서는 늘 이해관계가 상치될 수밖에 없다. 너도 좋고 나도 좋은 방법을 찾기 어렵다. 어느 한 편에 설 수밖에 없는 한계가 있다는 것이다. 그렇지만 생명의 본질 자리에서 보면 어떨까. 일어나고 소멸되고 나고 죽고를 반복하는, 마치 들숨과 날숨이요, 물과 파도의 관계처럼 일체는 그렇게 연기(緣起)적으로 드러나 있을 뿐이다. 그 자리는 어디라고 점을 찍을 수 없고 단정할 수 없다. 그냥 본래 자리 실상이니 진여니 하는 언어들에 의해 그 모습을 들여다볼 수 있을 뿐이다. 또 그 자리를 불생불멸(不生不滅)이라거나 공(空)이라는 말로 표현하기도 한다. 그 자리가 어디인가. 바로 아미타불의 자리이고 관세음보살의 자리라고 할 수 있는 것이다.

자칫하면 이 자리를 무능의 언어로 오인하기도 하는데 이를 두고 범부(凡夫)의 깜냥[堪量]이라고 하는 것이다. 본래 무한 생명의 자리를 염송하는 소리가 '나무아미타불'이라고 할 수 있다. 나무아미타불의 왼쪽에 계시면서 무한한 광명이자 수명을 갖추신 아미타불의 본원력을 실천하는 보살이 바로 관세음보살이다. 관세음보살의 본래 자리는 곧 무량한 광명의 자리, 생명의 실상의 자리라고 하겠다.

어떻게 돌아가는가. 그것이 바로 '나무/나모'라는 칭명으로 귀명(歸命)하는 것이다. '나모붓다야'라고 칭하는 염불의 의미도 여기 있다. 불교의식에서 '나무/나모'는 굉장히 중요한 의궤이다. 천수경에 숨어 있는 여러 의궤를 통해서 천수경을 살펴보는 이 독법은 앞에서도 겪었듯이 때로는 좀 시시콜콜한 것까지도 아우르게 된다. 그 하나하나는 단순히 있는 것이 아니기 때문이다.

다시 본문으로 돌아가서 '나무'를 '귀의'로 번역하고 있는데 '나무'를 귀의로 번역해도 좋은지에 대해 생각해 보자.

나무/나모, 귀의로 번역해도 될까[69]

시중 대부분의 유통본은 '나무'의 번역어로 '귀의하오니'를 택하고 있다. 또 『천수경』에 등장하는 '십원'의 '귀의'도 '맹세하니', '귀의하니'로 번역하고 있다. '나무'가 '귀의'로 번역되기 시작한 빠른 본으로는 1932년 안양암에서 간행된 『조석지송』이 있다. '남무상주십방불'을 "십방에 항상 주하시는 부처님께 귀의합니다"라고 하며 '나무'를 '귀의'로 번역하고 있다. 이후 '나무'는 번역하지 않거나 '발원하오니'로 번역하거나 '귀의'로 번역하고 있다. 한문 의문의 '귀의'는 『한글통일법요집』(2006)에서 '귀의하니', '맹세하니', '귀의 찬양하옵나니', '귀의하여 비옵니다' 등 다양하게 번역되고 있다.

그렇다면 '나무'를 '귀의'로 번역해도 괜찮은가? '나무(모)'는 '나마스(namas)'의 음역이고, '귀의'는 '사라나(śaraṇa)'의 의역이다. 사전적 의미로 볼 때 '나무'는 예경으로 상대방에게 절한다는 의미가, '귀의'는 구제 또는 돌아갈 곳이라는 의미가 강하다. 경전 상의 의미나 현재 인도나 네팔에서 '나마스테'가 인사말로 쓰이고 있는 것을 보면 '나무'는 예경/존경 등의 의미로 쓰이고 있음을 알 수 있다.

---

69 이 단락은 대한불교조계종 포교원 포교연구실 기획, 이성운 대표집필, 「나무, 귀의로 번역해도 되나」(불교신문, 2010.2.3일자)를 수정 보완하였다.

현행 의례에서는 '나무'와 '귀의'가 어떻게 나타나고 있는 가. 『한글통일법요집』에 실린 '귀의(歸依)'는 삼귀의, 행선축원의 '귀의삼보예금선(歸依三寶禮金仙)', 천수경의 '아금칭송서귀의(我今稱誦誓歸依)', 지장 청사의 '당절귀의(倘切歸依)', 나한청사의 '정단간이귀의(整丹懇以歸依)', 장엄염불 후송의 '아금대귀의(我今大歸依)' 정도에 불과하다. '나무'에 비하면 출현 횟수가 적다. '귀의'는 '나무'에 비해 그 출현 빈도가 극히 낮다고 하겠다.

지금부터 조금은 성가시겠지만 의궤를 좀 꼼꼼히 들춰보자. 우리가 쓰고 있는 의식들은 대개 『석문의범』(1935)을 따르고 있다고 믿는다. 이는 제방에서 쓰이는 의식을 집성한 것으로, 의례발달사(儀禮發達史)에 기초하여 편찬되었다고 말하기는 어렵다. 현행 의례 또한 이것을 기초했다고 대다수 믿고 있으나 꼭 그렇다고 말하기도 어렵다. 하여 우리 현행 불교의례의 원형을 살피는 데 아무래도 수륙재와 같은 시식문, 공양법의 의문이 참고될 수 있다. 이 의문도 근간의 자료보다는 경전이나 염송의궤, 또 수륙재 등이 성립된 중국이나, 유사한 의례를 받아들인 일본의 그것과도 비교할 수 있으면 더욱 의미 있다고 할 수 있다. 우리가 비교적 쉽게 접할 수 있는 시식의(施食儀)의 원형에 가까운, 몽산덕이(蒙山德異, 1231~1298?)가 주를 단 『증수선교시식의문』은 '나무'와 '귀의'에 대한 유용한 정보를 제공해 주고 있다. '나무'는 '당구삼보가피(當求三寶加被)'라[70] 삼보의 가피를 구하려고 할 때 '나무상주시방불(南無常主十方佛)'이라고 하고 있고; '귀의'는 법회에 초청당한 영가로 하여금 삼보에 귀의하게 할 때 '귀의불(歸依佛)'이라고 하고 있다. 또 '나무아미타불' '나무관세음보살'이라고는 해도 '귀의아미타불' '귀의관세음보살'이라는 표현은 없다. 이것은 무엇을 말하는가. '나무'가 '귀의'와는 의미가 다르다는 것을 말한다고 할 수 있다.

시식(施食: 음식을 베푸는 의식)에서는 삼보에 귀의하게 할 때 '귀의'가 쓰인다고 했다. 그렇다면 삼보에 귀의한다는 게 무얼까. 싱거운 말 같지만 의례에서 '귀의'는 수계를 의미한다. 수륙재 '사사귀정편(捨邪歸正篇)'은 '나무'와 '귀의'의 공능을 잘 보여 준다. "나무불타야 나무달마야 나무승가야" 삼칭(三稱)을 재창(再唱)하여 '불법승'을 열여덟 번 칭한다. 이렇게 삼보의 이름을 칭하여 듣는 이들의 귀에 스치게 하여 지옥 아귀 축생의 길에 떨어지지 않게 한다. 그리고 제불자(영위 등)이 "귀의불양족존 귀의법이욕존 귀의승중중존" 하며 삼보에 귀의하게 하고 있다. 귀의를 마치면 오계의 모습을 풀어, 설명해 주어 지니게 한다. 그러므로 '귀

---

70 蒙山德異 修註, 『增修禪教施食儀文』(한의총1), 366下.

의'는 귀의하게 하는, '내가 귀의합니다'의 의미, 그리고 더 나아가 '귀의하라'는 명령과 사역의 의미를 안고 있다.

이상의 예에서 우리는 적어도 칭명하여 가피를 구하는 '나무'와, 수계와 서원이라는 '귀의'는 그 의미가 같지 않음을 알 수 있다. 그러함에도 불구하고 '나무'를 많은 본에서 '귀의'로 번역한 것은 여러 정황을 볼 때 '귀의'와 '나무'는 다 돌아가 의지한다는 '귀의'의 종교적 친연성이 있기 때문이 아닐까. 그렇지만 여전히 문제가 많이 남는다. 첫째 우리말(한글)화라는 당위 앞에서 어떻게 할 것인가. 우리말로 번역해 주어야 하지 않는가.

필자는, '나무'는 칭명의 진언과 같은 역할을 하므로 한글화할 때 번역하지 않고 그대로 읽어야 한다. 우리가 잘 알고 있는 현장(玄奘, 602~664)의 '오종불번' 가운데 첫째는 진언은 풀지 않는다는 것도 한 명분이 된다. '나무(모)'는 그 의미상 '옴'으로도 표현되며 옴과 더불어 '정구업진언'을 제하고는 모든 진언의 첫 자리에 놓인다. '나무/모'가 놓이므로 진언이 된다고 할 수 있다. 일관적이지는 않으나 기존의 적지 않은 본에서도 '나무'는 진언화하여 그대로 사용하고 있다.

'나무'가 칭명가피를 위한 진언 혹은 정근문임은 충분히 밝혀졌다. 그렇다면 '나무/나모'는 예문(禮文, vandana: 和南)인

가. 다시 말해 절하는 지문으로 이해해도 좋은가. '나(모)무'의 원 어미가 예경이라고는 하지만 '예경'을 나타내는 표현으로 '예불', '보례', '정례'의 의례문이 분명히 존재한다. 만약 '나(모)무'가 예문이라면 '나무아미타불' '나무아미타불' 하면서 절을 해야 한다. 마치 '지심귀명례 불타야중' 하면서 1배를 올리듯이. 의궤에서 예문은 '예경'이나 '보례'로 모든 의식의 처음에 보례게 진언을 하며 3배를 올리고 있다. 또 시식의 경우 신중이나 영가로 하여금 상단의 붓다님을 향해 예경을 하는 의식으로 '출욕참성(出浴參聖: 욕실에서 나와 성인께 참례하는 의식)'이나 천선성례(天仙禮聖: 천인이 성현께 예를 올림) 고혼예성(孤魂禮聖: 고혼이 성인께 예를 올림)이 시설되어 있다. 그러므로 '나무'의 원래 의미가 예경일지 모르나 적어도 의례에서 '나무'는 예경의 의미에서 더 나아가 가피를 구하는 진언과 같은 역할을 하고 있다. 그러므로 '나무'를 '귀의'로 번역하거나 예(절)로만 이해하는 것은 다양하게 시설된 의례와 의문을 제대로 이해할 수 없게 만들어 버린다.

그렇다면 언제 칭명 가피를 하는가, 수없이 반복되고 있는 '나무불법승'은 언제 하는가. 의식을 시작할 때, 의식 중간에 다른 의식으로 넘어갈 때, 의식을 회향할 때 주로 봉행되고 있다. 언제 귀의하는가. 계를 설할 때와 '귀의하게 할 때' 한다. 그러므로 현행 법회 현장에서 쓰이는 '귀의'의 삼귀의는 '지심귀명례 불타야중'의 '예(禮)'의 삼귀의로 전환될 필요가 있다. 언제 절하는가. (출·재가를 막론하고) 붓다께 귀의한 이들이 조석으로, 법당에 들어가면 한다. 이때의 의문으로 보례게(보예불게의 줄임으로 널리 붓다께 절을 하는 게송)와 주(呪), 예경·예불문이 있다.

의례에서는 이렇게 분명하게 그 의미가 변별되고 있다. 이와 같은 관점에서 의식과 의궤를 바라보면 '나무'와 '귀의' '(보)예(경)'는 그 의미가 더욱 잘 드러난다. 비슷하니까 다 그게 그것 아니냐고 할지 모른다. 마음만을 강조하다 보면 다 그럴 수 있을 것이다. 이는 마음의 문제가 아니다. '언어의 문제'이고 '소통의 문제'이다.

불자는 차치하고, '나무아미타불'을 모르는 한국인을 찾기 어려울 것이다. '나무'를 다비문(茶毘文: 韓國佛敎葬禮儀式文)이나 진언종 계통의 일부 종단에서처럼 '귀명아미타불'로도 번역할 수 있겠지만 잘 모르는 이들에게 자세한 설명이 필요하기는 마찬가지일 것이다.

이상의 이해를 바탕으로 보면 이 열두 관세음보살님과 관세음보살님의 본사이신 아미타불을 칭명하여 가피를 구하는 이 단락은 관세음보살님께 신묘장구다라니를 설해 달라는 마지막 간절한 기도임을 알 수 있다.

그러면 칭명하며 염송하는 열두 분의 명호와 권능을 알아보자.

관세음보살은 천수다라니의 주인공이신 설주이다. 대세지보살은 관세음보살이 본사로 모시고 있는 아미타붓다의 오른쪽에서 교화를 도우시는 우보처(右補處) 보살님이시다. 아미타불을 본사로 왼쪽에서 모시는 관세음보살과 대세지보살이 가장 먼저 칭명이 되는 점은 천수경의 첫 변혁사라고 할 수 있다. 밀교계의 다라니 송주행법에 서방왕생 정토사상이 스며들고 있는 모습을 보여주기 때문이다. 한 번 사상의 변화를 맞으면 그다음부터는 걷잡을 수 없다. 무슨 말인가. 관음보살과 아미타불의 칭명에 간단하게 대세지보살이 합류하면 관세음보살과 같은 이명의 보살들이 자리에 함께해 관세음보살님의 교화를 돕는 것이다.

천수보살 여의륜보살 대륜보살 관자재보살 정취보살 만월보살 수월보살 군다리보살 십일면보살 등 이러한 여러 보살이 한날한시에 관세음보살님의 원력에 동참하고 있다. 왜 같거나 유사한 성격의 보살님들이 등장하고 있는가. 여러 가지로 설명할 수 있겠지만 이는 중생이 다양하고 중생의 번뇌가 다양해서라고 할 수 있다. 이 책은 진언의 표기에 관해 현재 여타의 표기와 달리 '사바하(svāha)'를 '스바하'

로 적는다. 이를 본 많은 이들은 틀렸다고 한다. 심지어는 그렇게 오자가 많은 책이 있느냐며 힐난한다.

우리끼리만 있을 때는 아무런 문제가 없었다. 복잡하고 다양한 사회일수록 표준화의 길이 요청된다. 하지만 이와는 별도의 문제로 다름에 대해서 생각해 보자. 조금만 달라도 사람들은 틀렸다고 한다. 다른 것도 아니고 틀렸다는 것이다. 이렇게 생각하는 이들에게는 수없이 많은 다른 이름의 붓다님이, 관세음보살이 등장해야 한다.

칭명하는 11분의 보살과 관세음보살의 본사이자 서방에 있는 극락의 교주이신 본사 아미타붓다에 대해 별도의 설명이 필요할 것 같지는 않다.

가령 천의 손으로 중생을 제도하시는 천수보살, 마음대로 진리의 법의 바퀴를 돌리시는 여의륜보살, 큰 진리의 법의 바퀴를 굴리셔서 중생을 구제하시는 대륜보살, 뒤로 물러나지 않고 바른 길로 가도록 이끌어 주시는 정취보살님, 능력이 자유자재하신 관자재보살, 지혜가 보름달과 같이 원만하신 만월보살, 하늘의 달이 일천 강의 강물에 빠짐없이 비추듯 온갖 곳에 몸[법신]을 나타내어 평등하게 온 중생을 구제하시는 수월보살, 목마른 중생들에게 감로의 물을 내려 주시는 군다리보살, 열하나의 얼굴을 가지시고 근기에 맞도록 중생을 교화하시는 십일면보살 등 여러 보살님께 가피를 청하며, 그 명호를 일심으로 소리 내어 부르는 것이다.

관세음보살의 본래 스승이신 아미타불을 3편 외우며 가피를 구하는 칭명가지를 마치게 된다.

이상은 극락의 삼성(三聖)이신 아미타불과 아미타불의 사랑의 분신이신 관세음보살과 희사(喜捨: 크게 버림을 기뻐하심)의 분신이신 대세지보살께 돌아가 의지할 것을 가르치는 내용이다.

누구든지 대다라니를 독송하고자 하는 이는 앞에서 말한 상향의 십원(願)과 하향의 육향(向)을 발하고 간절한 마음으로 열한 분 큰 보살을 일심으로 칭명하여, 관세음보살의 신묘한 대다라니를 듣고 뵙고 받아 지닐 수 있어야 한다. 세상에서도 지성이면 감천이라고 하지 않았는가. 또 하나의 적절한 표현이다.

4. 다라니를 설하다

神妙長句大陀羅尼[신묘장구대다라니] (曰[왈])
신비하고 오묘한 긴 구절 진언을 (말씀하셨다.)

현행 천수경에는 잘 보이지 않으나 고본에는 '천수천안 관자재보살 광대원만 무애대비심 신묘장구 대다라니 왈'[71], '신묘장구대다라니 왈'[72]이라는 표지(標識)가 등장한다. 이는 무엇을 말하는가. 염송행자가 다라니를 열어 주시기를 청했으므로 이제 관세음보살께서 말씀하신다는 것을 뜻한다. 마치 반야심경에서 '즉설주왈'이라고 하시듯이 관세음보살께서 이제 행자의 앞에 나타나시어 다라니를 설한다는 것을 의미한다. 그런데 가범달마 역본 천수다라니경에는 이 '주'의 자리에 '즉설여시광대원만무애대비심대다라니신묘장구다라니왈'[73]이라 하여 다라니의 온전한 명칭을 다 적고 있다. 그렇다고 해서 이를 "이와 같이 광대 원만하고 무애한 대비심의 대다라니, 신묘한 장구를 곧 설하겠는 바, (그) 다라니를 이르자면"[74]이라고 나누어 번역할 필요를 느끼지

---

71 『오대진언집』(한의총1), 148.
72 『삼문직지』(한불전10), 145中; 『불가일용작법』(한의총3), 527下.
73 伽梵達摩 譯, 『千手千眼觀世音菩薩廣大圓滿無礙大悲心陀羅尼經』(대정장20), 107b.
74 정각, 앞의 책, 180.

못한다. '즉설주왈'이나 '대아라한중'과 같은 한문 관용구를 '곧 주를 설해 가로되'나 '대 아라한 무리'라고 할 이유는 없다고 생각한다. '곧 주를 설했다', '아라한 대중'이라고 해도 의미 전달이 감소한다고 보지 않기 때문이다. 어문은 사용하는 언어 대중의 사고를 반영한다. 이름이 길어 약칭을 쓴다고 할 수도 있으나 그것만도 아니다. 계청에서 갖춘 이름을 청했으니, 이제 그 다라니의 이름을 수식하는 신묘장구대다라니를 말씀하셨다고 이해한다고 해서 신심(信心)이 감해진다고 보지 않는 것이다.

다라니를 염송하려는 행자는 관세음보살의 말씀에 귀를 기울여야 한다. 한 자라도 놓치면 안 되고 잘못 들으면 또 안 된다. 아함경의 곳곳에는 설법 듣는 장면이 나오지 않던가. 조금이라도 소음을 내는 이들에게 '붓다께서 말씀하시고 계십니다. 조용히 하세요.' 하며 속삭이는 청법(請法: 법을 청하는) 대중의 문법(聞法: 법을 듣는) 자세를.

천수다라니 염송행자는 단순히 책에 있는 진언을 읽는다고 생각해서는 안 된다. 지금 수행자 앞에서 관세음보살께서 다라니를 설하는 것을 생각하며 관세음보살을 따라 염송하는 것이다.

그렇다면 관세음보살의 음성을 직접 들어보자. 관세음보살께서 어떤 다라니를 말씀하셨을까. 가범달마 역 천수다라니경에 실려 있는 천수주는 82구본이고 불공 역 천수주는 84구본이다. 『오대진언집』에 실린 불공 역이 국내에 유포되었다고 볼 수 있다. 20세기 초 권상로에 의해 편찬된 『조석지송』(1932)에는 84구 불공역본에 있는 협주가 풀이되어 있다.

진언의 표기 이대로 좋은가[75]

천수주는 음운변화 송주법 띄어쓰기 등의 영향으로 발음과 의미의 차이가 발생하게 된다. 현재 한국불교계나 불교도들은 진언 표기에 특별한 관심이 있다고 보이지 않는다. 천수주 본문에 들어가기 전 진언의 표기에 대해 조금 생각해 볼 시간을 가져 볼까 한다.

진언은 소리로만 전승되어, 범어 원음과는 거리가 있게 되었다. 이것은 범어나 우리말이, 한자와는 달리 표음문자이고 굴절어이며 교착어이므로 음소의 차이만으로도 그 뜻이 변별되는 특징이라 할 수 있다. 그런데 범어를 우리말로 표기한 최초의 사례로 보이는 천수다라니경이나 진언권공이 나온 것은 훈민정음 창제 이후 15세기 중엽이 지나서의 일이다. 그때도 한자 음가로 표기되기 시작되었으

---

[75] 졸고, 「심경 반야주와 천수주의 독송음 고」(『문학 사학 철학』제12호, 발해동양한국학연구원 한국불교사연구소, 2008, 156~184)를 주로 참조하여 보완하였다.

므로 순수한 범어의 표현에는 많은 한계를 안고 있을 수밖에 없었다. 범어는 한자음으로 기록될 때 성모만 취하기도 하고 운모만 취하기도 하며 성조를 참작하여 표기되었는데, 아이러니하게도 이것이 진언을 제대로 읽지 못하게 된 원인이 되게 된다. 한자가 우리나라에 들어와 사용되기 시작한 것은 기원전 4~5세기의 일이지만 본격적으로 사용된 것은 6~7세기로 학계에서는 추정하고 있는데 이때부터 한자는 이두, 구결, 향찰로 변형되어 사용되면서 우리식 음으로 고착되기 시작했으리라 보인다.

경전의 번역이 주로 이루어진 4~8세기의 중국 한자음과 현재 남아 있는 불교의식의 의궤들이 보급된 12~13세기와는 짧게는 400년 길게는 800여 년의 시차가 있으므로, 음가(音價)의 차이가 존재할 수밖에 없을 것이다. 그리고 조음 방법상 내쉬는 숨으로 발음하는 우리들의 편의상, 의미에 따라 어절 단위로 읽은 것이 아니라, 단순히 뜻글자인 한자로 이어적기를 한 범문의 진언을, 우리식 음가로 반절이 제대로 지켜지지 않은 채 두세 음절씩 끊어 읽다 보니 1차 변형이 일어났고 우리말의 음운변화를 따르게 되어 2차 변화를 가져왔다고 할 수 있다.

먼저 천수주에도 등장하는 한 예를 보자. '이와 같다'는 뜻을 가진 '다냐타' 또는 '다디야타'로 읽히는 '타드 야타(tad yatha)'는 처음에 평음화되면서 한 어절로 합해져 '다디냐타'로 변화되고 2, 3음절이 축약되면서 '댜'의 'ㄷ'음이 같은 계열의 유성음화되어 '냐'로 변음돼 오늘날 지송되고 있다(무량수불설왕생정토주 같은 일부 진언에서는 변화가 적게 일어나 다디냐타로 읽혀짐). 또 여래의 뜻을 가진 '다타가타(tathāgata)'같이 네 음절로 이루어진 단어는, 두 음절씩 끊어 읽는 습관, 아음인 'ㄱ'음의 음운 약화로 떨림소리인 'ㅇ'음으로 바뀐 점, 진언의 음사과정에서 '가' 계열 음이 전반적으로 약화 현상의 영향 등으로 '가테'를 '아테'로 적고 있다(이 사례는 너무나 많다. '강가'를 '항하'로 '가스'를 '와사'로 적고 있음). 그래서 현재 '다타 아다'로 표기되는 경우가 많다.

천수주의 경우 어절 단위의 혼돈과 축약, 유성음화, 비음화, 구개음화, 유음화, 평음화 등 거의 모든 변화를 겪게 되었다. 이 같은 제 요인은 진언의 음가를 범어 원음과는 점점 더 멀어지게 하고 있다. 한자로 표기될 수밖에 없는 시대에는 그렇다 치더라도, 세계에서 가장 완벽한 문자라고 알려진 한글을 가진 우리의 진언표기가 옛날식에 매여 있다는 것은 큰 모순이 아닐 수 없다. 마음으로 전한다는 선불교의 영향이 크다고는 하지만 언어의 속성은 의미의 전달에 있고 마음의 표현이라고 본다면 바른 표기와 바른 음운의 회복이 시급히 필요하다고 본다. 가령 1980년대 초까지는 도하 신문에서 인근 중국이나 일본의 인명을 우리 식 한자음으로 읽었는데 그 이후는 현실음, 즉 그들의 음가로 읽고 표기한다. 모택동(毛澤東)을 마오쩌둥으로, 중촌원(中村 元)을 나까무라 하지메로, 화란(和蘭)을 네덜란드로. 우리밖에 모르는 음가로 그들의 인명이나 지명을 읽는다는 것은 지나치게 편의주의에 빠진 발상이 아니고 무엇이겠는가.

한문이나 진언뿐만 아니라 개화 이전에는 우리말도 어절 단위 띄어쓰기를 하지 않다 보니 의미가 전성되는 일들이 종종 발생하고 있다. 그렇다고 하루아침에 모든 진언의 음가를 회복하기는, 경전과 의식문의 진언을 불자들이 암송하므로, 쉽지 않을 것이다. 또 지금까지 관습화된 음운을 무시할 수도 없다. 왜냐하면 그 음운이 회복되었다 하더라도 그것도 변화를 겪을 수밖에 없을 것이므로. 이러저러한 이유로 진언의 음가는 그대로 두더라도 어절 단위 띄어쓰기와 문장단위 쉼표를 사용하는 정도는 어떨까 하는 생각이 든다.

본서는 신묘장구다라니를 48단락으로 나눈 다음 그간 한국불교의 천수다라니 염송을 담고 있다고 보이는 『5대진언집』(1485, ㉠) 『석문의범』(1935, ㉡) L. Chandra범본(㉢)[76]

범어한글음(ㄹ)[77] 표기를 제시한 다음, ㉠과 ㉡의 음운변화를 '-㉠'에, ㄹ음이 유입 당시 음이라는 다소 무리한 가정 하에 ㉡과의 음운변화를 '-㉡'에서 설명하고[78] ㉣에서는 의미를 풀어 보았다.[79] 음운변화 음가 등에 관심이 없는 분은 해석 정도만 읽고 지나가도 무방하다.

1 ㉠ 나모라. ᄃᆞ나. ᄃᆞ라야야.

㉡ 나모라 다나 다라 야야

㉢ Namo ratna-trayāya

㉣ 라모 라뜨나 뜨라야야

-㉠ 현실음과 중세음의 뚜렷한 차이는 띄어쓰기 불일치와 'ㆍ'의 음가 소실로 인한 'ㅏ'로의 변화(ᄃᆞ나〉다나, ᄃᆞ라〉다

---

76 Lokesh, Chandra, 『The thousand-armed Avalokitesvara』(India New Delhi: IGNCA, 1988), 139-141.
77 범어 표기는 원칙적으로 「외래어표기법」(1986)에 따라야 마땅하겠지만 한두 개의 단어가 아닌 장문의 문장이므로 사계의 의견을 수용하고자 한다. 본고는 L.Chandra본을 저본으로 하여 전재성(1997)의 표기와 동방문화대학원대학교 주명철 선생의 조언을 참고하여 필자가 주음하였다. 범어를 전공하지 않은 필자가 범어를 주음한 것은 문제의 소지가 있다고 생각하나 본고가 중세한글 독송음과 현실음과의 비교이며, 범어는 어디까지나 나름대로의 견해를 종합 참고하여 음을 단 것이므로 오류가 있을 수 있음을 밝힌다.
78 졸고, 「심경반야주와 천수주의 독송음 고」(『문학ǀ사학ǀ철학』제12호, 168~179)를 단락을 세분하고 보완하였다.
79 그간 천수다라니의 범어 해석은 정태혁, 전재성, 정각, 임근동 등의 연구자에 의해어 시도되었다. 이 중 전재성 본을 주로 참고하여 우리말 독송본을 만들어 보려는 입장에서 윤문하였다.

라, 이하 이 변화법칙은 '·')'ㅏ'로 표기함)이다. 현실음과 중세음의 차이에 있어 띄어쓰기는 너무 많이 등장하므로 이곳에서는 거론하지 않는다.

-ⓒ 범어와 한자음의 값을 고려하면 중세 국어에 경음이 존재하지 않았음도 알 수 있다. 평음화(라뜨나→라다나).

ⓜ 삼보께 귀명합니다.

②㉠ 나막. 알약. 바로기데. 시바라야. 모디. 사ᄃ바야.

ⓒ 나막알약 바로기제 새바라야 모디사다바야

ⓒ namaḥ āryāvalokiteśvarāya bodhisattvāya

ⓔ 나마 아르야발로끼떼스와라야 보디사뜨와야

-㉠ 구개음화(기데〉기제, 모디〉모지[80]), 이중모음 ㅖ의 ㅔ로의 변화(기데〉기제), '·')'ㅏ'(시바〉새바, 사ᄃ바야〉사다바야), 반모음 w의 탈락(시바라야→새바라야).

-ⓒ ḥ을 표기하기 위하여 표기된 것으로 보이는 喝(현실음은 '갈'이나 불가에서는 전통적으로 '할'로 읽음)의 영향으로 인한 폐쇄음화 현상('나마'→'나막'), 축약(아르야→알약), 평음화(끼떼기데, 사뜨와→사다바), 구개음화·단순모음화(끼떼→기제), 비음화(보디→모디), 유음탈락(발로→바로), 강세보조조사첨가(아르야→알약), 모음변화 및 반모음 w탈락후 'ㅂ'첨가(스와라야→새바라야), 반모음 w탈락 후 'ㅂ'첨가(사뜨

---

80 『석문의범』에는 '모디'로 되어 있으나 『통일법요집』(1998)과 불교계에서는 '모지'로 독송하고 있다.

와야→사다바야) 등이 보인다.

ⓜ 거룩하신 관자재보살님께 귀명합니다.

3 ㉠ 마하. 사드바야. 마하. 가로니가야.

ⓛ 마하사다바야 마하가로 니가야

ⓒ mahāsattvāya mahākāruṇikāya

㉣ 마하사뜨와야 마하 까루니까야

-㉠ '·')'ㅏ'(사드바야)사다바야), 띄어쓰기.

-ⓛ 평음화(까루니까야→가루니가야바).

ⓜ 대보살께, 대자대비하신 분께,

4~5

㉠ 옴. 살바. 바예수. 드라나. 가라야. 다샤명. 나막. 싣리드바.

ⓛ 옴 살바 바예수 다라나 가라야 다사명 나막 까리다바

ⓒ Oṁ sarva-bhayeṣu trāṇa-karāya tasmai namaskṛtvā

㉣ 옴 사르와 바예수 뜨라나 까라야 따스마이 나마스끄리뜨와

-㉠ 단모음화(샤)사), '·')'ㅏ'(드라나)다라나, 드바)다바). 합자병서의 경음화(싣리)까리).

-ⓛ 경음의 평음화(뜨라나→다라나, 까라야→가라야, 따스마이→다

사명), 폐쇄음화 또는 음운첨가(나마스→나막), 축약·'ㅂ'
첨가·w탈락(사르와→살바)[81]

ⓜ 옴, 모든 공포에서 수호해 주시는 그 임에게 귀명하여,

6 ㉠ 이맘. 알야. 바로기뎨. 시바라. 다바.

㉡ 이맘 알야 바로기제새바라 다바

㉢ imam āryāvalokiteśvara-stavaṁ

㉣ 이맘 아리야발로끼떼스와라스따반

-㉠ '·')'ㅏ'(시바) 새바). 반모음 w탈락(시바) 새바), 구개음화·단모음화(기데) 기제).

-㉡ 평음화와 구개음화(끼떼→기제, 따반→다바), 축약 및 강세 보조조사첨가(아리야→알야, 스와라→새바라), 음운탈락(발로→바로, 따반→다바).

ⓜ 이 거룩하신 관세음께서 노래하신

7 ㉠ 니라간타. 나막. ᄒ리나야. 마발다. 이샤미.

㉡ 이라간타 나막 하리나야 마발다 이샤미

---

81 'sarva'의 한자주음은 대체로 '薩嚩'(二合)인데 이것이 '살바'로 표기된 것은 한자음의 국내 流入 후 합음 과정을 겪고 다시 't→l'의 과정을 겪었다고 보인다. 그러나 한역 경전의 음사에 있어서 '薩'의 전통적인 음사는 성모만 취하는 경우가 허다하다(라사 羅薩, 사라예보 薩拉熱窩 등). 두 번째 음절에서도 r과 이중모음의 합음을 가정하며 '르와'식으로 발음되는 것을 알 수 있다. 또 보살에 해당하는 사뜨와가 사뜨봐로 발음되고 있는데 이것들은 '스와하'와 같은 현상이라고 보인다.

ⓒ Nīlakaṇṭha-nāma hṛdayam vartayiṣyāmi

㉣ 닐라깐타 나마 흐르다얌 바르따이시야미

-㉠ 두음(ㄴ)탈락(니리간타〉이라간타) ' · ')'ㅏ'(ㅎ리나야〉하리나야).

-㉡ 폐쇄음 첨가(나마→나막), 이곳은 범음과 현실음과의 차이[82]가 상당히 많다. 모음변화(흐르→하리), 축약(시야→샤, 닐라→이라, 다얌→나야, 바르→마발), 경음의 평음화(깐타→간타). 탈락(다얌→나야).

㉤ 청경(靑頸)이라는 심주(心呪)를 지송하리니

⑧㉠ 살발타. 사다남.

㉡ 살발타 사다남

ⓒ sarvārtha-sādhanaṁ

㉣ 사르와르타 싸다낭

-㉡ 축약(사르와르타→살발타).

㉤ 모든 요익(饒益)을 성취하게 하는 것,

⑨㉠ 슈반.

㉡ 수반

ⓒ śubhaṁ

㉣ 수밤

---

82 ' · '의 음운을 정확히 알 수 없고 ' · '의 음가가 크게 작용하지 않았다는 증거는 없지만 자음군이 연속될 때 어떻게 독송하였을지는 궁금하다. 중세국어에서 보이는 ㅳ류의 자음군이 연속되었을 때의 발음법을 이해한다면 성모의 나열로 된 음사어(음역어)를 제대로 읽을 수 있었을 것으로 생각된다.

-㉠ 단모음화(슈반〉수반).

-㉡ 비음화(수밤→수반).

㉢ 아름다운 것,

10㉠ 애셰염.

㉡ 아예염

㉢ ajeyaṁ

㉣ 아제얍

-㉠ 이중모음탈락(애셰염〉아예염), ś 탈락(애셰염〉아예염).

-㉡ j모음탈락·원순모음화(아제얍→아예염).

㉢ 겨룰 수 없는 것,

11㉠ 살바. 보다남. 바바말아. 미슈다감.

㉡ 살바 보다남 바바말아 미수다감

㉢ sarva-bhūtānāṁ bhava-mārga-viśodhakaṁ

㉣ 사르와 부따남 바바 마르가 비숫다깜

-㉡ 축약(시샤, 르→살, 마르→말), 평음화(바르따→발다, 싸르→살, 부따남→보다남), 비음화·탈락(비숫→미수), 축약과 탈락 (마르가→말아), 축약 후 w탈락·'ㅂ'첨가(사르와→살바).

㉢ 모든 삶의 윤회의 길을 청정하게 하는 것,

12㉠ 다냐타.

㉡ 다냐타

㉢ tadyathā

146 천수경, 의례로 읽기

ⓔ 따디야타
　-ⓛ 평음화(따→다), 축약과 비음화(디야→냐)
　　ⓜ 그것은 다음과 같습니다.

13~14
　　㉠ 옴 아로계.
　　ⓛ 옴 아로계
　　ⓒ oṁ āloka e,
　　ⓔ 옴 알로께
　-ⓛ 음운탈락·평음화·모음변화(알로께→아로계).
　　ⓜ 옴 빛이여,

15㉠ 아로가. 마디.
　　ⓛ 아로가 마지
　　ⓒ ālokamati
　　ⓔ 알로까마티
　-㉠ 구개음화(마디〉마지)
　-ⓛ 음운탈락·평음화(알로까→아로가), 구개음화(마티→마지).
　　ⓜ 빛과 같은 지혜를 지닌 임이시여,

16㉠ 로가. 디ᄀ란데.
　　ⓛ 로가 지가란제
　　ⓒ lokā'tikrānta e
　　ⓔ 로까띠끄란떼

-㉠ 구개음화(디ᄀ란데〉지가란제), 'ㆍ'〉'ㅏ'(디ᄀ〉지가).

-㉡ 평음화(띠끄란떼→지가란제), 구개음화(띠끄란떼→지가란제).

㉤ 세상을 뛰어넘는 임이시여,

17㉠ 혜혜. 하례.

㉡ 혜혜하례

㉢ hy-ehi Hare

㉣ 혜혜 하례

-㉠ 단모음화(하례〉하레).

㉤ 오오! 임이시여,

18㉠ 마하모디. 사ᄃ바.

㉡ 마하모지사다바

㉢ mahābodhisattva

㉣ 마하보디사뜨와

-㉠ 구개음화(모디〉모지), 'ㆍ'〉'ㅏ'(사ᄃ바〉사다바).

-㉡ 비음화·구개음화(보디→모지), 평음화(사뜨와→사다바), 축약 후 w탈락·'ㅂ'첨가(사뜨와→사다바).

㉤ 위대한 깨달음의 존재이시여!

19㉠ 스마라. 스마라. ᄒ리나야.

㉡ 사마라 사마라 하리나야

㉢ smara-smara hṛdayaṁ

㉣ 스마라 스마라 흐리다양

-㉠ 모음변화(스마라〉사마라, 흐리나야〉하리나야).

-㉡ 비음화(흐리다양→하리나야), 모음변화(스마라→사마라, 흐리→하리), 음운탈락・비음하(다양→나야의 ㅁ).

㉢ 심주를 새기시고 또 새기시고,

20㉠ 구로. 구로. 갈마. 사다야. 사다야.

㉡ 구로구로 갈마 사다야 사다야

㉢ kuru-kuru karma sādhaya-sādhaya

㉣ 꾸루 꾸루 까르마 싸다야 싸다야

-㉡ 경음의 평음화(꾸루→구루, 꾸르→갈, 싸다야→사다야), 축약(까르→갈)

㉢ 일을 하시고 또 하시고, 이루고 또 이루십시오.

21㉠ 도로. 도로. 미연뎨. 마하. 미연뎨.

㉡ 도로도로 미연제 마하미연제

㉢ dhuru-dhuru vijayanta e mahāvijayanta e

㉣ 두루 두루 비자얀떼 마하비자얀떼

-㉠ 구개음화(미연뎨〉미연제).

-㉡ 양성모음화(두루→도로), 비음화・구개음화・j탈락 음성모음화(비자얀떼→미연제).

㉢ 승리하시고 승리하십시오. 승리하는 임이시여! 위대한 승리의 주님이시여!

22㉠ 다라다라. 다린ㄴ례. 시바라.

ⓛ 다라다라 다린 나례 새바라

ⓒ dhara-dhara dharaṇiṁdhareśvara

ⓔ 다라 다라 다렌드레스와라

-㉠ '·')'ㅏ'(ㄴ례〉나례), 단모음화(ㄴ례〉나례), 이중모음 w탈락 (싀바라〉새바라).

-ⓛ 단모음화(다렌→다린), 비음화(드레→나례), 모음변화·반모음 w탈락 'ㅂ'추가(스와라→새바라) 이하 제외.

ⓜ 호지하시고, 호지하십시오, 번갯불[雷電]을 호지하는 임이시여,

23㉠ 자라자라. 마라. 미마라.

ⓛ 자라자라 마라 미아라

ⓒ cala-cala malla vimalā

ⓔ 짤라 짤라 말라 비말라

-㉠ 『석문의범』의 '미아라'는 오자.

-ⓛ 평음화·유음탈락(짤라→자라, 말라→마라), 비음화(비말라→미마라).

ⓜ 떠나시고 떠나십시오. 티끌 속에서 티끌을 떠난 임이시여!

24㉠ 아마라. 몰데.

ⓛ 아마라 몰제

ⓒ āmala-mūrtte

㉣ 아말라 묵떼
-㉠ 구개음화·단모음화(몰데〉몰제).
-㉡ 유음화·구개음화(묵떼→몰제의 ㄱ→ㄹ).
㉤ 청정한 해탈의 임이시여,

25㉠ 예혜혜. 로게. 시바라.
㉡ 예혜혜 로계 새바라
㉢ ehy-ehi Lokeśvara
㉣ 에히에히 로께스와라
-㉠ 복모음화(로게〉로계).
-㉡ 축약, 경음의 평음화, w탈락 등.
㉤ 오소서, 오소서, 세계를 주재하는 임이시여!

26㉠ 라아. 미사미. 나샤야.
㉡ 라아 미사미 나사야
㉢ rāga-viṣaṁ vināśaya
㉣ 라가 비상 비나사야
-㉠ 단모음화(나샤야〉나사야).
-㉡ 축약과 평음·비음화(ㅇ+ㅂ=ㅁ), 약화(라가〉라아), 연음화 와 띄어쓰기. 이하의 '비상 비나사야 제시' 생략
㉤ 탐욕의 독을 없애게 하시고,

27㉠ 느베사미. 사미. 나샤야.
㉡ 나베 사미사미나사야

ⓒ dveṣa-viṣaṁ vināśaya

ⓔ 드웨사 비상 비나사야

-㉠ 단모음화(나샤야〉나사야), 복모음화(나베〉나베), 'ㆍ'〉'ㅏ'(ᄂ베〉나베).

㉤ 분노의 독을 없애게 하시고,

28㉠ 모하. 자라. 미사미. 나샤야.

ⓛ 모하자라 미사미 나사야

ⓒ moha-jāla-viṣaṁ vināśaya

ⓔ 모하 자라 비상 비나사야

-㉠ 단모음화(나샤야〉나사야).

㉤ 어리석음에 얽혀진 독을 없애게 하십시오.

29㉠ 호로. 호로. 마라.

ⓛ 호로호로 마라

ⓒ hulu-hulu malla

ⓔ 훌루훌루 말라

-ⓛ 유음탈락(훌루→호로, 말라→마라), 양성모음화(훌루→호로).

㉤ 아아! 임이시여!

30㉠ 호로. 하례.

ⓛ 호로 하례

ⓒ hulu Hare

ⓔ 훌루 하례

-㉠ 단모음화(하례〉하레).
-㉡ 유음탈락(훌루→호로), 양성모음화(훌루→호로).
㉤ 오오! 임이시여!

31 ㉠ 바ᄂ마. 나바.

㉡ 바나마나바

㉢ Padmanābha

㉣ 빠드마나바

-㉠ 단모음화('·')'ㅏ'(ᄂ마〉나마).

-㉡ 평음화·비음화(빠드마→바나마).

㉤ 단전에서 연꽃이 피어나는 생연화제존이시여!

32 ㉠ 사라. 사라. 시리. 시리. 소로소로.

㉡ 사라사라 시리시리 소로소로

㉢ sara-sara siri-siri suru-suru

㉣ 사라사라 시리시리 쓰루 쓰루

-㉡ 경음의 평음화·원순모음화(쓰루→소로).

㉤ 흐르듯이 샘솟듯이

33 ㉠ 몯댜몯댜. 모댜야. 모댜야.

㉡ 못댜못댜 모댜야 모댜야

㉢ buddhya-buddhya bodhaya-bodhaya

㉣ 부디야 부디야 보댜야 보댜야

-㉠ 종성법칙변화(몯댜〉못댜), 현실음은 못자로 구개음화되

천수다라니행법   153

었음.

-ⓒ 원순모음화·비음화·구개음화(부디야→못자야, 보다야→
모다야), 음운첨가(부디→못자).

ⓜ 깨달으시고 깨달으시고, 깨닫고 또 깨닫게 하여 주십
시오.

34ⓐ 미 ᄃ 리야. 니라간타.

ⓑ 매다리야 니란간타

ⓒ maitriya Nīlakaṇṭha

ⓓ 마이뜨레야 닐라깐타

-ⓐ 'ㆍ' 〉 'ㅏ'(미ᄃ리야〉매다리야).

-ⓑ 모음축약(마이뜨레야→매다리야), 유음탈락(닐라→니라), 경
음의 평음화(마이뜨레야→매다리야, 닐라깐타→니라간타).

ⓜ 자애로운 목에 푸른 빛을 띤 애민청경존이시여!

35ⓐ 가마샤. ᄂᆞ샤남. ᄇ라. ᄒ라. 나야. 마낙. ᄉ바하.

ⓑ 가마사 날사남 바라하라나야 마낙 사바하

ⓒ kāmasya darśanena prahlādaya manaḥ svāhā

ⓓ 까마씨야 다르사남 쁘라흘라다야 마나하 스와하

-ⓐ 'ㆍ' 〉 'ㅏ'(ᄂᆞ샤남〉날사남, ᄇ라〉바라, ᄒ라〉하라), 단모음화(가마
샤〉가마사, ᄂᆞ샤남〉날사남).

-ⓑ 모음축약(다르→날, 까마씨야→가마사), 유음탈락(흘라→하라),
비음화(다르→날, 흘라다야→하라나야), 경음의 평음화(까마
씨야→가마사), 자음축약(마나하→마낙).

ⓜ 애욕을 부수는, 지고한 사랑을 지닌 임의 마음을 위하여, 스와하

36 ㉠ 싣다야. 스바하.
ⓛ 싯다야 사바하
ⓒ siddhāya svāhā
ⓔ 싯다야 스와하
-㉠ 종성표기법 변화(싣다야→싯다야), '·')'ㅏ' 및 반모음 w 탈락(스바하)사바하). 이하 사바하 분석 생략.
ⓜ 성취하신 성취존을 위하여, 스와하

37 ㉠ 마하. 싣다야. 스바하.
ⓛ 마하싯다야 사바하
ⓒ mahāsiddhāya svāhā
ⓔ 마하싯다야 스와하
-㉠ 종성표기법 변화(싣다야→싯다야).
ⓜ 위대하게 성취하신 대성취존을 위하여, 스와하

38 ㉠ 싣다유예. 시바라야. 스바하.
ⓛ 싯다유예 새바타야 사바하
ⓒ siddha-yogeśvarāya svāhā
ⓔ 싯당게스와라야 스와하
-㉠ 『석문의범』 '새바타야'는 '새바라야'의 오자로 보임.
-ⓛ 평음화, 후음의 약화·축약 혼재(싯다에→싯다유예).

ⓜ 요가를 성취하신 성취자재존을 위하여, 스와하

39 ㉠ 니라. 간타야. 스바하.
  ㉡ 니라간타야 사바하
  ㉢ Nīlakaṇṭhāya svāhā
  ㉣ 닐라깐타야 스와하
  -㉡ 유음탈락(닐라→니라), 경음의 평음화(깐타야→간타야).
  ⓜ 목에 푸른빛을 띠신 청경존을 위하여, 스와하

40 ㉠ 바라하. 목카. 싱하. 목카야. 스바하.
  ㉡ 바라하 목카싱하 목카야 사바하
  ㉢ varāhamukha-siṁhamukhāya svāhā
  ㉣ 바라하무카 싱하무카야 스와하
  -㉡ 양성모음화 및 음운첨가(무카야→목카야).
  ⓜ 저용존과 사자용존을 위하여, 스와하

41 ㉠ 바ᄂ마. 하싸야. 스바하.
  ㉡ 바나마 하따야 사바하
  ㉢ padma-hastāya svāhā
  ㉣ 빠드마 하스따야 스와하
  -㉠ '·)ᅡ'(바ᄂ마)바나마), 합자병서 경음화(하싸야)하따야).
  -㉡ 평음화·비음화(빠드마→바나마), 자음탈락(하스따야→하따야).
  ⓜ 손에 연꽃을 드신 연화수존을 위하여, 스와하

42 ㉠ 자ᄀ라. 욕다야. 스바하.
  ㉡ 자가라 욕타야 사바하
  ㉢ cakrāyudhāya svāhā
  ㉣ 짜끄라육따야 스와하
  -㉠ 'ㆍ'〉'ㅏ'(자ᄀ라〉자가라), 격음화(욕다야〉욕타야).
  -㉡ 평음화·모음변화(짜끄라→자가라), 양성모음화(육타야→욕타야).
  ㉤ 보륜을 사용하시는 보륜상응존을 위하여, 스와하

43 ㉠ 상카. 셥나녜. 모다나야. 스바하.
  ㉡ 상카셥나녜 모다나야 사바하
  ㉢ śaṅkha-śabda-nibodhanāya svāhā
  ㉣ 상카 삽다 니보다나야 스와하
  -㉠ 단모음화(셥나녜〉셥나네).
  -㉡ 음성모음화(삽다→셥나), 비음화(삽다→셥나, 보다나야→모다나야), 단모음화(다네→다니).
  ㉤ 소라고동 소리에 깨어나신 라구음각존을 위하여, 스와하

44 ㉠ 마하라. 구타. 다라야. 스바하.
  ㉡ 마하라 구타다라야 사바하
  ㉢ mahā-lakuṭa-dharāya svāhā
  ㉣ 마하라꾸따다라야 스와하

-㉠ '사바하' 외에는 변화 없음.
-㉡ 경음의 평음화(꾸타다라야→구타다라야).
㉤ 위대한 금강저를 지니신 집금강저존을 위하여, 스와하

45 ㉠ 바마. 스간타. 니샤. 시톄다. ㄱ릿나. ㅇ|나야. 스바하.
㉡ 바마사간타 이사시체다 가릿나 이나야 사바하
㉢ vāma-skanda-deśa-sthita-kṛṣṇ-ājināya svāhā
㉣ 바마 스칸다 디사 스티따 끄리스나지나야 스와하
-㉠ '·')ㅏ'(스간타〉사간타, ㄱ릿나〉가릿나), 두음법칙(니샤〉이샤), ㅿ탈락(ㅇ|나야〉이나야), 구개음화(시톄다〉시체다), 단모음화(시톄다〉시체다, 니샤〉이샤).
-㉡ 평음화·모음변화·구개음화·축약(스칸다→사간타, 스티따→시체다, 끄리스나→가릿나), 자음탈락(디사→이사, 지나야→이나야).
㉤ 왼쪽 어깨에 서 계신 승리의 끄리슈나 흑색신승존을 위하여, 스와하

46 ㉠ 먀ㄱ라. 잘마. 니바. 사나야. 스바하.
㉡ 먀가라 잘마 이바사나야 사바야
㉢ vyāghra-carma-nivasanāya svāhā
㉣ 비야그라 짜르마 니바사나야 스와하

- ㉠ '･')'ㅏ'(먀ㄹ라)먀가라), 두음법칙(니바〉이바), 『석문의범』
의 '사바야'는 오자.
- ㉡ 경음의 평음화(짜르마→잘마), 비음화(비야그라→먀가라), 축약(짜르마→잘마, 비야그라→먀가라), 모음변화(비야그라→먀가라), 두음법칙(니바→이바).
- ㉢ 호랑이 가죽 옷을 입은 성존을 위하여, 스와하

47 ㉠ 나모라. 드나드라. 야야.
㉡ 나모라 다나다라 야야
㉢ namo ratna-trayāya
㉣ 나모 라뜨나 뜨라야야.
- ㉠ '･')'ㅏ'(드나드라〉다나다라).
- ㉡ 평음화·모음변화(라뜨나→라다나, 뜨라야야→다라야야).
㉢ 삼보께 귀명합니다.

48 ㉠ 나막. 알야. 발로기데. 시바라야. 스바하.
㉡ 나막알야 바로기제 새바라야 사바하.
㉢ namaḥ āryāvalokiteśvarāya svāhā
㉣ 나마 아리야발로끼떼스와라야 스와하
㉢ 거룩하신 관자재보살님께 귀명합니다.

진언의 음가와 표기를 거론하면 '소리가 중요한 것이 아니라 마음이라'는 언급을 수없이 듣는다. 그렇다면 음운변화대로 적고 읽으면 될 것이다. 앞에서 언급했듯이 '스바

천수다라니행법 159

하'를 '사바하'로 적지 않았다고 틀렸다고 하면서 말이다. 하여 관세음보살의 자비하신 원음을 조금이라도 느껴 보려면 한 번쯤 원음이 무엇인지를 생각해 보는 것이 어떨까? 해서 나름 정리해 보았다. 잘못된 분석도, 무리한 추측도 있을 것이다.

억불(抑佛)의 조선에서도 '진언집'이라는 이름의 의궤가 출현한다. 망월사 『진언집』(1800)을 보면 진언의 문자론, 음운론에 대한 이해를 바탕으로 한글 16자모와 실담 50자모를 예시하며 진언을 정리하고 있는데, 진언을 바르게 읽기 위한 충정이라 할 수 있다.

이제 천수다라니를 염송하는 행자는 하룻밤에 다섯 편을 채우면 몸 가운데 백천만 억겁을 살고 죽어야 하는 무거운 죄가 멸하여 없어지게 된다고 하신 관세음보살의 말씀대로 실천하면 되리라. 또 현세에 구하는 소원이 있는 중생은 삼칠(21)일을 청정하게 계율을 지키며 이 다라니를 독송하면 소원을 반드시 이룰 것이라고 하신 말씀을 믿고 오로지 일심으로 염송해야 하리라.

염송이 끝나고 나면 지극한 마음으로 참회를 하게 된다. 참회를 마치면 절을 하고 다음의 '자삼귀의'(自三歸依)를 하고 마치게 된다.[83]

---

83 四明 知禮 集, 『千手眼大悲心咒行法』(대정장46), 976~977上. 첫 구가

自歸依佛 當願衆生 體解大道 發無上心
[자귀의불 당원중생 체해대도 발무상심]

스스로 붓다님께 귀의하며,

중생들이 위없는 마음 내어 몸으로 대도 알기 서원합니다.

自歸依法 當願衆生 深入經藏 智慧如海
[자귀의법 당원중생 심입경장 지혜여해]

스스로 가르침에 귀의하며,

중생들이 바다 같은 지혜 경장에 깊이 들기 원합니다.

自歸依僧 當願衆生 統理大衆 一切無閡
[자귀의승 당원중생 통리대중 일체무애]

스스로 승가에 귀의하며,

중생들이 일체 장애 없이 대중을 잘 인도하길 원합니다.

신역 『화엄경』「정행품」의 이 게송은 대승의 불자, 곧 보살이 어떻게 중생들에게 이익을 주어야 하는지에 대해 문수보살이 지수보살에게 하시는 말씀이다.

모든 보살이 그 마음을 잘 쓰면, 모든 불사의 법에서 일체 수승한 공덕을 얻게 되고, 머물고 가고 오는 지금 마음에 걸림이 없으며, (중략) 일체 악을 끊고 여러 선근을 갖추게 되는 것과 같다. 보현과 같아 모습은 제일이고, 일체 행원

화엄경에는 '自歸於佛'로 『千手眼大悲心咒行法』에는 '自歸佛依'로 되어 있지만 국내유통본에 따라 '自歸依佛'로 수정한다.

(行願)이 다 구족되며 일체 법에 자재하지 못함이 없으며, 중생의 제2 스승이 된다.[84]

회향 삼귀의 발원을 마쳤으므로 '화남성중(和南聖衆)'이라고 인사하고 천수다라니 염송을 마치거나 관행(觀行)을 닦으면 된다. 물론 현재의 천수경대로 독송하고 여타 다른 의식을 봉행하는 것도 무방하지만 '천수다라니염송'은 이렇게 마쳤다고 보는 것이 적합하다.

---

84 實叉難陀 譯, 『大方廣佛華嚴經』卷第11(대정장10), 69下.

2편
도량엄정행법

1. 사방에 물을 뿌리다
2. 도량에 성중이 오시다

제2편 도량엄정행법

전편의 천수다라니행법으로 천수경은 종결되어야 한다. 그것으로 천수주 염송행법은 끝날 수 있기 때문이다. 발원회향이 결여되었다고 하겠지만 사홍서원을 봉행하면 여법해질 수 있을 것이다. 그럼에도 현행 천수경에는 천수주 이후에 사방찬 도량찬 등의 게송이 이어지고 있다.

그렇다면 이 두 게송은 역할은 무엇일까. 사방에 쇄수한다는 것으로 볼 때 도량을 엄정(嚴淨)하게 하는 행법이라고 할 수 있다. 도량엄정은 도량청정이라고도 말할 수 있는데, 수륙재나 예참의식 등 불사를 원만히 성취하기 위해 도량을 깨끗하게 하는 의식이다. 여타 의식의 도량청정의식은 전 의식 중 어디에 위치하는가.

먼저『천수안대비심주행법』은 ①엄도량(嚴道場) ②정삼업(淨三業) ③결계(結界) ④수공양(修供養) ⑤청삼보제천(請三寶諸天) ⑥찬탄신성(讚嘆申誠) ⑦작례(作禮) ⑧발원지주(發願持呪) ⑨참회(懺悔) ⑩수관행(修觀行)의 차례로 봉행된다. 삼칠일(21일) 동안 땅을 깨끗이 하고 재계하고 할 때 이 다라니를 외우면 반드시 소원을 이룬다고 하고 있다. 이때 천수주는 제8 발원지주 편에서 염송된다. 10세기의 이 행법과 달리 지의(智顗, 538~597)가 찬한 『법화삼매참의』는 '①엄정도량, ②정신(淨身), ③삼업공양(三業供養), ④봉청삼보, ⑤찬탄삼보, ⑥예불(禮佛), ⑦참회육근(懺悔六根)·권청·수희·회향·발원, ⑧행도(行道), ⑨송경방법(誦經方法), ⑩좌선실상정관(坐禪實相正觀)'으로 밀교행법이 도입되기 이전 현교예참의 정형(定型)을 보여주고 있다. 도량과 몸을 장엄하고 깨끗하게 하는 법은 의궤 초반에 자리하고 있다.

도량을 깨끗하게 하는 '엄정도량(嚴淨道場)' 방법도 『법화삼매참의』(6세기)에서는 법화경을 안치하고 번개와 종종의 공양구로 마련하고 이른 아침 도량 주변을 깨끗이 하고 향탕을 뿌리고 향흙을 땅에 바르고 향과 등을 살라 삼보께 공양하라고 하고 있고, 『천수안대비심주행법』(10~11세기)에서는 관음상을 모시고 관음상을 향해 앉아 공양을 올리는 것으로 도량을 장엄하고 있다. 신앙의 대상이 경전에서 불보살님으로 옮겨가고 있다. 장엄법도 청소와 쇄수 등 현실적인 방법에서 다라니 염송으로 나타난다. 현교의궤에 밀교가 수용된 형태라고 할 수 있다.

위의 예참은 다분히 개인적이라고 보이지만 수륙재와 같은 큰 재는 대체로 대중적이거나 국가적인 행사로 진행된다. 수륙재 등에는 다라니 염송을 통해 도량 엄정의 구체적 행법과 대사를 만날 수 있다.

'수륙재의문'은 송의 지반(志磐)과 고려 죽암이 편집한 결수(結手)와 중례(中禮)의 두세 계통이 국내에 유통되고 있다고 할 수 있으며, 도량엄정은 '엄정팔방(嚴淨八方)'으로 나타난다. 이때 결계(結界)를 함께 하게 된다. '지반문'에는 길리분노진언 금강심진언을 송주하며 정수에 가지하여 이 땅과 사방을 쇄수하여 결계하고 엄정하며, 소실지진언을 송주하며 묘향에 가지하여 공중에 훈하여 허공을 결계한다.[1] 이에 비해 죽암의 수륙의문에는 건단 개단 결계진언 이전에 쇄수게와 '쇄정다라니(灑淨陀羅尼)'를 염송하여 감로수를 받아 가지하여 시방(十方)에 쇄수하여 도량을 청정하게 하는 게송으로 대체되고 있다.[2] 결계에 대한 인식이 축소되어 있다. 이 두 수륙재의문에는 결계와 엄정에 천수다라니가 쓰이고 있지 않다. 수륙재 의궤의 하나라고 할 수 있는 『자기산보문』(1664)에는 안위가람게(안위제신진언)로 가람신을 청해 도량의 가호를 청하고, 연향게(然香偈)로 예적금강성자, 군다리 등 10대명왕, 대범천왕 등 4천왕과 권속, 가

---

[1] 志磐 撰, 『法界聖凡水陸勝會修齋儀軌第一』(속리산 공림사, 1573, 한의총1, 578下~579上. 현재 대만에서 봉행되는 『水陸儀軌會本』도 이 지반문과 다르지 않다.
[2] 竹庵 編, 『天地冥陽水陸齋儀纂要』(설악산 신흥사, 1661, 한의총2), 227下~228下.

람의 내호 복덕대신 등을 청해 지방(地方)과 방우(方隅)와 허공(虛空)의 세 곳을 결계한 후 '상래결계작법이성(上來結界作法已成: 위에서 결계작법이 이미 이루어졌으니)' 하면서 '공문성관자재(공손히 들었사오니 성관자재보살께서는~) 하는 개계(開啓)'를 읽고 관세음보살님께 도량에 강림하여 '가지주수(加持呪水)'를 청하며 천수다라니를 염송하며 가호를 발원하며, 결계진언으로는 현재의 '예적대원만다라니, 십대명왕본존진언, 소청팔부진언, 보소청진언'이 쓰이고 있다.³ 이 산보문(刪補文)은 결계와 엄정의 역할이 분명히 구별돼 있는 것이다. 관세음보살님을 청해 물병의 물에 감로수로 가지하여 도량에 뿌려 다 청정하게 (엄정:嚴淨) 해 달라고 청하는 3단청이 점층적인데, 1청은 '가지주수(加持呪水)'를, 2청은 '가지주수'와 '호지결계(護持結界)'를, 3청은 '가지주수'와 '호지결계'와 '실령청정(悉令淸淨)'을 청하고 있다. 가지와 결계와 청정을 계단적으로 청하는 점층적 구조미를 한껏 드러내고 있다.⁴

『천지명양수륙재의찬요』보다 변형이 심하다고 할 수 있

---

3 淸 西河 編, 『仔夔刪補文』卷第一(仔夔: 남송소흥 1150년간 활동, 한의총2), 265上~267上. 후대 『석문의범』'신중청'에 여타의 청과 달리 유치 앞에 이 네 진언이 시설되어 있다. 신중님의 역할이 결계라는 것을 보여주는 증거이다. 또 한국불교의 모든 불공 유치 앞에 있는 보소청진언이, '현밀의궤'의 기본대의에 맞지 않게 남아 마치 삼보를 청하는 진언처럼 이해하게 하고 있다고 할 수 있다. 하권 29.
4 淸 西河 編, 『仔夔刪補文』(한의총2), 253~254上.

는 『수륙무차평등재의촬요』(1573)에도 엄정팔방(嚴淨八方)에
위의 『찬요』와 마찬가지로 쇄정다라니가 결계에 쓰이고
있으며,5 『석문의범』(1935) 또한 다르지 않다.6

다음은 수륙재와 더불어 한국불교의식에 큰 축을 형성
하고 있는 영산재의 의문인 『영산대회작법절차』(1634)의
차례를 살펴보자. 향을 살아 관세음보살님께서 도량에 내
려오실 것을 청한다. 그리고 가지고 계신 감로수 병의 감
로수로 열 있는 번뇌를 씻어 청량해지기를 발원한다. 법회
를 이끄는 스님은 대중에게 대비주를, 대중은 같은 소리
로, 화음(和音)으로 천수주를 외울 것을 청하며 회랑을 돌
면서 물을 뿌린다. 그리고 사방찬을 하고 도량엄정게를 한
다음 거불로 들어간다.7 이와 같은 사례들을 볼 때 천수주
를 외우며 물을 뿌리고[灑水] 사방찬 도량찬을 한 것은 도량
을 청정하게 하는 의식이라고 이해할 수 있다.8

도량엄정은 『법화경』「보탑품」의, 시방세계에서 찾아오
는 화신불(化身佛)을 수용하기 위해, 세 번에 걸쳐 국토를

---

5 『水陸無遮平等齋儀撮撮要』(忠州 月嶽山 德周寺, 한의총1), 623.
6 『석문의범』上篇, 241.
7 『靈山大會作法節次』(朔寧 龍腹寺, 1634, 한의총2), 132~133上. "伏請大
衆 誦大悲 同音唱和 衆同誦千手 周回洒水"에서 '大衆'과 '衆'이 변별되
고 있다.
8 그동안 천수주 하면서 쇄수(灑水)하는 이 행법으로 말미암아 천수경을
'결계'하는 경전이라고 이해하고 있다. 심상현, 『불교의식각론』Ⅴ, 한국
불교출판부, 2001), 251; 정각, 앞의 책, 227~230.

청정하게 하고 늘린 것을 '삼변정토(三變淨土)'라고 하는 데서 연유한다고 할 수 있다. 다라니 3편을 독송하여 사바를 정토로 만드는 것을 '삼변정토'라고 하는 것이다.

백파긍선(1768~1852)의 『작법귀감』에는 다음과 같은 쇄수법이 설명되어 있다.

> 법회대중(大衆)은 함께 3편을 외운다. 한쪽에서는 탁자 앞에 향을 꼽는다. 왼손에 물그릇을 오른손에는 양지를 쥐고 물에 적셔 3번 그을린다. 그 물에 섞어서 뿌린다.
> 그리고 다음 당내에서 한 번 돌고 다음에는 뜰 안을 한 번 돌고 끝으로 회랑 밖을 한 번 돈다. (이와 같이 하는 것은) 삼변정토를 본뜬 것이다. 혹 당내에서 돌아도 무방하다. 천수주를 반드시 3번 외워야 한다. 첫 번째는 모든 염연(染緣)을 멸하는 것이고, 다음은 식심(識心)의 제한됨(욕심에 의해 상대에게 오히려 붙잡히는 부자연스러움)을 물리치는 것이고, 셋째는 진여법계에 두루 퍼지게 함이다.[9]

위의 『작법귀감』(1826)에서 볼 수 있듯이 도량이 정토(淨土)로 변화하는 데 초점이 주어져 있다. 수륙재의문과 달리 도량 결계에 대한 언급이 보이지 않는다. 대중에게 천수다라니를 염송하라는 말을 할 때 '복청대중 용의엄정(伏請大衆用意嚴淨: 대중에게 엎드려 청함 이 도량을 정토로 장엄하고자 하면)'이

---

9 亘璇 撰, 『作法龜鑑』(長城 白羊山 雲門庵, 1826, 한의총3), 376上.

라고 하며 혹은 '동음창화(同音唱和: 동음으로 ~를 외우시오)'하라고 하고 있다. 물론 『작법귀감』은 수륙재나 영산재가 아닌 삼보통청 의식이라고 이해하나 사실은 영산재의 축약 형태이다. 하지만 19세기 초반의 '삼보통청'의 형식은 '상주권공'과 같은 데에서 볼 수 있듯이 원래의 법화경 염송 법석의 성격은 사라지고 일상의 공양 의식이 되었다. 하여더는 결계와 같은 절차를 실행할 필요성이 적거나 없다고 인식하고 있음을 알 수 있다.

불공을 올리려면 단을 꾸미고 괘불을 옮겨 오고 공양을 준비하고 내림하신 불보살님들께 공양하고 설법을 듣고 축원을 아뢸 수 있다. 그러기 위해서 도량[壇]을 장엄하고 천수주를 외우며 사방에 쇄수하여 도량을 청정하게 해야 한다. 현행 천수경의 '사방찬' '도량찬'은 17세기 이후 한국불교의 도량청정행법 의궤로 정착되었다고 보인다. 이 도량엄정행법에서의 천수송주 사방찬 도량찬 조합은 천수다라니염송에서의 계청법과 천수주로 구성되는 천수송주와 가장 깊은 동질성을 가지고 있다. 이로 말미암아 사방찬 도량찬이 천수에 이어 자리하면서 현재와 같은 '천수경' 대열에 일찍부터 합류하게 되었으리라 추측할 수 있다.

1. 사방에 물을 뿌리다

四方讚[사방찬]
사방이 깨끗해짐을 찬탄하는 노래
一灑東方潔道場[일쇄동방결도량]
동쪽에 물 뿌리니 도량 맑아져
二灑南方得淸凉[이쇄남방득청량]
남쪽에 물 뿌리니 시원함 얻고
三灑西方俱淨土[삼쇄서방구정토]
서쪽에 물 뿌리니 정토가 되며
四灑北方永安康[사쇄북방영안강]
북쪽에 물 뿌리니 안락국이라.

사방찬(四方讚)이란 도량을 엄정하게 하기 위해 사방에 물 뿌림[灑水: 쇄수]을 찬탄하는 노래이다. 여기서 사방찬은 두 가지 해석을 요한다. 감로의 물을 뿌리는 행위를 하면서 동시적으로 찬탄하는 것인지[因行], 물을 뿌린 그 결과에 대해 찬탄하는 것인지를[果實], 현재 염송하는 천수경으로는 알기 어려운데, 『불가일용작법』(1869)에는 '천수사방관(千手四方觀)'이라는 구체적인 사방 쇄수법을 설명하고 있다.

"개계(開啓) 때 영산작법은 곧 걸수(乞水)를 하고 쇄수게를 할 때 중례(中禮)는 결수(結手)를 한다. 엄정팔방편(嚴淨八方篇)

을 할 때 양지로 향 연기를 그을려 물에 3번 가라앉히고 3번 물을 젓는다."(以上은 협주) 행자는 먼저 단에 들어가기 전에 향을 살라 양지(楊枝: 버드나무가지)로 '옴' '람' 두 자를 사발 물에 쓴다. 잠시 후[良久], 양지로 '옴' 자를 중방(中方)에 쓰고, '아' 자를 동방(東方)에 쓰고, '마' 자를 남방(南方)에 쓰고, '라' 자를 서방(西方)에 쓰고, '하' 자를 북방(北方)에 쓰고 '시리시리 소로소로'[본서상 32구] 구까지 염송하고 쇄수를 시작한다. 두루 3잡(匝)을 돌고 본래 자리로 돌아와 앉아, '옴' 자의 위신(힘)으로 중방이 황유리세계로 변하고 그 산하(山河)의 모든 경계가 다 황색의 진귀한 보배로 되었다고 생각한다[想]; '아' 자의 위신(힘)으로 동방이 청유리세계로 변하고 그 산하(山河)의 모든 경계가 다 청색의 진귀한 보배로 되었다고 생각한다[想]; '마' 자의 위신(힘)으로 남방이 적유리세계로 변하고 그 산하(山河)의 모든 경계가 다 적색의 진귀한 보배로 되었다고 생각한다[想]; '라' 자의 위신(힘)으로 서방이 백유리세계로 변하고 그 산하(山河)의 모든 경계가 다 백색의 진귀한 보배로 되었다고 생각한다[想]; '하' 자의 위신(힘)으로 북방이 흑유리세계로 변하고 그 산하(山河)의 모든 경계가 다 흑색의 진귀한 보배로 되었다고 생각한다[想]. 그 오방[다섯 세계] 유리세계에는 갖가지로 장엄되었고, 다만 그곳 사람들은 청정한 묘지(妙智) 중에 있을 뿐임을 관상한다.[10]

---

10 井幸, 『佛家日用作法』(한의총3), 572下~573上.

이렇게 설명하고는 작법에서와 같이 전각 안과 회랑과 회랑 밖 3번 쇄수하여 도량을 깨끗하게 해야 영원히 깨끗해져 제불이 이곳에 나타나시게 된다고 하며, 쇄정(灑淨)의 큰 뜻을 이곳에서 밝힌다고 하면서 사방찬을 한다고 하고 있다. 가령 '일쇄동방결도량' 하면서 3만8천 유순 안이 청유리세계로 변해 그곳의 모든 경계는 다 청색의 진귀한 보배로 된다고 말한다고 하였다. 도량의 사방에 관세음보살님의 감로수를 청해 받아 도량의 사방에 뿌려 도량을 깨끗하게 장엄하는 엄정(嚴淨)의식을 잘 보여주고 있다.

수륙재나 영산재의문에 남아 있는 쇄수게를 보자.

> 관음보살 큰 의왕이시라
> 감로병 속 법수의 향으로
> 마귀의 구름 씻으면 상서 기운 생기고
> 열 같은 번뇌 없애고 청량을 얻게 되네.[11]

관세음보살을 표현하는 수없는 찬탄 가운데 하나에는 대(大) 의왕이라는 표현일 것이다. 군다리보살은 감로병을 들고 서서 계신다. 그 감로의 병에 든 법수의 향기로 마귀의 구름을 씻어 내 상서로운 기운을 생기게 하고 열 같은

---

11 "觀音菩薩大醫王, 甘露甁中法水香, 洒濯魔雲生瑞氣, 消除熱惱獲淸凉. 『靈山大會作法節次』(한의총2), 132下.

번뇌를 없애고 청량을 얻게 된다고 하고 있다. 이렇게 물 뿌리는 게송을 외우면서 사방으로 돌면서 도량을 엄정하게 하는 것이다. 그렇게 한 다음에는 이 사방찬을 외우는 것이다. 그러니 쇄수 이후의 청정해진 사방을, 깨끗한 도량, 청량을 얻은 곳, 정토가 갖추어진 곳, 편안한 곳이라고 찬탄한다. 그러므로 이 사방찬은 '염불작법'이나 재회 도량 건립을 위한 엄정행법이라고 할 수 있다. 염불작법이나 재회 도량을 시설하는 것은 곧 정토에 대한 희구라고 할 수 있다. 관세음보살의 감로병에 있는 법수의 향기로 사방과 허공을 깨끗하게 정화한 다음 찬탄하는 게송이 바로 이 사방찬이다. 사방찬에는 허공에 대한 찬탄이 따로 없으나 사방은 상하 허공을 포함한 시방(十方)이라고 이해할 수 있을 것이다.

一灑東方潔道場 [일쇄동방결도량]
동쪽에 물 뿌리니 도량 맑아져

사방찬 네 구는 문법 구조가 같다. 첫 자와 둘째 자는 동남서북의 물 뿌리는 순서이고, 둘째 자는 '물 뿌리다'라고 하는 목적어를 포함한 행위의 본동사, 셋째와 넷째 자는 뿌리는 동사의 목적지를 나타내는 부사어이다. 후반부는 그 결과로 동사+목적어 구조로 이루어졌다. 네 곳으로 물을 뿌려 그 결과로 도량을 깨끗하게 했고, 청량을 얻었고, 정토를 갖추었고, 편안을 영원하게 했다. 이곳이 어디인가. 바로 정토이다. 타방에서 정토를 이루는 것이 아니라 불사 도량 법단이 바로 정토 도량이라는 선언이다.

한국불교 의식은 다음의 업장참회행법의 참회게를 제외하고 대체로 게송 하나에 진언 하나의 구조로 시설되었다. 앞에서 본 쇄수게와 더불어 또 다른 사방찬 게송은 이 행법을 이해하는 데 도움이 될 듯하다.

> 깨끗한 물은 육진을 깨끗하게 하고
> 조금만 닿아도 봄처럼 변해지고
> 법의 자리 한 번 뿌리면 다 청정해지고
> 가없는 성현님들 모두 강림하시네.[12]

깨끗한 물은 관세음보살님이 갖고 계신 감로수다. 그 감로수는 육진을 다 맑힐 수 있다. 육진은 우리의 육근이 만나는 외연으로 일체 세상이다. 여기에는 물론 우리들의 법진(法塵), 인식의 잔재들도 의당 포함된다. 일체 모든 세상을 맑힌다고 했다. 우리의 번뇌를 맑히는 것은 당연지사. 그 감로수 터럭 끝만큼만 닿은 곳이면 마치 봄이 되듯 깨끗해진다는 것이다. 그 같은 공능을 가진 감로수를 법의

---

12 "淨水能令淨六塵, 毫端點處變回春, 法筵一灑皆清淨, 無邊賢聖盡降臨." 『靈山大會作法節次』(한의총2), 132下.

도량엄정행법 175

자리[法筵]에 뿌리면 다 청정해지니 어찌 성현이 다 강림하지(오시지) 않을 수 있을까.

二灑南方得淸凉[이쇄남방득청량]
남쪽에 물 뿌리니 시원함 얻고
三灑西方俱淨土[삼쇄서방구정토]
서쪽에 물 뿌리니 정토가 되며
四灑北方永安康[사쇄북방영안강]
북쪽에 물 뿌리니 안락국이라.

동남서북으로 한 바퀴 돌며 사방의 엄정이 완성되는 것이다. 사방 쇄수편에서 보았듯이 이는 중방을 포함한 오방사상과 그 맥을 같이하고 있다. 공간과 시간의 청결과 편안함, 이곳은 성현이 머물 곳이며 우리가 또한 머물 땅이다. 바로 이 도량이 그곳이다.

2. 도량에 성중이 오시다

道場讚[도량찬]
청정해진 도량을 찬탄하는 노래
道場淸淨無瑕穢[도량청정무하예]
도량이 깨끗하고 티끌 없으니
三寶天龍降此地[삼보천룡강차지]
삼보님과 호법천룡 여기 오시네.
我今持誦妙眞言[아금지송묘진언]
저희 이제 미묘 진언 받아 외우니
願賜慈悲密加護[원사자비밀가호]
자비로써 비밀히 살펴주소서.

사방의 쇄수로 이제 도량은 청정해졌다. 더러운 것이 없다. 이를 찬탄하는 게송이다. 이 게송은 '엄정게' '도량엄정게'라고 주로 불렸다. 또 2구의 '삼보천룡강차지'로 말미암아 '봉청게'로도 종종 이해되곤 한다. 불교는 종교이며 신앙이다. 하여 때로는 이 신앙의 성격이 지나치게 확대돼 그 의미의 확장이 일어나게 된다. 유사성의 원리, 곧 그럴 듯함으로 말미암아 변별성을 잃어버리고, 반복과 중복을 정성으로 이해하곤 하는 것이다.

『진언권공』(1496), 『영상대회작법절차』(1634), 금산사 『제반문』(1694) 등에는 이 도량찬 이후에 '봉청'의 거불이 이어진다.[13] 이 같은 정황이나 2구의 '삼보천룡차지'를 4구의 '원사자비밀가호'의 원문에 의지해 원문으로 이해하게 된 것이다. 현재 천수경 번역을 일별해 보자.

> (깨끗하니) 삼보천룡 나리소서;
> (티끌없으니) 삼보님과 팔부성중 강림하소서:
> (온 도량이 깨끗하니) 삼보천룡 나리소서;
> (티끌없어야) 삼보와 천룡들이 함께하시며;
> (없아옵고) 삼보님과 천룡님도 이곳으로 오십니다;
> (더러운 것 없사오니) 이 도량에 오시어서[14]

예시한 몇 본에서 도량찬탄 게송을 청문으로 이해하고 있는 것은 앞에서 거론한 고래의 천수송주 후 도량찬(엄정게) 거불 유치 청사 구조에서 오는 봉청의 확장이 아닐까 하는 생각이다. 또 넷째 예문은, 1구에서 '없어야' 삼보와 천룡들이 함께하신다고 서술하여 이미 청정한 도량을 찬

---

13 學祖 編, 『眞言勸供』(한의총1), 451下; 『靈山大會作法節次』(한의총2), 123上; 『諸般文』(한의총2), 479下-480上.
14 게시 예문 순서: 『삼화행도집』(보련각, 1986), 39; 광덕, 『불광법회요전』(불광사, 1983), 44; 대한불교진흥원, 『통일법요집』(1988), 290; 김호성, 『천수경의 비밀』(민족사, 2005), 112; 심상현, 『불교의식각론』V(한국불교출판부, 2001), 86; 대한불교조계종 포교원, 『한글통일법요집』(2006), 94. 별도로 서명과 출판연도를 제시하지 않을 때는 이 출전을 의미한다.

탄하는 데 어울리지 않는다. 다섯째 역은 의미는 살아나나 게송 언어의 적합성이 아쉽다.

도량이 청정해졌으므로 이제야 비로소 삼보께서 강침하실 수 있는 상태가 되었음을 찬탄하는 것으로 이해해야 한다. 그러므로 '도량찬'을 강림을 청하는 게송으로 이해하는 것은 무리가 있다고 할 수 있다. 이것은 청문이 아니라 '이 도량에 내린다'의 평서문이기 때문이다.

三寶天龍降此地[삼보천룡강차지]
삼보님과 호법천룡 여기 오시네.
我今持誦妙眞言[아금지송묘진언]
저희 이제 미묘 진언 받아 외우니
願賜慈悲密加護[원사자비밀가호]
자비로써 비밀히 살펴주소서.

삼보와 천룡이 어떤 분이라는 언급은 신불 등에 관심이 있는 여타 본에 미룬다. 현재까지 진행된 의식 순서에 따르면 이미 성현님이 오셔서 다라니를 설해주셨다. 일부 현성은 결계(結界)를, 관음보살님을 도량엄정(道場嚴淨)을 위해 가지주수(加持呪水: 행자의 사발의 물에 가지하여 감로수로 만드는 법)를 해주셨다. 그런데 또 오신다고 하는 것이 적합할까. 이는 한문의 한계라고 할 수 있으며, 동시에 다양한 함의를 머금은 미학이라고 아니할 수 없다. 미래로, 아니면 과거, 현재로도 읽힌다. 잘못하면 그만 헛발을 딛기 쉽다. 그래서 삼보와 천룡이 어떤 분이라는 것을 여기서는 말하지 않겠다는 것이다. 다라니를 받아 외워 물 뿌려 결계하고 또 도량엄정을 위해 염송 행자는 가호를 기원했다. 도량 엄정의 과정이라고 읽히지 않는가. 그렇다면 독자들의 독법(讀法)에 의지할 수밖에 없다.

사람들은 말을 한다. 또 글을 쓴다. 왜 쓰는가? 옛사람들은 심심풀이로 쓰는 글을 '파한집' '보한집'이라고 했다. 심심풀이가 아닌 한 글 쓰는 이들은, 나름 자신의 글로 말미암아 세상이 어지럽혀지지 않는 한, 그 뜻을 밝히려고 부족하나마 글을 쓴다고 할 수 있다.

천태 지의(智顗)는 『법화삼매참의』에서 '제일명행자엄정도량법(第一明行者嚴淨道場法)'이라 하여 행법의 각 순서 앞에 행법을 드러내 밝힌다고 하여 '명(明)'이라고 붙이고 있다. 한국불교 선대 조사들은 그와 같은 행법을 밝히기는 했지만 아무래도 의문(儀文: 臺詞)만 남은 본이 많다. 하여 의례 의식은 수없는 변형을 겪고, 의미가 와전된 채 전승되지 않았을까 하는 생각이 든다.

도량은 사찰인가, 법단인가

불교에서는 많은 종류의 의식과 행사를 봉행한다. 의식과 행사의 성격과 방법 그리고 그 내용에 따라 법회(法會), 도량(道場), 재(齋), 법석(法席), 의례(儀禮), 참법(懺法) 등 다양하게 불리고, 법회 등도 그 성격에 따라 화엄(華嚴)법회, 강경(講經)법회 등 많은 종류로 분류되고 있다.[15]

불교가 국교로 신앙이 되던 고려 때 나라와 왕실에 의해 개설된 법회와 도량은 83종 1,038회나 되었고, 그 명칭은 법회·도량·설재·법석·대회 등으로 모두가 특유의 소의경과 사상으로부터 나왔으며,[16] 제종의 통합이 이루어지는 조선시대에 와서도 선왕선후(先王先后)의 칠칠재와 기신재가 수륙재로 봉행되었고, 이변을 없애는 소재도량과 비 오기를 비는 기우재(祈雨齋), 비 멎기를 비는 기청재(祈晴齋) 등이 빈번히 개설되었다.[17] 이렇듯이 불교의 법회와 도량 명칭이 근자에 이르러서는 사찰을 칭하는 명칭으로 둔갑되지 않았나 하는 생각이 든다.

그 원인은 여럿 있겠지만 '불공' 또는 '불사'라는 명칭에 대한 변천과 인식이라고 할 수 있을 것이다. 붓다께 공양 올리기 위해 단을 차리고, 그 연유를 밝히는 '유치'를 아뢰

---

15 서윤길, 『한국밀교사상사』(운주사, 2006), 850~851.
16 서윤길, 위의 책. 548.
17 서윤길, 위의 책, 822~830.

는데, 유치 해석과정에서 불사도량을 사찰로 확대해석하게 되지 않았을까 하는 생각이다.

현재 상단 불공의 유치와 같은 문장이나 '수월도량 공화불사'라는 용어는 16세기 이후에 주로 보이는데, 현행 유치와 유사한 『작법귀감』(1826)의 유치 후반과 『예수시왕생칠재의찬요』(1576)의 '통서인유' 후반부를 보면서 논의해 보자[편의상 음을 달지 않음].

> 是以 [或云今有此日者非也] 三寶弟子 娑婆世界 此四天下[此句切勿漏失] 南贍部洲 海東 朝鮮國[云云] <u>水月道場 空華佛事</u> 齊者[云云 若他處人 則某處居 某人云云 或云謹於茲山 或云謹於茲山 或云就於某處云云 皆不可也] <u>以今月今日</u>[的言某日] [雖可 且通言今日 豈不無亂哉] 虔設淨飡 供養帝網重重 無盡三寶慈尊 勳薰作法 仰祈 妙援者// 右伏以 蓺名香 而禮請 呈玉粒 以修齋 齋體雖微 虔誠可愍 冀廻慈鑑 降赴香筵 謹秉一心 先陳三請[18]

> 是夜 卽有大檀信 朝鮮國 (某道某州某里) 居住 <u>齋者</u> (某人伏爲) 現增福壽 當生淨刹之願 式遵科儀 預修十王生七之齋 <u>以今月(某日) 就於(某寺)</u> 以大信心 發菩提願 捨世間之珍財 建冥王之勝會 食陳百味 法演三乘 伏願大聖大慈三身 大覺大權大化 諸位冥君 俯賜加持 悉令圓滿[19]

---

18 亘璇 編, 『作法龜鑑』(한의총3), 377.
19 大愚 集述, 『預修十王生七齋儀纂要』(한불전11), 427.

『작법귀감』의 유치를 보면, '삼보제자 어디 사는 수월도량 공화불사 재자'가 '금월 모일에 정찬을 마련하여, 제망중중의 삼보자존께 공양하며'라고 이어진다. 그런데 찬자는 '이금월모일' 다음에 '모일'을 하지 않고 '금일'이라고 하면 잘못이라고 하면서 또 그 앞의 '모처 운운'을 잘못이라고 거론하고 있다. 『예수시왕생칠재의찬요』를 보면, '어디 사는 재자 누구는 [엎드려] 왕생정토의 원을 위해 의범을 따라 시왕생칠재를 미리 닦고자(伏爲) 금월 모일에 모사로 나아가 큰 신심으로 보리원을 발하고 세간의 귀중한 재산을 희사해 명왕의 승회를 건립하고~'라고 하고 있다.

또 『작법귀감』은 '모처 거주'와 '모처로 나아가'를 혼동하고 있음을 지적하지만 『예수시왕생칠재의찬요』처럼 '어디로 나아가'라는 문장이 보이지 않는다. 지금이야 용왕재나 수륙재 등도 사찰에서 봉행하고 하므로 모처로 나아가라는 표현이 등장할 필요가 적겠지만 예전의 의식은 어디 어디에서라는 설처(設處)가 반드시 따라온다. 예를 들면, 경복궁 근정전에서 '화엄삼매참법석'이[20] 열렸다면, 의당 설판재자와 설판이유 설판장소 법회명칭 등이 유치에 적시되었을 것이다. 『작법귀감』의 유치에는 '수월도량 공화불사'라는 법회 명칭은 보이는데, 정찬을 마련한 곳이 별도

---

20 서윤길, 앞의 책, 831.

로 명시되지 않았다. 후일 재자의 주소를 부르는 곳에, 법회 명칭 '수월도량 공화불사'에서 '공화불사'는 빠지고 남은 '수월도량' 앞에 사찰 주소를 운운하게 되었다고 할 수 있다.

『작법귀감』에 '불가하다'는 여러 지적은 당시의 유치 문장이 꽤나 혼란했음을 반증하는 것이라고 보이는데, 재자의 주소와 법회(도량) '운운: 말해야 할 자리'에 사찰 명칭을 거명하게 되면서 일어난 혼선이라고 할 수 있을 것이다

『수월도량공화불사여환빈주몽중문답』[21]의 '서'(序)에 '원관의궤'(圓觀儀軌)라고 하여 '수월도량공화불사'라는 공양도량의 원만한 작관을 하는 법을 말하고 있는데 이를 증명한다고 하겠다.

'도량'은 법회의 이칭이다. 공양단(法壇)을 도량이라고 하는 것이다. 이 도량을 엄정하고 작관하여 일체제불뿐만 아니라 일체아귀에게도 공양하고 '아어타일건도량(我於他日建道場: 내가 다른 날 도량을 세우면)' 하여 또 공양할 수 있게 되는 것이다.

---

21 普雨, 『水月道場空花佛事如幻賓主夢中問答』(한불전7), 594中~599上.

제3편
업장참회행법

1. 참회를 일으키다 ●
2. 가지의 참회를 구하다 ●
3. 성현을 청해 십악을 참회하다 ●
4. 현교와 밀교로 참회를 완성하다 ●

제3편 업장참회행법

도량엄정행법과 마찬가지로 이 행법이 천수경에 합편된 것은 천수주의 공능 때문이라고 할 수 있다. 참회 없는 종교는 없다고 해도 크게 잘못 말한 것은 아닐 것이다. 불교는 참회와 발원의 종교라고 할 수 있을 정도로 참회행법은 다양하다. 대표적인 참회행법으로는 예참을 들 수 있다. 예참의 원초적 의문(儀文)으로 천태 지자 지의(538~597)가 찬한 것으로 알려진 『법화삼매참의』를 또 거론하지 않을 수 없다. 이후 이 참법을 골조로 해서 여러 종파의 다양한 예참법이 출현하였다. 『왕생정토참원의』『화엄경해인도량참의』『천수안대비심주행법』『준제삼매행법』 등이 그것이다. 예참법의 순서는 대개 10문으로 분과되어 있는데, 『왕생정토참원의』를 보면, '엄정도량, 건단법(建壇法: 단을 세우는 법), 정수의(正修意), 소향산화공양(燒香散華供養: 향을 사르고 꽃을 흩어 공양함), 소청예법(召請禮法), 찬탄법(讚嘆法), 예불법(禮佛法), 발원법(發願法), 선요송경법(旋繞誦經法: 법좌를 돌며 경을 암송하는 법), 좌선법'이다. 약간의 차이는 보이지만 수행자의 몸과 마음을 정화하고 단을 세우고 공양을 올리고 불보살님을 청해 예를 올리고 참회·찬탄·수희·회향·발원하며 법당이나 탑을 돌거나 경전을 염송한 후 참선에 드는 순서로 진행된다. 결국 몸과 마음을 맑히고 붓다께 공양하고 예경하며 참회하고 발원하며 행도하는 것은 삼매를 제대로 닦기 위해 먼저 행하는 수행이라고 할 수 있다.

하지만 한국불교에서 읽히는 현행 천수경 소재 업장참회행법의 생성 배경은 좀 다르다고 할 수 있다. 천수주 염송을 통해 도량을 청정하게 한 후 참회진언을 염송하면서 '연비'를 하고 있는데 이는 수계를 위한 선행의식이라고 할 수 있다. 참회행법이 수계의 사전의식이라고 하는 사실을 증명하기 위해 몇 가지 문헌을 살펴보기로 한다. 첫째는 수계행법을 담고 있는 문헌이고, 둘째는 천수경 소재 도량찬 이후 봉청(奉請)의 거불로 이어지는 수륙재 영산재의 작법절차이다.

그렇다면 '수계'를 할 때 어떻게 업장을 참회하는지 살펴보면서 이야기를 해 나가는 것이 좋을 것 같다. 『작법귀감』(1826)에 보이는 비구 10계의 수계식이다.

먼저 참회식인데, 상단 공양할 때는 정법계진언을 21편 하고 진공(進供)진언을 3편 한 후 공양게를 한다. 이때의 공양게는 변식진언의 역할을 겸하고 있다고 할 수 있다. '제가 이제 비밀주를 외워 가없고 넓고 큰 공양을 흘려내어 다함 없는 삼보께 받들어 올리오니 자비를 내려 가련히 여겨 거두어 주옵소서' 하는 공양게는 다게의 그것과 같이 변식진언을 별도로 하지 않고 정법계진언으로 변식기능을 수행하고 진공진언으로 공양하고 있다. 다음에는 업장을 참회해 주시는 붓다께 예를 올린다.

나무본사석가모니불
나무동방교주약사유리광불
나무서방교주아미타불
나무당래교주미륵존불

위 네 분의 붓다를 칭명하며 예를 올리고 나서는 현행 천수경 소재 참제업장 12존불을 칭념하며 예를 올리는 것으로 되어 있다. 『작법귀감』에서 '예참회불'이라는 소목을 달고 있지만 이때 실제 큰절을 한 것 같지는 않다. 지금처럼 칭념한 것으로 이해된다. 그리고 작법은 각 붓다의 명호를 한 소리로 염하면 참회되는, 각각의 업장을 협주로 달아 설명하고 있다. 다만 환희장마니보적불에는 협주가 보이지 않는다.

참제업장 12존불 칭념에 이어 문수 보현 관세음 지장 청정해회 대보살과 허공무진변법계무진삼보를 칭념한 뒤 '유원삼보 대자대비 수아정례 명훈가피'의 원을 내고 반배하면서 음행 진노 우치(어리석음)를 끊고 불법을 만나 계정혜를 닦아 수기를 받을 것을 발원한다. 다음에는 참제업장 제불에게 마음으로 공양을 올리는 운심공양진언으로 공양 올린다.

이어 '정설십계(正說十戒)'라고 하여 회주가 요령을 울려 창하며 갈마아사리는 제일불살생 등 제십 불사견의 계목을 설한다. 이어 회주가 계상(戒相)을 설명한다.

이어서 계를 지닐 수 있는지를 묻는다. 수계자의 대답을 듣고 나서 법주는 삼보께 증명을 축원한다. 그리고 자비를 버리지 않고 중생의 모습을 따라 교화하는 관세음보살의 총명비밀의 진언(현재는 관세음보살 멸업장진언으로 불림)을 108편 염송한다. 현재의 '사생육도 법계유정의 다겁생 동안 지은 모든 업장이 소멸되기를 발원하며 저는 이제 절합니다' 하고 예를 하며 대중의 '모든 죄의 장애가 다 없어져서 세세생생 보살도 행하기를 발원합니다' 하고 세 번 설하며 삼배하고 대중은 일일이 함께 절한다.

그리고 연비(燃臂)를 진행하게 되는데 참회게와 참회진언을 한다. 참회[燃臂]가 끝나면 '참회이귀명례삼보' 하고 삼배를 하며 입지게를 하고 '입지이귀명례삼보' 하며 삼배하고 회향주, 능엄주, 축원의 순서로 수계의식을 마친다.

현재의 수계의식을 봉행할 때 설계 이전에는 현재의 참제업장 12존불, 설계 이후에는 참회게 참회진언으로 연비하는 모습이 그대로 남아 있는 것이다.

또 하나의 횡축으로는 도량엄정행법에서 거론했던 『진언권공』(1496)의 「작법절차」(영산재의 전형인 영상불공이라고 할 수 있다)나 『영산대회작법절차』(1634)에 보이는 천수주 이후 사방찬 도량찬 다음에는 '거불'로 바로 이어지는 경우라고 할 수 있다. 도량찬 다음의 참회게 참회진언은 그 이후의 의식문에서 주로 보인다.

이는 무엇을 의미할까. 이는 천수경의 종횡의 확장을 확인할 수 있게 해주는 것이라고 할 수 있다.

제반의식에서는 서산 대사(1520~1604) 찬으로 알려진 『운수단작법』(1664)에 참회게 '연비'라는 주를 만날 수 있다. 이 또한 '참회게' 등이 어떤 특정한 역할을 수행하고 있음을 보여주는 것이라고 할 수 있다.

그러므로 참회게와 참제업장 12존불, 십악화청, 참회진언은 수계의식을 위한 사전 업장참회행법이라고 할 수 있을 것이다.

1. 참회를 일으키다

懺悔偈[참회게]
죄를 뉘우치는 노래
我昔所造諸惡業[아석소조제악업]
이제까지 짓고 지은 모든 악업은
皆由無始貪瞋痴[개유무시탐진치]
뿌리 없는 탐진치로 말미암아서
從身口意之所生[종신구의지소생]
몸과 말과 뜻으로 지었사오니
一切我今皆懺悔[일체아금개참회]
모든 것을 제가 이제 참회합니다.

『염불보권문』(1703)이나 『삼문직지』(1769)의 염불작법 차서는 천수주 엄정게 참회게 참회진언의 순서이다. 염불작법 형성의 초기에는 상당히 오랫동안 참회게 참회진언의 원형이 유지된다. 『불광법회요전』(1983); 『석문의범』(1935)도 그중 하나이다. 『조석지송』(1932)이 '참제업장 12존불'을 보입(補入)하고 있으나 참회게 참회진언의 정형은 잘 전승되었다. 이후 준제행법이 이어진다. 『불가일용작법』(1869)이 참회게 참회진언 이후에 '멸죄진언' 등 아홉 개의 멸죄진언과 원성취진언 보궐진언으로 참회를 완성하고 있다.

참회법의 확장이 시작되고 있음은 어렵지 않게 유추할 수 있다. 참회법의 확장은 가지참의 12존불, 사참의 십악화청, 이참의 두 게송으로 이어지게 된다.

이 참회게송은 위에서 보듯이 최근까지도, 참회진언과 더불어 '현밀의궤'의 정형이 유지되나 『불가일용작법』에서 시작된 유사 참회행법의 흡인은 현재의 모습을 낳았다고 할 수 있다. 이제 참회게송은 게송대로, 진언은 진언대로 설명해야 하는 번거로움에 직면했다. 이를 번뇌하면 이 번뇌도 참회해야 한다.

이 참회게송은 40권 『화엄경』에 등장한다. 색법(色法)을 강조하는 초기불교와는 달리 대승은 심법(心法)을 강조하게 되고, 일체유심(一切唯心)을 기조(基調)로 하는 화엄경의 게송들은 참회, 파지옥 등, 여러 의식에 두루 쓰이고 있다.

我昔所造諸惡業[아석소조제악업]
이제까지 짓고 지은 모든 악업은
皆由無始貪瞋癡[개유무시탐진치]
뿌리 없는 탐진치로 말미암아서
從身口意之所生[종신구의지소생]
몸과 말과 뜻으로 지었사오니

시간부사 '석(昔)'이 '소조제악업'의 소유주(主) 사이에 끼어 있다. '지난날 나로 말미암아 지은 모든 악업은' 하는 전반의 3구는 4구의 목적어이다. 1구는 2구의 주제로, 그 모두가 탐·진·치로 말미암았고, 다시 3구의 주제도 된다. 몸과 입과 뜻을 따라 일어나게 된 것이다. 결국 이 3구는 병렬의 수식이면서, 2구로 3구에 의해 생긴 것이 1구의 그것이라는 관계를 정해 준다. 탐진치 삼독이 신구 삼업을 부려 옛날부터 지어 왔다고 선언한다. 3구에는 '소조(所造)'와 '소생(所生)'이라는 피동사 구가 둘 보인다. 지어졌고 생겨나진 것은 '나'가 아닌 것을 표현하여 '나'라고 하는 집착을 타파하기 위한 문법이라고 할 수 있다.

一切我今皆懺悔[일체아금개참회]
모든 것을 제가 이제 참회합니다.

일체는 일차적으로 1구를 지칭한다고 하겠다. 그 일체를 내가 지금 다 참회한다는 것이다. 이 게송에는 '어떻게'가 따로 보이지 않는다. 하다못해 죄의 자성이 없으므로 한 마음 돌리면 죄가 본래 죄가 아니라는 그런 어떤 언표가 없다. 이 게송의 기의(基意) 속에 담겨 있을 뿐이다. 그것은 '나'가 아니다. 탐·진·치라는 삼독에 끌려다니는 신구의 또한 '나'가 아니다.

결국 업도 죄도 나에 의해 지어졌다. 그것은 탐내고 성내고 어리석어 행동으로 말로 생각으로 말미암아 일어난 것이기 때문에 그것을 '참회합니다' 하는 순간 그것의 자상은 사라진다. 그것을 인식하는 순간 어리석음에서 지혜로 전환되는 것이다. 참회의 본질을 벗어나지 않는다. 내 것이라는 순간 집착이 일어나지만 내 것이 없다고 인식하는 순간 내 것은 없다.

이와 같은 인식의 토대 위에서 짓는 행동이 무엇인가. 그것은 바로 계정혜 삼학을 닦는 것이다.

탐진치(貪瞋痴) 세 가지 독(毒)에 끌려 신구업(身口意) 세 가지 업으로 지은 악업의 장애는 계정혜 삼학으로 닦는 것이요, 그것이 곧 내 것이 아님을 인식하는 순간, 지극히 참회하는 순간에 전환이 일어나는 것이다.

2. 가지의 참회를 구하다

懺除業障十二尊佛[참제업장십이존불]
참회한 업장을 소멸해 주시는 붓다
南無寶勝藏佛[나무보승장불]
寶光王火焰照佛[보광왕화염조불]
一切香華自在力王佛[일체향화자재력왕불]
百億恒河沙決定佛[백억항하사결정불]
振威德佛[진위덕불]
金剛堅强消伏壞散佛[금강견강소복괴산불]
寶光月殿妙音尊王佛[보광월전묘음존왕불]
歡喜藏摩尼寶積佛[환희장마니보적불]
無盡香勝王佛[무진향승왕불]
獅子月佛[사자월불]
歡喜莊嚴珠王佛[환희장엄주왕불]
帝寶幢摩尼勝光佛[제보당마니승광불]

참회하면 업장을 없애 주시는 열두 붓다시다. 보다시피 이곳에는 '참회합니다' 하는 참회 관련 술어가 따로 없다. 그러면 어떻게 참회가 되는가. 삼보의 가지 힘에 의지하는 것이다. 제1편에서 '나무'를 설할 때 '나무'를 '귀의'로 번역하지 않고 불보살님들께 가피를 구하는 '진언'을 만드는 의궤라고 길게 설명했다. '나무아미타불'의 이치라고 하였다.

업장참회행법 195

물론 여기 칭명되는 붓다는 나름의 발원이 있어 우리가 부르기만 하고, 칭명하여 그 소리가 귓전을 스치기만 해도 업장이 참회가 되는, 최상의 참회 행법으로 장치되었다고 하겠다.

『현행법회예참의식』(1685)의 예불참회 편에 석가모니불, 동방 약사여래불, 서방 아미타불, 당래 하생 미륵존불 칭명 이후 12불명의 예경이 보인다. 이후에 문수, 보현, 관세음, 대세지, 일체청정대회제보살의 칭명과 함께 설치되었다.[1] 이 예경문 이후에 참회게와 연비를 하고 이후에 이참의 '백겁적집죄~'의 이참게와 아미타불 본심미묘진언의 염송으로 진행된다. '현행법회예참의식'이라는 명칭으로 볼 때, 예경 칭명 '가지참회'가 성행되었을 것으로 보인다. 이 의궤에도 12존불이 등장하나 순서상 현행 천수경과의 관계는 그리 깊어 보이지 않는다.

南無寶勝藏佛~[나무보승장불]
帝寶幢摩尼勝光佛[제보당마니승광불]

위 붓다의 명호를 일심으로 칭명하면 참회한 중생의 업장을 녹여 주시는 열두 붓다의 원력대로 우리가 알게 모르게 지은 업장이 참회가 되는 것이다.

---

1 明眼 集, 『現行法會禮懺儀式』(한불전9), 202下~203上.

열두 붓다를 칭명하면 소멸이 되는 업장에 대해 『현행법회예참의식』 『삼문직지』 『불가일용작법』 『작법귀감』 등에 연이어 언급되고 있다.

『현행법회예참의식』의 언급을 기준으로 정리해 보면, 보승장불 붓다 명호를 한 번 칭명하면 일생에 축생을 타고 다닌 죄를 멸할 수 있고; 보광왕화염조불 붓다 명호를 한 번 칭명하면 일생에 손상을 시킨 죄를 소멸할 수 있고; 일체향화자재력왕불 붓다 명호를 한 번 칭명하면 한평생 저지른 음행한 죄를 소멸할 수 있고; 백억항하사결정불 붓다 명호를 한 번 칭명하면 일생에 지은 살생한 죄업을 소멸할 수 있고; 진위덕불 붓다 명호를 한 번 칭명하면 일생에 지은 악구의 죄를 소멸할 수 있고; 금강견강소복괴산불 붓다 명호를 한 번 칭명하면 아비[무간]지옥에 떨어지지 않으며; 보광월전묘음존왕불 붓다 명호를 한 번 칭명하면 대장경을 한 번 독송한 공덕을 얻고; 환희장마니보적불 붓다 명호를 한 번 칭명하면 다른 붓다 명호를 칭명한 것과 같은 공덕을 얻게 되고; 무진향승왕불 붓다 명호를 칭명하면 한량없는 겁의 죄를 초월하여 숙명지를 얻게 되고, 사자월불 붓다 명호를 칭명하면 무량겁의 죄를 멸하고 축생의 몸을 떠날 수 있고; 환희장엄주왕불 붓다 명호를 칭명하면 오백만억 아승기의 생사죄를 멸할 수 있고,[2] 제보당마니승광불

붓다를 칭명하면 오백만억 겁의 생사의 죄를 초월할 수 있다고 하고 있다.[3]

이 '참제업장십이존불'은 『현행법회예참의식』(1685) 『삼문직지』(1769) 『불가일용작법』(1869) 『조석지송』(1932) 등에 보이며, 주요 의궤에는 '보승장불' 또는 '나무보승장불'이라고 되어 있다. 그러나 상업 출판물로 보이는 『소재길상불경요집』(1925) 『소재길상불경보감』(1963) 등에는 '나무참제업장보승장불'이라 하여 첫 번째 불명호에만 '참제업장'이라는 공통의 관형어를 삽입하였고, 이 같은 본들이 유통 보급되어 이후 판본들에 역(逆)영향을 주었다고 보인다.

위의 두 본은 당시의 염송행법을 반영하고 있다고 할 수 있고, 이를 놓고 보면, 진언 염송행법이 사상적 경향보다 개인적 선호와 편의에 따라 경과 진언이 자유롭게 선택되어 암송되었고, 그를 바탕으로 새롭게 편찬되는 과정의 선두에 천수경이 있다고 할 수 있을 것이다.

---

2 『현행법회예참의식』에는 언급이 없으나, 『三門直指』(한불전10, 151下)과 『佛家日用作法』(한의총3, 538上)에 고본판의 주에는 없으나 공덕은 다른 붓다와 같다고 하고 있다. 명호로 볼 때 아래의 제보당마니승광불과 같이 아마 재보의 공덕을 얻게 됨을 상징하는 것으로 보인다.
3 捌關, 『三門直指』(한불전10), 151下; 井幸, 『佛家日用作法』(한의총3), 538下.

3. 성현을 청해 십악을 참회하다

十惡懺悔[십악참회]
열 가지 악업 참회
殺生重罪今日懺悔[살생중죄금일참회]
생명 해친 모든 죄 참회합니다.
偸盜重罪今日懺悔[투도중죄금일참회]
도둑질한 모든 죄 참회합니다.
邪淫重罪今日懺悔[사음중죄금일참회]
사음 행한 모든 죄 참회합니다.
妄語重罪今日懺悔[망어중죄금일참회]
거짓말한 모든 죄 참회합니다.
綺語重罪今日懺悔[기어중죄금일참회]
아첨했던 모든 죄 참회합니다.
兩舌重罪今日懺悔[양설중죄금일참회]
이간질한 모든 죄 참회합니다.
惡口重罪今日懺悔[악구중죄금일참회]
험한 말한 모든 죄 참회합니다.
貪愛重罪今日懺悔[탐애중죄금일참회]
욕심냈던 모든 죄 참회합니다.
瞋恚重罪今日懺悔[진에중죄금일참회]
성질냈던 모든 죄 참회합니다.

癡暗重罪今日懺悔 [치암중죄금일참회]
삿된 소견 모든 죄 참회합니다.

성현을 청해 십악을 참회한다고 장 제목을 붙였다. 그렇다면 의미상 앞의 '참제업장십이존불'의 참회사상과 맥을 같이하고 있다고 할 수 있다. 꽤 긴 기간 한국불교 의식의 그 어떤 전범적(典範的) 지위를 구가했다고 보이는 『석문의범』(1935)이나 현대불교 법회의 선도적 역할을 한 불광법회의 『불광법요집』(1983)에는 '참제업장십이존불'과 '십악참회'는 등장하지 않고, 참제업장십이존불이 등장하는 『조석지송』(1932)에도 십악참회는 등장하지 않는다. 단지 '소재길상'이라는 관형사를 달고 있는 상업 출판 불경들에 참회게 참제업장십이존불 뒤에 합편된 채 유통되었다고 보인다.

『범음산보집』(1721)이나 『작법귀감』(1826)에는 '십악참회'를 '분수작법' 중 '대분수작법'에서 '십악화청'이라 하고 있다. 저녁에 행하는 화청의식이라는 뜻으로 읽힌다. 화청이라는 명칭으로 볼 때, '살생중죄금일참회' 하고 화음으로 (관세음보살) 재창하며 청원하지 않았을까 생각된다.[4] 흔히

---

4 智還 編, 『天地冥陽水陸齋儀梵音刪補集』(『한의총』3, 1739), 107下; 智還 編, 『天地冥陽水陸齋儀梵音刪補集』(『한의총』3, 1723), 6下. 똑같은 의식이라고 할 수 없지만 천수 십원 때 '나무대비관세음' 칭명하고 이어 각 원을 하나씩 염송하는 법이나 장엄염불 할 때 '나무아미타불'을 후렴처럼 칭명하는 경우 등도 그 같은 행법의 한 모티프가 될 수 있을

'화청' 하면 회심곡 또는 '지심걸청(至心乞請)'(범음산보집 한의총 3, 122下) 하는 가사(歌詞)들이 떠오를 것이다. 예수재 화청을 보면, 법주가 먼저 '지장보살, 모씨 보체 애민부호(某氏 保體 哀愍覆護)' 하면, 대중은 화음으로 '현증복수 당생정찰' (現增福壽 當生淨刹) 하라고[5] 되어 있다. 화청의 한 전형이라고 할 수 있다.

『범음산보집』(1723)에는 '십악화청' 열 조목 중 마지막의 세 조목 탐 진 치를 '삼독중죄금일참회'로 통합하고 바로 이어 '차 관음정근'이라는 항목을 두고 있다. 주목해야 할 것 같다. 그 내용은 '원통교주(圓通敎主) 관음보살, 발고여락(拔苦與樂) 관음보살, 삼십이응(三十二應) 관음보살, 십사무외(十四無畏) 관음보살, 사부사의(四不思議) 관음보살, 문성구고(聞聲求苦) 관음보살, 광대영통(廣大靈通) 관음보살, 천수천안(千手千眼) 관음보살'의 여덟 분 다른 이름의 관음보살을 정근한다.[6] 이에 비해 『작법귀감』 '분수작법'에는 '십악화청' '십상찬'을 연이어 편찬하고 있는데,[7] '차 관음정근'을 '십상찬'이라고 하는 것만 다르다. 아마 십악화청에 관음보살 명호를 배대하였다고 보인다.

것이다.
5 大愚 集述, 『預修十王生七齋儀纂要』(한의총2), 427. 84上.
6 智還 編, 『天地冥陽水陸齋儀梵音刪補集』(한의총3, 1723), 7上.
7 亘璇, 『作法龜鑑』(한의총3), 431下~432上.

화청의 원형적인 모습은, 하루 세 때 하는 염불작법 의궤인 『삼시계념의범』에 잘 나타나 있다. 이시(二時)불사 이후에 봉행되는 것으로 보이는 '미타예참의문' 편을 보면, 여래십대발원문 첫째 둘째 원을 하고 각각 절을 한 번 하고 '나무아미타불'을 칭명하고, 셋째부터 일곱째 원까지 각각 한 번 절을 하고, 여덟째부터 열째 원까지 각각 한 번 절을 하고 축원한다. 법사는 요령을 흔들고 염송과 찬탄을 하며 대중은, 붓다의 명호 다섯 번을 화음으로 소리한다.[8] 한 원, 한 원에 절하고 2원과 7원 뒤에는 '나무아미타불'을 하고 마지막에 축원하며 대중이 화음으로 칭명불호(稱名佛號)하는 행법은 화청과 크게 다르지 않다고 할 수 있다.[9]

이렇게 보면 십악참회, 십악화청은 각 죄업 참회를 발원하고 관세음보살을 칭명하여 청해 각 죄업 소멸을 축원하는 의궤로 이해할 수 있을 것이다.

죄업이 너무나 깊은, 우리의 중죄(重罪)는 우리의 노력만으로 불가능하다. 그래서 관음보살님을 청해 소멸해 달라

---

8 中峯, 『三時繫念儀範』(속장경74), 68b. "願我永離三惡道(一拜), 願我常聞佛法僧(一拜) 南無本師阿彌陀 願我勤修戒定慧(一拜) 願我識破貪嗔癡(一拜) 願我恒隨諸佛學(一拜) 願我不退菩提心(一拜) 願我決定生安養(一拜) 南無本師阿彌陀 願我速見彌陀佛(一拜) 願我分身遍塵刹(一拜) 願我廣度諸眾生(一拜) 祝願(法師揚鈴宣念各讚後, 大眾和佛懺五聲)."

9 『三時繫念儀範』 국내 본(月渚 道安 書, 『三時繫念儀範文』(한의총2), 560下)에는 "나무아미타불과 10대 발원 일일이 평상대로 한다"고 한 것으로 볼 때 누구나 익혀 알고 있던 방식으로 이해된다.

고 청하고 비는 것이다. 십악의 내용은 신구의 삼업을 짓는 열 가지 나쁜 업이니까 새삼 설명이 필요치 않으리라. 천수다라니행법에서 삼업이 짓는 열 가지 나쁜 업을 참회하였다. 그동안 수없이 참회했는데 여기서 왜 또 참회하지, 하는 의심이 날 수도 있다.

다시 부연하면 이렇다. 위에서 보았듯이 십악화청의 참회는 천수다라니행법과 달리 독립적인 의궤였다. 하지만 '조석송주'와 '분수작법'이라는 동시성과 현장성으로 말미암아 천수경이라는 한 의궤에서 서로 만나 하나가 되어 있을 뿐이라는 것을 생각해 보면 쉽게 수긍이 될 것이다. 또 이 점은 심중한 죄업의 참회에 대한 간절함의 발로라고 할 수 있다.

관세음보살의 자비가 작아서가 아니다. 약한 행자의 마음을 다잡기 위한 배려요, 조금이라도 관음보살과 함께하려는 우리네 욕구의 한 산물이라고 할 수도 있을 것이다.

殺生重罪今日懺悔[살생중죄금일참회]
癡暗重罪今日懺悔[치암중죄금일참회]

힘 다해 관음보살님을 염원하며 십악 참회를 염송하면 된다. 생명을 헤치거나 죽인 살생죄, 주지 않는 물건을 함부로 갖는, 특히 삼보와 절에 머무는 스님들의 물건을 훔

친 투도죄, 삿된 이성 관계로 지은 사음죄, 거짓말로 남을 속인 망어죄, 발린 말로 남을 속인 기어죄, 두 말로 싸움을 일으킨 양설죄, 험한 말로 남을 욕한 악구죄, 탐내며 욕심 부린 탐욕죄, 성질내며 지은 진에죄, 어리석음으로 지은 우치죄 등을 참회한다.

이 같은 열 가지 악업을 하지 않는 것이 십선업(十善業)이라고 하였다. 대승불교의 보살은 여기서 더 나아간다. 살생은 방생으로, 투도는 보시로, 사음은 보호와 안온으로, 거짓말은 참말로, 발린 말은 정직한 말로, 두 말은 화합하는 말로, 험한 말은 부드러운 말로, 탐내는 마음은 베푸는 마음으로, 성내는 마음은 부드러운 얼굴로, 어리석은 마음은 진리에 대한 바른 믿음으로 수행하는 것으로 승화한다.

악업을 참회하고, 악업을 하지 않는 것이 선업이라고 하지만 이미 이 자리에는 이미 참회될 죄업도 참회하는 행자도 따로 있지 않다. 오직 관세음보살의 자비만이 현현할 뿐이다.

4. 현교와 밀교로 참회를 완성하다

百劫積集罪[백겁적집죄]　**一念頓蕩除**[일념돈탕제]
백겁 동안 쌓인 죄도 한 찰나에 사라지니
如火焚枯草[여화분고초]　**滅盡無遺餘**[멸진무유여]
마른풀이 불에 타듯 죄의 자취 사라지리.

罪無自性從心起[죄무자성종심기]
본래 없이 마음 따라 일어난 죄는
心若滅時罪亦亡[심약멸시죄역망]
마음이 사라지면 죄도 사라져
罪亡心滅兩俱空[죄망심멸양구공]
죄와 마음 모두 다 공해진다면
是則名爲眞懺悔[시즉명위진참회]
이 경지를 진참회라 이름하리라.

懺悔眞言[참회진언]
죄업을 뉘우치는 진언
「옴 살바 못자 모지 사다야 스바하」

지금까지 천수다라니 염송 행자는 참제업장 해주시는 열두 붓다님과 관세음보살님을 청해 원력과 가지의 힘과 관음보살의 자비의 힘에 의지해 악업을 참회하고 열 가지

악업을 소멸하였다.

이제 행자는 다시 한번 죄의 자성을 찾게 된다.

百劫積集罪[백겁적집죄]　**一念頓蕩除**[일념돈탕제]
백겁 동안 쌓인 죄도 한 찰나에 사라지니
如火焚枯草[여화분고초]　**滅盡無遺餘**[멸진무유여]
마른풀이 불에 타듯 죄의 자취 사라지리.

이 게송은 불공(不空, 705~774) 역 『유가집요구아난다라니염구궤의경』에는 참회진언 뒤에 '불자들은 이미 참회를 마쳤으니'[10] 하며 참회진언의 후송으로 등장하고 있고, 『현행법회예참의식』(1685)에는 참회게 이후 연비를 끝낸 다음에 하는 후송이다. 이에 반해 『범음산보집』에는 도량 엄정게 다음의 참회게로 등장한다.[11]

만일 '후송'의 성격이라면 2구와 4구는 "사라졌네/남음 없네"로 해야 한다. 그렇지만 국내에서는 이 게송이 '참회게'로 활용되었으므로 달라져야 할 것이다. 하지만 감탄이 아니면 청원 또는 발원성취, 명령 등 다양하게 번역되고 있다.[12]

---

10 "諸佛子等旣懺悔已." 不空 譯, 『瑜伽集要救阿難陀羅尼焰口軌儀經』(대정장21), 470下.
11 智還 編, 『범음산보집』(중흥사, 1721, 한의총3), 30.
12 "없어지나니/자취 없으리"(학담, 앞의 책, 233); "제거해 주십시오/ 소멸되게 해 주십시오"(무비, 앞의 책, 125); "소멸되어지이다/ 남음이

현 천수경의 완결성으로 볼 때 원망(願望)으로 해석할 수 있다고 보기 어렵다. '하여지이다'는 현 한국불교에서 가장 많이 쓰이는 문법의 하나가 아닌가 할 정도로 널리 쓰인다. 그 결과 대부분의 평서문도 기원과 축원의 절충형 문장으로 이해하고 있다. 가피력이라는 종교적 특징이라고 할 수도 있겠지만 '하고', 또 '하게 하여' 주는 붓다 또는 그 어떤 힘을 가진 성현님들에 대한 절대적 의지로 말미암아 일어나는 것 같다.

그렇게 신심이 발현된다고 생각하지 않지만 위 게송 어디에도 원망(願望)의 동사는 보이지 않는다. 창조적 해석의 지평이라고 할 수도 있겠지만 문장은 문장 그대로 보는 것이 좋을 것이다.

이 문장은 다음 게송과 더불어 사상성뿐만 아니라 문학성이 돋보인다. '백겁'과 '일념'의 시간과 '쌓여 모임'과 '깨져 없앰'의 형상(空間)의 대비가 단연 압권이다. 쌓인 죄는 백 겁인데 그 죄가 소멸이 되는 데는 단 '일념'이다. 만일 여기서 백 겁 동안 쌓인 죄를 백 겁의 시간 동안 참회해야 한다면 어떨까. 죄지은 중생은 지레 포기할 것이다. 그런데 이것이 단지 그 같은 방편으로 시설된 것일까. 이것은

없이 되어지이다"(정각, 앞의 책, 247); "없어져서/ 없어져라"(고산, 앞의 책, 73).

'유식무경(唯識無境)'이라고 할 수 있다. 긴 시간 속에서 만들었다고 착각한 것이다. 그 착각을 깨는 순간은 지극히 짧다. 해서 일념이다. 이 일념을 오랫동안 '한 생각'으로 이해하는 경향이 강하다. 한 생각이 짧으니까 그럴 수도 있겠지만 그렇게 볼 수는 없다. 순간 등으로 번역될 수 있는 시간 단위 일념(一念)의 사전적 의미는 다양하다.

90찰나가 일념이며, 일찰나에 90의 생멸[一念]이 일어난다고 보는 아주 짧은 시간을 지칭한다. 또 '한 생각' 하면 우리말에는 사고(思考)하는 작용이 뒤따르게 되어 있다. 생각은 어떤 사고의 부피를 안게 된다. 백겁과의 대구를 살리려면 당연히 시간부사로 해석해야 할 것이다.[13]

1, 2구가 결과이고, 3, 4구는 그 모습이다. 간혹 5언 또는 7언의 게송을 설명할 때, 절구니, 율시니 하는 용어와 기승전결(起承轉結)이라는 각 구의 명칭을 사용하여 설명하기도 하는데, 그것은 좀 아닌 것 같다. 왜냐하면 시와 게송은 그 성격이 다르다. 게송은 경전과 교훈을 암송에 적합하도록 시형으로 표현한 것이지, 순수시와 같은 예술적

---

13 "한순간"(무비, 앞의 책, 125); "한 생각에"(고산, 앞의 책, 73; 학담, 앞의 책, 198; 정각, 앞의 책, 247). 대부분의 역본이 '한 생각에'로 이해하고 있다. 또 "한 생각이"(김호성, 『천수경의 비밀』, 133)라고 하는 본도 있는데 이는 '한순간'이라는 부사를 '한 생각'이라는 주어로 실체화하고 있다.

변형을 겪었다고 보기 어렵기 때문이다. 있는 그대로를 드러내려고 할 때 역설적 언어를 주로 사용하곤 하므로 시로 승화될 수는 있다. 선시의 경우가 대표적이라 하겠다. 하지만 대부분의 게송은 그렇지 못하고 암송과 듣기에 적합하도록, 다만 효과적인 이해를 위해 문학적 장치를 활용할 뿐이다.

성현들이나 수행자는 문사들처럼 멋진 문장 시구 하나 얻기 위해 수많은 퇴고를 겪는다고 하기보다 뜻을 잘 드러내는 데 의미를 두고 있다고 이해할 수 있다. 그것도 자비심 때문에 그렇게 하고 있다고 보아야 할 것이다.

4구는 2구를 설명하는 노래이고 3구는 비유이다. 마른 풀은 불을 만나기 무섭게 타 버리고 만다. 참회와 진언이라는 불을 만나는 순간에 죄업은 풀처럼 타 버리는 것이다. 즉시성을 표현하는 것과 다르지 않다.

2구의 말언(끝 자)이 '진(盡)' 자로 나와 있는 본을 종종 만날 수 있다. 이 구절이 '진' 자로 오류를 일으킨 본은, 현 천수경 확장에 기여한 『행자수지』(1969)[14]라고 할 수 있다. 이때 발생된 오류가 시중 '보급본'[15]에 그대로 수용되면서

---

14 정각, 앞의 책(공관표, 128)에서 재인용.
15 대표적인 보급본으로 『불자수지독송경』(오고산 편, 보련각, 1976, 73)을 들 수 있다. 이 출판사는 1968년 창업 이래 불교계에 수많은 독송 경전을 보급해 오고 있다.

널리 전파되었다고 보인다. 앞에서도 거론했지만 게송은, 시는 아니나 시형을 빌려 표현한다. 하여 최대한 시적 장치를 수용하게 마련이다. 대구와 압운은 게송에서도 가능하면 지킨다. 5언의 이 게송은 대구도 잘 맞지만 '제(除)'와 '여(餘)'의 압운(에[魚]자 평성)도 지켜지고 있다. 동일 평성의 글자에서 오는 음성의 유사성으로 와전되었다고 할 수 있다.

한글이 우리의 주 언어 문자로 자리를 잡은 지 이제 100년이 지났다고 할 수 있다. 그 백 년은 서구화의 길이라고 해도 크게 잘못된 이야기는 아닐 것이다. 이 시기, 우리의 전통문화와 사상은 서양의 종교와 사상에 의해 폄하되고 폄훼되며, 마치 몹쓸 것 정도로 치부 당하는 시기였다고 할 수 있을 것이다. 그중 하나가 '한자와 한문'이라고 할 수 있다.

한문에 대한 근대 한국불교 선각자의 한 분인 백용성 스님의 지적은 일편 일리 있는 주장이라고 할 수 있을 것이다.

> 수십 년을 공부할지라도 한문을 다 알고 죽는 자는 없을 것이오. 다 통달한다고 할지라도 장래에는 무용의 학문이 될 것이니 무엇에 쓰리오. ~ 모든 배울 것이 많은 시대에 한문만을 가지고 수십 년의 세월을 허비하는 것은 어리석

을 뿐만 아니라 또한 문명발달의 장애물만 될 것이며, 또 수십 년 동안 한문 공부를 하여서 큰 문장이 되었다 할지라도 우리 종교의 진리는 알지 못할 것이며,[16]

의미 있는 지적인 것은 분명하다. 하지만 한문을 버린 결과 백 년 전 선조께서 쓴 글을 읽지 못하고, 조금만 주의를 기울이면 알 수 있는 것조차도 잊고 넘어간다. 그리고는 중요하지 않다고 한다. 다 그게 그거라면서.

말구 "무유여(無遺餘)"의 '유(遺)' 자는 '유(有)' 자가 정자(正字)라고 할 수 있는데, 굳이 이 자를 표기한 것은 한국불교의 창조적 재해석이라는 관점에서 수용하였다.

'시식의(施食儀)'의 참회진언 후송이었던 이 구절이, 『삼문직지』와 『불가일용작법』의 저녁 정진을 들어갈 때 외우는 '모입송(暮入頌)'의 나가는 '출송(出頌)'으로 채용되면서 조석송주에 등장하게 되었다. 출전도 그렇고 '무유여(無有餘)'에 이미 없다는 의미가 담겨 있다. 하지만 『삼문직지』와 『불가일용작법』에서 '유여(遺餘)'라 한 것은 오류라기보다 시간적으로 공간적으로 모두 가지고 있지 않다는 의미를 함께 내포한 채 변용하여 이해했다고 보았다. 한국불교의 창조적 재해석이 빛나는 장면이다. 하여 본서는 고본(古本)의

---

16 백용성, 「번역연기문」(『용성대종사전집』제6집, 1991), 326~327.

변용(變容)을 그대로 수용하였다.

> **罪無自性從心起**[죄무자성종심기]
> 본래 없이 마음 따라 일어난 죄는
> **心若滅時罪亦亡**[심약멸시죄역망]
> 마음이 사라지면 죄도 사라져
> **罪亡心滅兩俱空**[죄망심멸양구공]
> 죄와 마음 모두 다 공해진다면
> **是則名爲眞懺悔**[시즉명위진참회]
> 이 경지를 진참회라 이름하리라.

이 게송의 출처는 아직까지 분명하게 확인되지 않았다.[17] 한국불교의 사원에서 조석에 송주되는 경전 다라니 게송의 집합체라고 할 수 있는 천수경에 이 게송이 합편돼 있다면 이전에 이미 독송되고 있었다고 할 수 있다. 그러므로 그것을 먼저 확인하고, 그렇지 않다면, 누군가에 의해서 창작되거나 개조되어 합편되었는지를 조사해 보아야 할 것이다. 한국 사찰에서 정기적으로, 경전이나 진언을 독송하는 불사(佛事)에는 '조석송주' '조모과송'과 (중국은 조만과송이라 함), 하루 세 때 하는 '삼시계념불사'가 있는데, 중

---

17 『경덕전등록』(대정장51, 220)의 달마 혜가의 첫 만남 모티프와 비슷한 '覓罪不可得' 기사를 이 게송의 연원으로 (정각, 앞의 책, 248) 보기에는 거리가 있다고 보인다.

봉화상(中峰, 1263~1323)의 『삼시계념의범』 '제2시(時)불사'에 이와 유사한 참회게송이 등장하고 있다.

罪從心起將心懺, 懺罪何如勿起心,
罪亡心滅兩俱空, 是則名爲眞懺悔.[18]

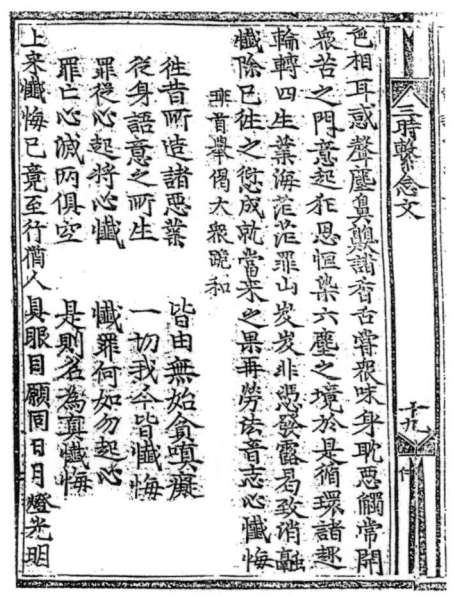

『삼시계념의범문』(月渚 道安, 1638~1715)

---

18 『中峯三時繫念儀範』(속장경74), 66下.

월저 도안(道安, 1638~1715)의 국내 필사본에는 1구 끝 자와 2구 첫 자 '참(讖)' 자가 '참(懺)'으로 나온다.[19] 1구와 2구는 현 게송과 차이가 있으나 의미의 차는 크지 않다. 그 중봉의 '삼시계념의범'이 "죄는 마음을 따라 일어났으니 장차 마음이 참회되고, 죄를 참회하면 어느 곳에서도 마음을 일으키지 않는다"라고 하는 정도라고 보면, 도안이 서사한 『삼시계념의범문』은 "죄에는 자성이 없고 마음 따라 일어났다. 마음이 만일 사라지면, 죄도 없어진다"라고 하여 죄와 심을 첫 자에 배치해 한 구에서의 중복을 피하며 언술하는 장면이 이전 중봉의 원전보다 오히려 뛰어나다고 할 수 있다. 간결하면서 어조가 분명한 것이 좋다.

죄라는 것은 따로 어떤 죄라고 하는 특별한 성품이 있어서 생겨난 것이 아니고, 마음을 따라 일어난 것일 뿐이므로 마음이 없어져 버리면 죄도 또한 사라지게 되는 것이다. 죄와 마음이 없어져서 모두 공해질 때 진정한 참회가 이루어진다는 것이 이 게송의 뜻이다.

죄에 자성이 없다는 말은 죄업이라고 하는 어떤 고정된 실체가 있어서 어디에 숨어 있다가 나오는 것이 아니라는 말이다. 불교에서는 그 어떤 것도 고정된 실체가 있다고

---

19 道安 書, 『中峯三時繫念儀範文』(한의총2), 558上. 진관사에서 발행한 『三時繫念佛事』라는 축약된 한글번역본이 유통되고 있는 것을 보면 최근에도 이 불사가 행해진다고 보인다.

인정하지 않는다. 모든 것은 상호 연관 속에서 나타나고 사라지는 존재일 뿐이다. 여기에서 마음이라는 것은 다름 아닌 망심(망령된 마음)이다. 이 망심 때문에 영원하지 않은 중생의 몸을 영원한 것이라 생각하고 '참나'라고 생각하고 그것을 위해서 나쁜 짓도 일삼게 되어 죄업을 짓게 되는 것이므로 이 망념이 없어져야만 되며, 모든 죄업은 이러한 망념이 없어지면 저절로 사라지게 되므로 두 가지가 함께 없어져 텅 비어야만 진정으로 깨끗해져서 진실한 참회가 될 수 있다는 것이다.

이제 참회를 통해, 또 죄의 자성 없음을 통해 행자는 참회를 끝냈다. 이제 마지막 남은 진언으로 참회를 완성해야 한다.

懺悔眞言[참회진언]
죄업을 뉘우치는 진언
「옴 살바 못자 모지 사다야 스바하」

참회진언은 밀교의 참회법이라고 할 수 있으며, 이 편 1장의 '참회게(아석소조제악업)'와 한 짝을 이뤄 현밀의궤로 완성되었다. 16세기 말을 지나면서 도량엄정행법 끝에 삽입되는 과정을 겪기 시작한다. 예나 지금이나 한국불교는 원융회통을 추구하는 경향이 강하다고 할 수 있다. 여기에,

외부의 요인으로 제종파가 통합되면서 제종의 수행 환경도 적지 않은 변화를 겪게 되었다고 보인다. 그 같은 연유로 말미암아 제 의식과 행법이 이합 집산하게 되고 그것은 다양한 염송경주(經呪)들이 함께하는 모습으로 나타났다고 할 수 있다. 그 하나가 지금 언급하고자 하는 참회게와 참회진언의 '염불작법'에 합편된 것이라고 할 수 있을 것 같다. '귀의' 이후 참회를 행하는 것은 대개의 의궤들에 공통적으로 나타난다.

16세기 말 필사된 『염불작법』(담양 용천사, 1575)의 참회게('아석소조제악업~일체아금개참회') 다음에는 참회진언이 보이지 않고,[20] 17세기 초반까지 제반문, 영산작법절차 등에도 도량게 이후에 참회게와 참회진언이 등장하지 않는다. 오직 도량게송에 이어 바로 거불로 들어갈 뿐이다. 200년 이상 상거(相距)하는 『삼문직지』에 이르러 '염불작법' 차례에 비로소 등장한다.[21]

그러니까 천수경 소재 참회게송(아석소조제악업~, 백겁적집죄~, 죄무자성종심기~)과 참회진언이 염불작법이나 진언염송이 아닌 일반 재(齋) 의문에 합편된 것은 18세기 이후라고 보인다. 『현행법회예참의식』(1685)에는 '예참회불'에 이어 '참

---

20 『염불작법』(담양 용천사, 1575, 한의총2), 3.
21 팔관 편, 『삼문직지』(1769, 한불전10) 146上.

회게(아석소조제악업~)'를 하면서 연비하고 후송으로 '백겁적집죄~'를 하고 개경게로 이어지고,[22] 『산보범음집』(1723) '중례작법절차'에도 도량찬 이후에 '백겁적집죄~'의 참회게로 참회하고 참회를 마치는 절을 하고, 수륙재 연기를 설하고 건단진언으로 들어간다고 협주하고 있다.[23]

19세기 이후 『작법귀감』의 '삼보통청'에는 천수주 사방찬 엄정게 참회게(아석소조제악업~) 참회진언을 하며 연비를 하고 정삼업진언으로 이어진다.[24] 영산재나 수륙재 등의 선행(先行)의식으로 정착되는 한 과정이라고 할 수 있다.

또 한 축은 수계를 위한 업장 참회 의식으로 정착되어 가는 모습이다. 『작법귀감』 '비구십계'에서는 수계 후 참회게(아석소조제악업~) 참회진언을 하고 있고; '사미십계'에서는 계상을 설하기 전 증명 삼보통청 하고 삭발을 하고 참회게는 '백겁적집죄~'와 참회진언을 하고 있다.[25]

참회를 하는 데 게송이나 진언이 차이가 있을 수 없다. 단지 행자의 마음을 조금이라도 닦으려고 할 뿐이다. 『석문의범』은 '정구업진언'에서 이곳까지를 '저녁송주'로 편찬하고, '아침송주'는 정구업진언부터 개법장진언 이후 소능

---

22 明眼 集, 『현행법회예참의식』(한불전9), 202下.
23 『산보범음집』(보현사, 1713, 한의총2), 592上.
24 亘璇, 『作法龜鑑』(운문암, 1823, 한의총3), 376.
25 亘璇, 『作法龜鑑』(운문암, 1823, 한의총3), 407.

엄주, 관세음보살여의륜주, 관세음보살 모다라니, 소재길상다라니를 제시하고 있다. 이하의 '준제지송편람'은 저녁 송주와 같다고 괄호로 설명하고 있다.[26] 이 설명은 현재의 '천수경'뿐만 아니라 한국불교의 조석 예경과 송주를 가늠할 수 있는 의미 있는 정보라고 할 수 있다.

『석문의범』이전 『불가일용작법』(1869)은 '모송절차'(暮誦節次)에 천수주와 참회 제 진언을 마치고, 예경을 한 뒤에 '준제지송편람'을 하고 있다. 조송절차 또한 『석문의범』에서 제시한 것과 같다.[27] 단지 다른 것은 저녁 송주 가운데 '예경'이 존치돼 있다는 것이다. 예경을 전후로 송주를 했다는 증거이다. 『석문의범』에 좀 더 정교한 편찬이 되어 있었으면 하는 아쉬움은 있지만 그래도 그 흔적이 남아 있다는 것은 여간 반가운 일이 아니다. 『고왕관세음천수다라니경』(1881)이나 『소재길상불경요집』(1925)만으로는 천수경에 '준제지송편람'이 합편되게 된 시말을 유추하는 데 한계가 있다. 하지만 이 괄호 설명은 어느 정도 의문을 해소해 주고 있기 때문이다.

다시 참회진언을 보자. 「옴(oṁ) 살바(sarva) 못자(bodha) 모지사다야(bodhisattvāya) 스바하(svāhā)」에 대한 그간의 연

---

26 安震湖 編, 『釋門儀範』상(법륜사, 1935, 2000), 80~98.
27 井幸 編, 『佛家日用作法』(한의총3), 526~539.

구에 의지하면 '옴(oṁ)'은 앞에서 그 의미를 설명하였고, '살바(sarva)' 역시 '일체의'·'전체의' 정도로 해석되며 '봇다(bodha)'는 '지(智)'를 뜻한다. '보디사뜨봐야(bodhisattvāya)'는 '깨달음'이란 명사(bodhi)와 '중생(유정)'을 뜻하는 명사(sattva) 곧 보살에 여격어미 '야(ya)'가 붙어 있다. '스바하(svāhā)'는 앞에서 언급했듯이 '(모든 것이) 성취되어지이다.' 정도로 해석될 수 있다.

그러므로 위의 내용을 전제로 전체 진언구를 해석해 보면 '옴, 일체의 지를 깨달은 중생에게, 이루어지이다 (모든 것이 성취되어지이다)!', 또는 '옴, 위와 같이 참된 법을 요달한 각자·깨달은 중생에게, 이루어지이다!'라고 할 수 있을 것이다.

그런데 왜 이 진언이 참회진언일까. 참회라는 현교적 언표가 없다고 할 수 있다. 진언은 그 의미가 표면에 드러나지 않는다. 그렇다면 어떻게 진언이 참회하게 하는가. 가지참회의 방식과 같다. 앞에서 우리는 업장을 참회하면 없애 주시는 열두 분 붓다의 명호를 칭명했다. 불보살 명호를 지극한 마음으로 칭명하면 그분들의 원력으로 참회를 해주시는 붓다처럼 진언은 그 같은 힘을 가지고 있다. 깨친 붓다, 보살의 명호를 칭명하여 그 소리가 내 귀를 스치는 순간 지은 죄의 업장이 마른풀이 불에 타 버리듯이 없어지는 것이다. 그 기능을 이 참회진언이 맡고 있다고 하겠다.

이 업장참회행법의 초기적 모습은 참회게송(아석소조~, 백겁적집죄~)과 진언으로 구성되었다. 적어도 『석문의범』까지는 말이다. 그 이후에 유사한 기능을 가진 참제업장 12존불, 십악참회와 다시 참회 2게송이 함께 그 역할을 맡고 있다. 다분히 우리식이고 한국적이다. 불보살의 가지원력을 믿지 못해서도 아니다. 조석으로 변하고 망각하는 근기 낮은 우리의 자기반성의 결과요, 끝없이 불보살의 자비를 체현하려는 인간 의지의 산물이다.

제4편
준제지송행법

1. 준제주의 공덕을 찬탄하다
2. 법계와 자신을 맑히다
3. 준제진언 9자를 지송하고 관하다
4. 회향을 발원하다

제4편 준제지송행법

천수경 소재 행법 가운데 이 준제지송행법은 완결성이 그대로 유지한 채 편입되어 있다. 천수주의 모본이 천수다라니경이듯이 이 행법의 준제주는 지바가라(613~687)가 번역한 『불설칠구지불모심대준제다라니경』(이하 준제다라니경이라 약칭)과 금강지 역 『불설칠구지불모준제대명다라니경』에 의거한다. 이 경전에 따르면, 이 주문은 붓다께서 미래 중생을 위해 설하신 것으로, 출가·재가 행자가 지송을 하되 80만 편을 채우면 한량없는 겁 동안 지은 5무간지옥보 등 일체 죄업이 다 소멸이 되고 날 때마다 불보살을 만나게 되고, 뜻하는 일이 이루어진다고 한다. 이와 같은 이 진언의 공능이 다양하게 설해져 있다.

또 진언 염송을 위해서 단을 세우는 법이 설해져 있는데, 차례를 간단히 보자. 먼저 불상 또는 탑 앞에서 혹은 청정한 곳에서 구마니라는 우분을 땅에 발라 네모지게 단을 만든다. 꽃과 향 번개 등으로 장엄하며 등을 밝혀 공양을 올린다. 향수에 주문으로 가지하여 사방에 뿌려 계를 맺는다. 그리고 단 네 모서리에 향수병을 설치하고, 주문을 염송하는 자는 단 가운데서 동방을 향하여 꿇어앉아 진언 1천80편을 외우면 향수병이 스스로 돌게 되며, 또 손으로 갖가지 꽃을 받들고 진언 1천80편을 외우고 거울 앞에 흝고 거울 앞을 바로 관하며, 거울 위에 또 1천80편을 외우고, 향유를 열 손가락에 바르고 진언 1천80편을 외우면 우뚝 거울에 비치는 손톱 안마다 불보살상을 얻어 보게 되며, 또 꽃에다 진언 108편을 외워 불보살상에 흩어 공양하고 마음속의 일들을 하나하나 청하여 물으면 환히 알지 못함이 없게 된다고 하고 있다.

약간의 차이는 있지만 경전에 설해진 대로 진언을 염송하는 방법을 편찬한 것을 '지송편람(持誦便覽)'이라 하고, 행동거지를 엮어 놓은 것을 '의궤(儀軌)'라고 한다. 그런데 지송 법식을 편찬한 이들의 견해에 따라 지송법은 조금씩 차이가 있다. 현재 천수경에 실려 있는 '준제 진언 지송 편람'은 요나라 도신의 『현밀원통성불심요집』에 제시된 것을 따르고 있는 것으로 보이며, 『자기문』에도 실려 있다고 보이므로 11세기 이후에 이 순서로 봉행되는 준제진언행법이 유포되었을 것이다. 『진언집』(1800)의 『자기문』편에 '정법계진언 호신진언 육자대명왕진언 칠구지불모심대준제다라니'가 보이는데, 이를 현행 천수경 성립과 관련짓는 것은 수용하기 어렵다. 왜냐하면 진언집의 각 의식문에 실려 있는 진언만을 옮겨 온 것이기 때문이다. 만일 준제행법이라고 보이는 이 네 진언 전후에 현행 천수경과 연관성이 있는 진언이 전후에 배치되어 있다면 모르겠지만, 이 진언 전후에는 '반야심주'와 '시귀식진언'이 등장하고 있다. 그러므로 현행 천수경의 형성에 『진언집』이 어떤 역할을 했다고 단언하기 어렵다.

오히려 『진언집』 또는 『자기문』의 준제행법 전후의 '반야심주'와 '시귀식진언'의 순서는 준제행법의 활용에 대한 어떤 힌트를 주고 있다고 할 수 있다. 반야심주는 의례에서 이행(移行)에 쓰이는 진언이라는 견해를 앞에서 밝혔다. 혼령이 시식의 자리에 가서 앉도록 하였으니, 관행의 힘으로 혼령에게 시식하기 위해 가지를 한다. 준제행법 다음에 시귀식진언이 등장하므로 이렇게 설명하는 데 무리는 없을 것이다. 관행은 다음에 다룰 것이므로 이쯤하고 그렇다면 국내에 이 같은 행법이 어떻게 유행되었는지 보자.

홍찬 재삼(1611~1685)이 편찬한 『지송준제지송법요』는 청련 거사 사우교가 찬한 『준제정업』의 '준제지송편람'(1623)과는 약간의 차이가 보인다. 재삼은 준제진언행법에서 육자대명주와 '부림'의 대륜일자주를 함께 염송함은 옳지 못하다고 주장한다. 이는 당시에 유통되고 있는 '준제지송편람'에 대한 지적이라고 할 수 있다.

준제다라니경전이 7세기 말에 번역되었다고 볼 때 이미 그 무렵부터 국내에 준제진언의 공능이 알려지고 염송되었을 것이지만 정확한 행법을 알 수는 없다. 천수경에 실린 준제진언 행법은 『준제정업』의 '준제지송편람'과 일치하고 있다. '준제지송편람'이라는 이름은 19세기 중엽 해인사 도솔암에서 개간된 『불가일용작법』(1869)에 보이고 있는데, 이 책에는 저녁 예불의식의 사전의식으로 현행 천수경의 참회 편까지 봉행하고 이후 저녁 예불을 한 후 'ㅇ준제지송편람'이라 하여 이 법식이 제시되고 있다. 그런데 준제발원 이후 여래십대발원과 사홍서원을 합편해 현재와 같은 모습이 되었다(자료6). 물론 이전의 『삼문직지』(1769)에도 준제주와 준제찬이 있지만 현재 쓰이고 있는 행법이라고 할 수는 없다.

19세기 후반 『고왕관세음다라니경』에 이르면 저녁 예불 전후의 천수행법과 준제행법 사이에 있던 '예불'이 사라져 독립하게 된다. 독립된 예불의식은 이후에 여러 이름을 띠고 나타나고 있다. 사성례, 향수해례, 7처9회례, 오분향례, 소대예참, 화엄예문 등이 그것이다. 19세기 중반부터 보이는 예불 전후의 정근 수행이라 할 수 있는 송주의식은 조모(아침저녁) 송주로 독립 편목을 가지게 되었다고 할 수 있다. 19세기 초반의 대표적 의식집인 『작법귀감』(1826)에는

'조모과송'의 절차는 보이지 않는데,『불가일용작법』(1869)에는 '조모절차'라 하여 송주 절차가 제시되고 있다.

또『석문의범』(1935)에 '조송주' '모송주'라는 명칭이 등장하고 있다. 이는 통합된 의식을 부분화해 나가는 과정에서 나타나는 현상이라고 할 수 있다. 예불이 독립된 후 예불 이전의 송주(천수주)와 이후의 송주(준제주)가 자연스럽게 합편될 수 있었다. 그러나 현재와 같이 '천수경'이라는 이름이 그리 쉽게 정착되었다고 말하기는 어려울 것 같다. 불가에 '조석송주', '조석지송'이라는 이름으로 유통되었지만 불가 주변에서는 조석 송주들에 대한 이해 부족 등으로 준제행법까지 포함된 송주경전을 관세음보살이나 천수주의 친근성 때문에 그냥 '천수경'으로 명명하게 되었을 것으로 보인다.

이 의견에 대해 해명을 좀 해야겠다.『작법귀감』『불가일용작법』『석문의범』등 찬자와 찬지가 분명한 것들은 불교에 대한 전문적인 식견이 있는 불교인에 의해 간행된 것이므로 당시 수준에서는 그래도 불교를 정확하게 이해하였다고 할 수 있을 것이다. 그렇지만 지은 자와 지은 곳이 불교 밖이라고 할 수 있는『소재길상불경요집』(1925)이나『소재길상불경보감』(명문당, 1965) 등에서 천수주와 준제가 합편된 경전에 대해서 '불설천수경'이라는 이름을 부여하고 있다. 아마 다 관세음보살과 관련된 것이고 하니 '천수경'이라고 지칭하였을 것으로 생각된다.[1] 동시대에 간행된 『석문의범』이나 『조석지송』은 '조석송주' '조석지송'이라고 명명한 것을 보면 어느 정도 수긍이 갈 것이다.

'준제지송행법'이 자신의 고유성을 상실한 채 천수경에 수용되었다고 볼 수 있을 무렵, 앞에서도 잠깐 언급하였듯이 『경허집』(1931) 법문곡 말미에 준제발원만 바뀐 채 이 '준제행법'이 실려 있다.[2] 또 경국사 『신행귀감』(1980)에는 준제행법의 마지막 진언인 대륜일자주를 '부룸 염불'이라고 하여 별도의 장으로 시설하고, '나무상주시방승'에 이어서 계속한다고 하고 있다.[3] 이 예들은 준제지송행법을 바로 이해하는 데 적지 않은 정보를 줄 것이다. 깊이 있는 탐색이 필요하다. 그렇게 될 때 준제진언의 의미와 역할은 다시 살아나지 않을까 생각한다.

---

1 마치 저녁 식전운동으로 '조깅'을 하고 식후에는 '요가'를 한다고 할 때 저녁운동을 싸잡아 '조깅'이라고 명명한 꼴이 되었다고 할 수 있다.
2 방한암, 영인본 『경허집』(월정사, 2009), 171~172.
3 이지관, 『신행귀감』(경국사, 1980), 51. 현 경국사 주지 정산 스님은 '부림법회'도 예전에는 있었고, 찬자 지관 스님의 주석 당우가 예전에는 '부림정사'였다고 증언해 주었다. 또 앞의 『고왕관세음경』(1881)에는 보궐진언 앞에 '자재왕치온독다라니 옴 부림'이 '일자정륜왕다라니 옴 치림'과 함께 등장하고 있다.

1. 준제주의 공덕을 찬탄하다

准提功德聚[준제공덕취] **寂靜心常誦**[적정심상송]
준제주는 공덕 더미, 고요 속에 늘 외우면
一切諸大難[일체제대난] **無能侵是人**[무능침시인]
큰 난관도 이 사람을 침해하지 못할지니
天上及人間[천상급인간] **受福如佛等**[수복여불등]
하늘이나 인간들이 붓다처럼 복 받으며
遇此如意珠[우차여의주] **定獲無等等**[정획무등등]
이 여의주 만났으니 가장 큰 법 얻으리라.

준제지송행법은 준제진언의 공덕과 역할을 찬탄하는 게송으로 시작된다. 이 게송은 용맹보살이 지었다고 한다. 용맹보살은 용수(Nāgārjuna)보살이라고도 하는데 인도 대승불교 중관학파의 창시자로 알려져 있다. 또 용맹(龍猛)·용승(龍勝)이라고도 불리며 150~250년경에 활동하였다. 바라문 출신으로 어려서부터 영리하여 4베다와 천문 지리 등 제 도술을 익혀 통해 알지 못하는 것이 없었다고 한다. 일찍이 친구 셋과 함께 은신술(隱身術)을 배워 익혀 왕궁에 침입해 궁녀들을 희롱하다가 들통이나 친구 둘은 죽고 용수만 겨우 화를 면했다. 이를 계기로 용수보살은 애욕이 갖가지 고통의 근본이 된다는 것을 깨닫고 곧 산에 들어가

불탑에 이르러 출가하고 계를 받았다.

출가 후 널리 삼장을 익혔다. 그렇지만 그것에 물려 만족하지는 못했다. 다시 설산에 도착해서 한 노(老) 비구를 만나 대승경전을 받았다. 그 참뜻을 알려고 하였으나 통달하는 이익을 얻지 못했다. 또 일찍이 외도 논사의 뜻을 깨뜨려 물리쳤던 까닭에 삿된 아만심이 일어나 스스로 새로운 계율을 세우고 새로운 옷을 입고는 한 수정방 중에 조용히 머물렀다. 그때 대용(大龍)보살이라는 분이 그를 보고 불쌍히 여겨 용궁으로 인도하여 들어가 한량없는 대승경전을 주었다. 스님은 마침내 가르침의 이치를 체득하였다. 그때 남천축의 왕이 바라문교를 신봉하여 불법을 공격하였다. 스님은 그의 앞에 가서 교화하여 바라문교의 신앙을 버리게 하였다. 이후에 법을 넓히는 데 크게 힘썼다. 또 대승경전의 주석서를 널리 만들었고 대승교학의 체계를 세워 대승 반야 성공(性空)학의 설이 전 인도에 전해지고 펼쳐지게 하였다. 만년에는 남인도 흑봉산에 머물렀다. 제자로는 데바 등이 있다.

용수보살의 저작은 극히 많다. 중론(論頌)·십이문론(十二門論)·공칠십론(空七十論)·회쟁론(迴諍論)·육십송여리론(六十頌如理論)·대승파유론(大乘破有論)·대지도론(大智度論)·십주비바사론(十住毘婆沙論)·대승이십송론(大乘二十頌論)·보리

자량론(菩提資糧論) 등 편찬한 논이 많아 '천부론주'라는 아름다우며 최상의 이름으로 불린다. 후세에 스님이 지은 중론(中論)으로 공관의 학파가 선양되었고, 중관파의 시조로도 불린다. 또 스님은 선종의 제13조로, 중국 일본 등지에서는 8종(율종 삼론종 정토종 선종 천태종 화엄종 법상종 밀종)의 조사로 숭앙되고 있다.

다시 본문으로 돌아가자. 『불가일용작법』(1869)에는 '준제지송편람'이라는 제목 아래 준제찬이 시작되었으나 천수경에 합편되면서 그 제목이 사라져 버렸다. 그리고는 어떤 흔적이나 협주도 없이 앞의 참회진언에 이어져 놓였다. 형태의 모습은 그 성격을 좌우하게 마련인지라, 이것의 성격을 '참회진언의 게송'[4]이라고 설명하는 천수경 해설서도 나타나고 있다. 참회진언의 게송은 업장참회행법의 첫 단락인 참회게인데 말이다.

여기서 잠깐 게송과 진언의 도식을 생각해 보자. 보례게 보례진언, 헌좌게 헌좌진언, 공양게 공양진언과 같이 현교의 게송이 선행하고 밀교의 진언이 송주된다. 이와 같은 구조를 '현밀의궤'라고 하고 있다. 비교적 이른 시기, 그러니까 밀교계통의 의궤가 번역되기 이전에 형성되었다고 보이는 '예참'의 향화게나 다게 등이 진언과 함께하고 있지

---

4 무비, 『천수경』7쇄(조계종출판사, 2009), 138.

않음이 고(古)의궤라는 증거가 되기도 한다.

그런데 '준제지송편람'은 상당히 오랫동안 그 어떤 이름도 부여받지 못하고 있다가 『불광법회요전』(1983) 『통일법요집』2판(2003)에 이르러서야 겨우 '준제찬'이라는, 전체 '준제지송행법'이 아닌 준제주의 찬탄 게송에 해당이 되는 이름을 갖게 되었다.

조석에 염송하는 천수경을 비롯한 다라니 등이 합편된 어떤 의식 요집에서도 보이지 않던 부분의 이름이긴 하지만 이름을 찾았다는 것은 의례연구와 이해에 한 획을 그을 수 있다고 하겠다.

물론 몇몇 연구자들의 과목에 '준제의식' '준제주' '준제공덕' 등이 보이는데, 준제의식은 행법의 의미라고 할 수 있지만 범주를 사홍서원까지 확장하고 있으므로, '준제지송행법'의 개념을 정확히 인지하고 있다고 말하기 어렵다. 또 '준제주'나 '준제공덕'은 게송의 모두(冒頭)를 집자한 정도에 불과하다고 할 수 있다. 물론 준제행법을 주(主) 수법(修法)으로 천수주 부분을 선행의 봉청으로 설명하고 있는 연구가 있지만[5] 이는 천수 자체에 대한 의미가 과소평가가 되는 한계를 넘기 어렵다고 할 수 있다.

---

5 허일범, 「한국의 진언・다라니 신앙 연구」(『회당학보』제6집, 회당학회, 2001), 59.

이렇듯이 준제지송행법은 철저히 천수경의 한 구성원으로 자리매김해 왔다. 이 행법이 천수행법과는 이질적이며 특수한 의식이라고 인정한 필자는, 천수경을 편찬할 때 '●준제지송편(准提持誦篇)'이라는 소목과 검은 점을 부여하고 있다. 이제라도 준제진언지송행법이 제 역할을 찾았다는 데 위안을 하며 본문을 자세히 보자.

准提功德聚[준제공덕취]　**寂靜心常誦**[적정심상송]
준제주의 공덕 더미, 고요 속에 늘 외우면

준제공덕을 금허의 『천수해설』(1922) 등 여러 곳에서는 준제보살의 공덕이라고 설명하는 경우를 흔히 보는데, 그렇게도 볼 수 있으나 이것은 진언의 공덕이 많이 모여 있다는 한 표현이라고 보인다. 준제다라니경에 준제보살이 등장하지 않는다. 천수주는 관세음보살님이 설하셨으나 이 준제주는 붓다께서 직접 설하신 다라니이다. '준제공덕취(准提功德聚)'라고 한 것은 준제진언염송의 공덕이 하도 많으니 모였다고 표현하는 것일 것이다. 준제다라니경은 거개의 다라니경전이 그렇듯이 서분에 붓다께서 어디에서 미래의 악한 중생을 위해 다라니를 설하셨다고 하면서 곧바로 다라니를 설하고 계신다. 그리고 다라니 지송행법과 그 공덕을 이어서 설하고 있다. 준제지송행법과 공덕 몇 구절

읽어 보도록 하자.

보리수상(菩提樹像)을 오른쪽으로 돌며 걸으면서 백만 편을 염송하면 곧 불보살과 나한이 나타나 행자를 위해 법을 설해 주며, 보살을 따르고자 생각하면 곧 소원대로 되며, 현재의 몸으로 큰 주문의 신선을 이루며 시방의 정토에 이를 수 있으며, 모든 붓다를 모시며 미묘한 법을 듣게 된다.
탁발(수행자는 음식을 스스로 지어 먹지 않고 빌어먹는 것이 법칙인데 이는 수행자의 교만심을 없애고 음식을 베푸는 이들에게 공덕을 짓게 하는 수행법)을 할 때 항상 이 다라니를 지니면 나쁜 사람이나 개 등 무리의 침입을 당하지 않으며 탁발이 쉽게 된다.
탑 앞이나 불상 앞이나 사리탑(붓다의 유골인 사리를 모신 탑) 앞에서 이 다라니를 지니고 30만 편을 외우며, 다시 백월(白月) 1일(음력 16일)부터 15일(음력 30일)까지 대 공양을 마련하고 하룻낮 밤 먹지 않고 정념(正念)으로 외울 때 금강장보살을 뵙게 되고 곧 자신의 궁전[自宮]에 들어가게 된다.
전법륜탑(법륜을 처음 굴린 곳에 세운 탑)이나 불생처탑(佛生處塔: 붓다의 탄생지에 세운 탑)이나 불종도리천하보계탑(佛從忉利天下寶階塔: 붓다께서 어머니 마야부인을 위해 도리천에 올라가서 설법하고 내려오신 계단을 조성한 탑)이나 혹은 사리탑 등 이와 같은 여러 탑 앞에서 탑을 오른쪽으로 돌면서 (이 진언을) 49일 동안을 염송하면 곧 아바리시다보살과 가리디보살을 뵙게 되어 소원대로 다 이루게 된다. 만일 선약을 얻고자 하면 곧 주면서 법을 설하고 보리도를 보여 준다. 이 다라니를 외우는 수행자가 아직 도량에 앉지 않았으면 일체보살이 그의 뛰어난 벗이 된다. 모든 붓다께서 설한 이 준제대명다라니는 일체중생을 이롭게 하고자 설하였으며, 가없는 보리도량이기 때문이다.

박복한 중생, 작은 선근도 없는 중생, 깨달음의 뿌리가 없거나 보리의 자량이 없는 이들도 만일 이 준제대명다라니를 들을 수 있게 되어 한 편만 읽어도 곧 보리(bodhi: 보리, 깨달음)의 뿌리가 싹 트게 된다. 하물며 지녀 외우며 게으르지 않고 폐하지 않는 이들이랴! 이 선근으로 속히 붓다의 씨앗을 이루며 한량없는 공덕을 성취하며, 한량없는 중생이 티끌의 더러움을 멀리 떠나 반드시 아눗다라삼먁삼보디를 성취한다.[6]

이렇듯이 준제진언의 지송공덕이 크다. 이같이 지대한 준제주를 지송해서 얻게 되는 공덕 더미는 무엇으로 표현하기 어렵다. 준제행법과 공덕을 설하는 위 경문에는 전법륜탑이나 도리천하보계탑 등, 붓다의 일생에 의미 있는 역사적 사실과 관련된 사건이 등장하고 있다. 이는 역사적 사실에 대한 인식을 경문에 남겼다고 할 수 있으며, 당시 사람들의 신앙도 보여주고 있다. 이는 경전이 갖는 특징이라고도 할 수 있다.

---

6 地婆訶羅 譯, 『佛說七俱胝佛母心大准提陀羅尼經』(대정장20), 186上.

앞 2구는 준제진언 염송공덕이 크니 적정한 곳에서 일심으로 늘 외우라는 것이다. 현재는 천수경을 독송할 때 3편을 외우고 있고, 또 대개 그렇게 이해하고 있다. 『불가일용작법』의 '준제지송편람'에는 108편, 500편, 1080편 염하라는 편수가 보이는데, 일반의궤 내지 천수경에 합편되면서 3편으로 일원화되었다. 준제 송주의 독자성보다는 전체 의궤의 진행상 일어난 현상이라고 할 수 있다.

둘째 구 '적정심상송(寂靜心常誦)'은 진언지송행법이다. '적정처'는 수행처의 첫째 조건이다. 선가(禪家)의 입전수수 단계에 이르면 시끄러운 시중이 수행처와 회향처가 될 수 있지만 처음에 수행하려는 이는 조용하고 깨끗한 곳을 수행(기도)처로 삼아야 하는 것이다. 그러한 곳에서 마음에 항상 지니고 외우라는 것이다.

一切諸大難[일체제대난]　**無能侵是人**[무능침시인]
큰 난관도 이 사람을 침해하지 못할지니
天上及人間[천상급인간]　**受福如佛等**[수복여불등]
하늘이나 인간들이 붓다처럼 복 받으며
遇此如意珠[우차여의주]　**定獲無等等**[정획무등등]
이 여의주 만났으니 가장 큰 법 얻으리라.

준제찬의 전 2구가 행법이라면 후 6구는 공덕을 찬탄하고 있다고 하겠다. 준제진언을 염송하는 이들이 그 어떤 큰 난관에도 침해를 입지 않는다는 것은 앞의 염송 공덕에서도 살펴보았다.

또 천상의 신들이나 인간들이 모두 이 진언 염송으로 붓다와 같은 복덕을 받는다. 그렇게 되니 여의주를 만난다는 것은 여의주를 얻는다는 것이고, 여의주를 얻었다는 것은 자유자재 해탈을 얻었다는 것이다. 여의주나 여의봉 같은 표현이 불전(佛典)에 적지 않게 등장하는데, 그것의 원래 의미는 무엇일까. 여의(如意)의 어원을 보면, 우리의 손은 우리의 등조차 마음대로 긁을 수 없는데, 이를 긁을 수 있는 막대기라는 뜻이다. 여의주는 여의봉에서 왔다고 볼 수 있을 것 같다. 여의봉이 여의주 구슬로 이미지가 전환되었다고 할 수 있다.

마지막 8구의 정획무등등(定獲無等等)에서 무등등은 무상정등정각(無上正等正覺)의 약칭이라고 볼 수 있고 이는 범어 아눗다라삼먁삼보디(anuttara-samyak-saṃbodhi)의 음사어(소리를 옮겨 적은 말)라고 할 수 있다. 이는 붓다의 깨달음으로 이보다 높은 것이 없으므로 무상(無上)이고 치우치고 삿됨이 없으므로 정등(正等)이라고 하고, 진리를 바르게 깨달았으므로 정각(正覺)이라고 한다.

준제지송행법의 초두는 준제지송공덕을 찬탄함으로써

수행자의 신심을 고양하는 것이다. 종교와 철학이 상당히 유사하나 경계를 달리하는 것의 하나가 '신심'이라고 할 수 있다. 현재는 비록 체험해 보지 못했으나 불보살이 설하신 말씀을 굳게 믿고 그대로 따라 실천하면 불보살의 가피로 한량없는 공덕을 입고 비교할 수 없는 깨달음을 얻게[定獲] 된다는 것이다. 이성 중심의 철학과 달리 이성과 감성의 여러 측면으로 신행으로 깨달음을 얻게 하는 것이 종교의 특징이라고 할 수 있다.

준제다라니경에는 준제보살이 보이지 않으나 다음에 준제보살을 거불하듯이 중국불교 의궤에는 준제보살을 모신 준제전(『선문일송』)이 보이고, 한국불교 의문에는 준제보살을 청하는 준제청(『범음집』)이 등장한다. 마치 다음의 준제보살마하살이 등장하는 것처럼.

2. 법계와 자신을 맑히다

南無七俱胝佛母大准提菩薩[나무칠구지불모대준제보살]

淨法界眞言[정법계진언]
법계를 깨끗이 하는 진언
「옴 람」

護身眞言[호신진언]
몸을 보호하는 진언
「옴 치림」

觀世音菩薩本心微妙六字大明王眞言
[관세음보살본심미묘육자대명왕진언]
관음보살님의 미묘한 본래 마음의 진언
「옴 마니 반메 훔」

찬탄 게송에 이어 사실상의 준제진언 지송 행법이 시작된다. 준제공덕을 찬탄하였으므로 이제는 준제진언의 보살님을 3편 칭념하여 가피를 청하며 예경을 한다. 그 다음에야 진언염송행법을 시작하는 것이다.

南無七俱胝佛母大准提菩薩[나무칠구지불모대준제보살]

칠구지불모대준제보살은 준제다라니경에는 보이지 않는

다. 천수다라니는 관세음보살님께서 직접 설하셨으나 이 준제진언은 붓다께서 직접 설하셨다. 그러므로 별도의 설주가 필요하지 않았다. 그런데 준제보살이라고 칭념되고 있다. 까닭은 무엇일까. 여러 가지가 있겠지만 첫째는 준제다라니의 인격화에 있다고 할 수 있다. 일반적으로 불교에서는 불법승을 세 가지 보배라 하면서도 일불(一佛)에 환원하곤 한다. '나무'에 대해서는 앞에서 다루었으므로 재론할 필요는 없을 것이다. 그러므로 이 구절은 준제진언을 설한 불(佛)과 준제주(呪)와 준제를 수행하는 보살을 일체화해 귀경하는 것으로 볼 수 있다. 불법승에 예경하듯이 말이다. 『천수천안대비심주행법』을 보면 먼저 설주인 관세음보살님께 예경하고, 천수다라니에 예경하고, 관세음보살 등 여러 보살에 '일심정례(一心頂禮)'하고 있다. 그러므로 이 칭념 예경은 설주인 불(佛), 설해진 준제주[法], 준제수행의 대보살님께[僧] 예경하며 가호를 청하는 의식구문이라고 말할 수 있다.

준제다라니경전류에는 준제보살이 보이지 않고, 선무외 삼장이 번역한 『칠불구지불모심대다라니법』(七佛俱胝佛母心大准提陀羅尼法)에 준제보살이 등장하고 하는데, 이는 어떤 힌트를 주고 있다고 할 수 있다. 이 행법에는 준제보살이 두 성자로 하여금 항상 수행자를 따라다니며 마음속에 염하는 것을 일일이 들려주게 한다고 하고 있다. 여기서 두 성자는 아바리시다보살과 가리디보살을 가리키고 있는 것 같다.

'나무칠구지불모대준제보살'은 '나무'가 접두사로 붙은 예경칭념 의궤로 거불이라고 할 수 있고, 준제진언을 청해 받는 의궤이며, 가피를 구하는 행법이라 하겠다. 결국 진언지송의 원만성취를 바라는 소청가피발원(召請加被發願: 발원에 가피를 바라기 위해 부르는)의식이라고 할 수 있다.

淨法界眞言[정법계진언]
법계를 깨끗이 하는 진언
「옴 람」

護身眞言[호신진언]
몸을 보호하는 진언
「옴 치림」

觀世音菩薩本心微妙六字大明王眞言
[관세음보살본심미묘육자대명왕진언]
관음보살님의 미묘한 본래 마음의 진언
「옴 마니 반메 훔」

정법계진언(淨法界眞言)은 법계를 깨끗하게 하는 진언으로 도량을 엄정(嚴淨: 깨끗하게 장엄한다는 뜻)하게 하는 진언이라고 할 수 있다. 여기서 진언 제목의 문법구조를 보기로 한다. 이 진언과 다음의 호신진언과 육자대명왕진언은 구조가 조금 다르다. 앞의 두 진언은 쉽게 말해서 어두에 동사 또는 부사와 동사+목적어와 피수식어의 구조인 데 비해 육자대명왕진언 같은 경우는 동사성 어구가 보이지 않는다. 그런데 이런 경우는 대개 아미타불 본심미묘진언 등 당해 불보살님의 본심을 표하거나 당해 불보살님의 종자를 나타내는 진언인 경우가 많다.

정법계진언은 의궤의 장르를 구분하는 단서가 된다는 견해가 있다.[7] 일리는 있지만 꼭 그렇지만은 않다. 왜인가. 정구업진언 정삼업진언 정지(淨地)진언 정법계진언 등은 행법의 초두에 주로 출현하지만 전 의식의 부분을 나누는 데는 문제가 따른다. 천수경에서 보듯이 정법계진언 앞에 준제찬과 칭념가지의 나무준제보살이 존치한다. 이 정법계진언을 경계로 하여 의식의 부분을 나눈다는 것은 문제이다. 왜냐하면 정법계진언은 의식을 행하는 수행자와 도량을 정화하는 역할을 하고 있다. 그러다 보니 자연 모두에 오게 된다. 그 같은 사정을 감안해 일편 일리 있지만 반드시 그렇지 않다고 하는 것이다. 선행의 준제찬과 나무칠구지불모대준제보살을 앞으로 하고, 다음의 호신진언 이후를

---

7 심상현, 『불교의식각론』 V (한국불교출판부, 2001), 255.

어떻게 나눌 수 있겠는가.

법계를 깨끗하게 한다고 했는데, 법계는 무엇인가. 다양한 의미를 담고 있는 법계의 사전적 의미로는, 첫째 법계(法界, dharma-dhātu)의 계(界)는 인(因)이라는 뜻이고 법(法)은 성법(聖法)이니 성법을 내는 원인이 되는 것으로 진여(眞如)이고, 둘째 계는 성(性)이란 뜻이고 법은 일체 모든 법이니 만유제법의 체성이 되는 것이다. 셋째 계(界)는 분제(分齊)라는 뜻이다. 법은 모든 법이니 분제가 서로 같지 않은 모든 법의 모양, 곧 만유 제법을 포함하여 말하는 것이다.

법계에 대한 각 종파의 해석은 다양하고 그 의미도 차이가 있다. 그 모두를 설명할 수도 없다. 지금 우리가 설명하는 천수경의 준제행법은 밀교의식이다. 해서 밀교의 법계에 대한 설명을 좀 들어볼 필요가 있을 것이다.

중관 유식은 대승의 꽃이라고 하고 밀교는 대승의 열매라고 불리는데, 밀교에서는 지(地)·수(水)·화(火)·풍(風)·공(空)·식(識) 등의 6대(大)를 법계의 체성으로 삼으며, 이것이 대일여래의 삼매야신(身)이 되는 것이라고 말한다. 그 궁전을 법계궁이라고 칭하며, 그 정(定)의 자리가 법계 정(定)의 자리가 된다. 그 가지의 힘[加持力]이 법계가지가 되는 것이라고 칭한다. 아울러 오지(五智) 오불(五佛)을 설하고 있는데 대일(大日)여래로써 법계체성지(法界體性智)를 표시한다.

또 천태종에서는 지옥 아귀 축생 아수라 인간 천상 성문 연각 보살 불계 등을 10법계라고 한다.

여러 의미 가운데 정법계진언에서 말하는 법계는 대일여래의 삼매야신이라고 하고 삼매야계단이라고 하는 단(壇)을 지칭한다. 삼매야계단은 만다(나)라라고도 하며 보리심의 계를 받는 곳이라는 의미를 지닌다. 현재 공양의식에 희미하게 남아 있는 '욕건만나라선송'이 정법계진언의 염송 목적을 말해 주고 있다. 법계는 삼매야계라고 할 수 있는데 삼매야계는 보리심계를 지칭한다. 불공이 번역한 『준제다라니염송의궤』에는 이 보리심계를 스스로 서원하고 받는다고 하고 있다.

그러므로 정법계진언의 법계는 진언염송을 하기 위해 준비한 단을, 내 마음을 맑히는 것이라고 할 수 있다. 이렇듯이 정법계진언의 의미의 폭은 굉장히 넓다. 이 준제지송행법에는 별도의 정구업진언이 없다. 그러므로 이 정법계진언에 삼업과 법계를 동시에 깨끗하게 하는 공능이 주어져 있다. 정법계진언과 호신진언 육자대명왕진언은 준제진언염송을 위한 사전수행의 성격을 가지고 있다.

수법진언염송법

진언염송하는 법을 알아보자. 처음 하는 사람은 행하기 어렵다고 알려져 있는데, 먼저 '람'자 관을 짓고, 일심으로 지송하면 자연히 정법계삼매에 들어가게 되어 어디에나 걸림이 없게 된다. 진언행자는 법식대로 지니고 외우되 바른 다리를 왼편 무릎 위에 얹고 바로 앉아(金剛坐: 좌우로 바꾸거나 임의로 앉아도 됨) 두 손바닥을 위로 펴고 바른손을 왼손바닥 위에 얹고 엄지손가락 끝을 세워 맞대고 둥글게 하여 배꼽 밑 무릎 위에 놓고(大三昧印: 이 인은 일체의 광란 잡념을 덜어 없앰) 몸과 마음을 편안하게 하여 바야흐로 정법계삼매에 들어서 자신의 정상(頂上)에 하나의 '람'자가 있는데, 이 글자의 밝은 빛이 밝은 구슬과 같고 둥근 달과 같이 두루 빛난다고 생각[想]한다. 다시 왼손에 엄지손가락으로 약손가락의 첫마디를 누르고 남은 네 손가락으로 엄지손가락을 주먹 쥐고(金剛拳印) 바른손에 염주를 쥐고 입으로 정법계진언 21편을 한다. 다음에 호신진언 21편을 하고 다음에 육자대명왕진언 108편을 한다.

정법계진언의 공덕을 알아보자. 이 정법계진언 '람' 자를 생각하거나 외우면 삼업이 맑게 되고 일체의 죄상이 모두 다 소멸된다. 또 일체의 뛰어난 일들을 다 성취하게 되며, 머무는 곳마다 청정해진다.

호신진언 염송공덕은 다음과 같다. 오역과 십악의 일체 죄업이 소멸되며 갖가지 병고와 재난장애와 악몽과 삿된 마군과 귀신과 모든 불상사가 소멸되고 모든 뛰어난 일을 다 이루며, 모든 원하는 것을 원만히 얻게 되므로 이 진언은 붓다의 마음이라고 하였다. 만약 진심으로 한 편만 외우는 사람은 자신을 지키게 되고 모든 귀신과 천마가 침범하거나 근접하지도 못하며, 두 편을 외우면 함께하는 사람을 지켜 주게 되며 세 편을 외우면 한 집안사람을 지켜 주게 되며 네 편을 외우면 한 도시의 사람을 지켜 주게 되며 이어 일곱 편까지 외우면 네(四) 천하의 사람들을 지켜 주게 된다고 한다.

육자대명왕진언을 외우면, 머무는 곳마다 무량한 제불보살과 천룡팔부가 모이고, 또 무량한 삼매법문을 갖추어 지송하는 사람은 7대 종족이 다 해탈을 얻으며, 배 속의 모든 벌레까지도 다 보살의 위계를 얻으며, 이 사람은 날마다 육바라밀을 구족하는 공덕을 얻으며 무량한 변재와 밝은 지혜를 얻으며, 입안에서 나는 기운이 다른 사람 몸에 닿으면 그 사람은 모든 진심(瞋心)의 해독을 여의고 보살의 위계를 얻는다고 하였다. 설령 네 천하의 사람이 다 칠지보살의 위계를 얻어도 저 모든 보살이 소유한 공덕은 이 육자진언 한 편을 외우는 공덕과 다르지 않다. 이 진언은 관세음보살의 미묘한 본심이라 만일 육자진언을 글로 쓰면 팔만사천법문을 글로 써 얻은 공덕과 다르지 않으며, 육자진언을 얻는 사람은 탐·진·치(貪瞋痴) 삼독에 물들지 않으며, 이 진언을 머리 위에 이거나 몸에 지니는 사람은 삼독의 병에 물들지 않으며 이 같은 사람의 손에 닿거나 눈에 보인 모든 유정은 속히 보살의 위계를 얻게 되어 영원히 생로병사 등의 고통을 다시는 받지 않는다고 하였다.

경전에서 설해지고 있는 이 공덕을 믿는 것이 중요하다. 그런데 맹목적으로 믿는 것은 곤란하다. 육자진언을 머리에 이거나 몸에 지니라는 것은 무엇을 말하고자 하는 것인가. 머리에 이라는 것은 가장 높이 받들라는 뜻이고 몸에 지니는 것은 마음속에 늘 염하라는 것이다. 관세음보살님의 한량없는 자비의 진언을 마음속에 지니고 산다면 그 자체가 이미 관세음보살의 위계에 머무는 것이고 그 사람의 주변은 이미 청정한 붓다의 나라, 정토라고 하는 것이다. 이렇듯이 수행자는 진언염송으로 나와 법계를 깨끗이 한다. 이제 이 행법의 중심인 준제진언 염송으로 넘어갈 수 있다. 여기서 잠깐 이 진언들은 도대체 어떤 문자적 의미를 지니고 있는지 범부의 어리석음이라고 스스로를 위로하며 그 속을 조금 들여다보자.

정법계진언 「옴(oṁ) 람(raṃ)」의 '람(raṃ)'은 '정지·안락·

적정의 상태'라는 뜻의 명사로서, 지(地)·수(水)·화(火)·풍(風)·공(空) 등 우주 구성의 5대 요소 중 '화대(火大)'를 표현하는 글자[種子]가 되기도 한다. 불[火]은 모든 더러움을 태워 청정케 한다는 의미와 더불어, 위의 정법계진언 속에서 역시 모든 사물을 청정케 한다는 뜻을 담고 있다. '옴 람'의 '옴'은 출생공양진언이고, '람'이 정법계진언이라고 할 수 있다. '람'이 '남'으로 표기되는 것은 우리말 두음법칙을 따랐기 때문이다. 이상 위의 설명을 토대로 정법계진언을 해석하면 '옴, 청정케 되어지이다!'라고 할 수 있다.

다음 호신진언의 「옴(oṁ) 치림(cilim)」에서 '치림(cilim)'이란 '심히 깊다'는 뜻으로 흔히 '길상(吉祥)'이라 번역되기도 하는데, 또한 이것은 문수보살을 나타내는 '일자진언(一字眞言)'이 되기도 한다. 위의 설명으로 토대로 호신진언을 해석하면 '옴, (붓다의 마음은) 심히 깊습니다'라고 할 수 있을 것이다.

관세음보살본심미묘 육자대명왕진언 「옴(oṁ) 마니(maṇi) 반메(padme) 훔(huṁ)」의 '마니'는 마니주 즉 여의주를 뜻하고 '반메'는 '파드메'의 음운축약이며 '연화(蓮華: 연꽃)의'라는 뜻이고, '훔'은 여러 의미가 담겨 있는 복합어로서 '원인을 감(減)한다', '원인의 업을 없애 버린다.' 정도로 이해할 수 있다. 그러므로 '옴, 연꽃의 보주(寶珠)시여 (또는 연화수보살의 보주여!) (생·노·병·사 고통의), 원인이 되는 업을 멸해 주소서'라고 할 수 있다.

이상으로 준제진언을 염송하기 위한 사전 행법을 마쳤다. 사전 행법을 수법(修法)행법이라고 하는데, 이는 법단(도량)을 건립하는 것이다. 그렇다면 혹자는 육자대명왕진언의 공능도 크다고 하는데, 준제진언이 더 상위인가, 하는 의문이 들 것이다. 이것은 법회나 기도에 따라 주신이 교체되는 일종의 주신교체라고 설명할 수 있다. 그 각각 진언의 공능은 다대하다. 우열이 있다고 할 수 없다. 그렇지만 불교에는 수없이 많은 진언이 있고 그 진언마다 최상의 권위와 공능과 공덕을 가지고 있다. 각 진언이 주가 될 때 다른 진언을 부로 사용한다고 볼 수 있다.

정법계진언 하나만으로도 원하는 소기(所期)의 목적을 이룰 수 있으나 체계를 지은 이들의 의도는 주 진언과 종속진언으로 각 의궤에서 받아들여 수행하라는 것이다. 마치 학교 선생님이 가정으로 돌아가면 아들도 남편도 아빠도 되고 설거지도 하는 것처럼. 그렇다고 그 선생님이 설거지꾼이라고 하지 않는 것과 같다고 하겠다.

3. 준제진언 9자를 지송하고 관하다

准提眞言[준제진언]
「나모 사다남 삼먁삼못다 구치남 다냐타
옴 자 례 주 례 준 제 스바 하」
(**文殊大輪一字呪**[문수대륜일자주])
「부림」

이 행법의 핵심 진언이다. 준제행법은 진언염송도 하지만 진언 아홉 자를 관하는 수행법이다. 먼저 앞의 선행진언 지송법과 함께 진언염송 방법을 알아보도록 한다.

정법계진언 호신진언 육자대명왕진언을 한 연후에 '두 손의 약손가락과 새끼손가락을 서로 엇갈려[相叉] 손바닥에 넣고 두 가운데손가락 끝을 세워 맞대고 두 집게손가락을 가운데손가락 옆에 붙이고 두 엄지손가락으로 집게손가락 옆 새끼손가락과 약손가락 끝을 누르며 세우'는 준제인(印)을 하여 심장 위 가슴에 대고 가운데 준제진언과 일자 대륜 주 '부림'을 함께 108편 하고 정상에 올려 수인을 푼다. 준제진언의 공덕을 설하는 붓다의 말씀을 들어보자.

이 주문은 십악과 오역의 모든 죄장을 소멸하고 일체백법(白法: 正法)공덕을 성취하게 한다. 이 진언을 지송하는 자는 재가・출가나 음주 식육이나 처자 권속이 있고 없음이나 깨끗하고 더러움을 가리지 않는다. 오로지 지성으로 지송만 하면 단명할 중생의 수명도 한없이 더하게 되며 오히려 가마라질의 불치병도 없애 낫게 하거늘 어찌 병을 말하랴. 그런 병을 고칠 수 없다면 옳다고 할 수 없으며, 이 진언을 지송하는 자가 지혜를 구하면 큰 지혜를 얻게 되고 남녀가 자녀를 구하면 자녀를 얻게 되며 구하려는 모든 일이 이루어지지 않는 것이 없다. 마치 여의주가 일체를 마음먹은 대로 되게 함과 같다. 또 이 진언을 염송하면 나라와 세상 사람들과 사부대중이 사랑하고 존경하는 마음을 내어서 보기만 하면 기뻐하고, 이 진언을 외우는 사람은 물에도 빠지지 않고 불에도 타지 않으며 독약이나 원수들의 군대나 큰 도적이나 흉악한 용과 짐승 등 귀매 같은 잡것들이 침해하지 못한다.

이 진언은 세간에서 가장 큰 힘이 있어 수미산을 옮기고 큰 바다의 물을 말리며 마른 숲에 주문을 외우면 다시 살아나 꽃이 피고 열매를 여는데 어찌 법대로 지송하지 않겠는가 하셨다. 만일 법대로 실행하면 이 몸 육신 그대로 대신통을 얻어 도솔천을 왕래할 수가 있다고 하시며, 오래 살고 신선의 약을 구하고자 하면 법대로 이 진언을 지송하면 관세음보살과 금강수보살을 친견하고 신선의 묘약을 얻어 마음대로 먹고 곧 선도를 이루고 수명이 연장되어 일월과 같이 되어 보살의 위계를 증득한다고 하셨다. 그러므로 법대로 일백만 편을 채우면 문득 시방정토에 이르러 차례

대로 모든 붓다를 섬기고 묘법을 들어서 보리를 증득할 것이다.[8]

준제진언은 종자를 관하는 관행과 관련이 있다. 준제진언 9자를 범자로 써서 몸의 각 부위에 올려놓는 포자법은 다음과 같다.

'옴(oṁ)'자는 머리 위에 두며, 빛이 달과 같으며 무량한 광명을 놓아 모든 장애를 덜어 없애고 곧 불보살과 같이 이 사람의 정상을 어루만진다.

'자(ca)'자는 두 눈에 두며, 색은 빛이 해와 달 같으며, 모든 어리석음을 비춰 깊은 지혜를 발한다.

'례(le)'자는 목 위에 두며, 색은 보라 유리 빛 같으며, 모든 색상을 나타내어 점차 여래의 지(智)를 갖춘다.

'주(cū)'자는 심장에 두며, 빛은 밝은 달 같으며, 마음이 청정하므로 속히 보리도(菩提道)를 통달한다.

'례(le)'자는 두 어깨에 두며, 색은 누른 금빛이며, 이 색상을 관함으로 정진 갑옷을 입게 된다.

'준(cu)'자는 배꼽 중에 두며, 색은 좋은 황백색이며, 속히 묘도량에 올라 물러나지 않는 보살이 된다.

'제(ndi)'자는 두 넓적다리에 두며, 색은 옅은 황색으로 속히 보리도를 증득하며 금강좌에 앉게 된다.

---

8 『准提淨業』(속장경59), 225下~226上.

ষ '스바(svā)'자는 두 정강이에 두며, 모양이 붉은빛을 띠며, 늘 이 글자를 생각하여 속히 전법륜을 얻는다.

ह '하(hā)'자는 두 발에 두며, 색은 달빛 같으며, 행자가 이 관상을 하면 속히 원적(圓寂)을 통달하게 된다.⁹

이렇게 글자를 두고 관하는 각 글자의 의미를 밝히고 있다. '옴'자는 생멸하지 않는 데 흘러 들어간다는 뜻으로 일체법에서 가장 수승함이 된다는 뜻이고; '자'자는 일체법에 무행(無行)하다는 뜻이고; '례'자는 일체법에 무상(無常)하다는 뜻이고; '주'자는 일체법에 무기주(無起住)하다는 뜻이고; '례'자는 일체법에 무구(無垢)하다는 뜻이고; '준'자는 일체법에 무등각(無等覺)하다는 뜻이고; '제'자는 일체법에 무취사(無取捨)하다는 뜻이고; '스바'자는 일체법이 평등 무언설(無言說)하다는 뜻이고; '하'자는 일체법이 무인적정(無因寂靜) 무주열반(無住涅槃)하다는 뜻이며 이 글자들의 뜻과 모습을 일일이 관하는데 끊임없이 무수히 관하라¹⁰고 하고 있다.

또 천계(17세기)의 『준제삼매행법』에서는, '옴'자는 일체종지를 이루고, '자'자는 진속이제를 이루고, '례'자는 자비를 이루고, '주'자는 무애변(無碍辯)을 이루고, '례'자는 사홍

---

9 金剛智 譯, 『佛說七俱胝佛母准提大明陀羅尼經』(대정장20), 176下.
10 金剛智 譯, 『佛說七俱胝佛母准提大明陀羅尼經』(대정장20), 177中.

서원을 이루고, '준'자는 여래장을 이루고, '제'자는 삼삼매(空·無相·無願)를 이루고, '스바'자는 지(十地)바라밀을 이루고, '하'자는 정혜가 이뤄진다고 하고 있다.[11]

또 『조상경』(1824)에는 '준제구성범자(准提九聖梵字)'를 조상점에 활용하고 있음을 보여준다.

> '하'자는 두 발에 둔다. '하'자는 일체법에는 인과 과가 없다는 뜻이다. 해석하면, '하'자는 여래가 끓어 증득한 문이다. 끓어 증득할 때에는 선도 후도 없으며, 반야는 근본도 아니며 지말도 아니다. 이 때문에 무인무과라고 한다.
> '스바'자는 두 정강이에 둔다. '스바'자는 일체법이 평등하여 언설이 없다는 뜻이다. 해석하면, '스바'는 여래의 큰 정(定)의 문이다. 큰 정은 상(相)이 없어 본래 이름도 없고 상도 없어 이 비유를 끓는다. 하여 무언설이라고 한다.
> '제'자는 두 넓적다리에 둔다(원본의 액[腋]자는 금강지 본에 따라 경[脛]자로 수정). '제'자는 일체법이 취할 것도 없고 버릴 것도 없다는 뜻이다. 해석하면, '제'는 여래가 잠기어 헤아리는 문이다. 잠기어 헤아리는 마음에는 선악이 없다. 선악이 없을 때는 차별이 없다. 하여 '무취사'라고 한다.
> '준'자는 배꼽 중앙에 둔다. '준'자는 일체법이 견줄 것이 없다는 뜻이다. 해석하면, 준은 여래가 지나감을 헤아리는 문이다. 무엇으로 분별할 수 있는가. 가지런하게 바른 가

---

11 天溪, 『准提三昧行法』(속장경74), 551b.

운데는 등(等)과 무등(無等)이 가지런하며 마음에 본래 헤아림이 없다. 하여 무등각이라고 한다.

'례'자는 두 어깨에 둔다. '례'자는 일체법에 더러운 때가 없음이 없다는 뜻이다. 해석하면, '례'자는, 여래는 본래 고요한 문이다. 본래 고요한 마음은 깨끗이 하여 새로이 할 것이 없고, 새로 깨끗이 할 것이 없으면 후를 볼 수 없다. 하여 다시 무구(無垢)를 무(無)라고 한다.

'주'자는 심장에 둔다. '주'자는 일체법이 남도 없고 멸도 없다는 뜻이다. 해석하면, '주'는 여래가 지극히 깨끗한 문이다. 이리 저리로 허공을 움직여 굴러감이 없고, 움직임이 없는 마음은 늘거나 줄어듦이 없다. 하여 무생무멸이라고 한다.

'례'자는 목 위에 둔다. '례'자는 일체법이 상(相)도 없고 얻은 것도 없다는 뜻이다. 해석하면, '례'자는 여래가 상을 다한 문이다. 삼신이 영원히 멸하여 허공과 같고, 허공은 자성에 분별이 없다. 하여 무소득이라고 한다.

'자'자는 두 눈에 둔다. '자'자는 일체법은 생도 없고 멸함도 없다는 뜻이다. 해석하면, '자'는 여래의 묘각문이다. 삼신이 청정하여 마치 생한 것과 같아 먼저 빛을 발하고 고요하게 비추니 생멸이 없다. 하여 불생불멸이라고 한다.

'옴'자는 머리 위[頂上]에 둔다. '옴'자는 삼신의 뜻이며 또한 일체법이 본래 남이 없다는 뜻이다. 해석하면, '옴'자는 여래의 지극한 선의 문이다. 삼신이 원만하고 이[理致]와 사[事

態)는 맑고 공과 색은 진실하여 일어나고 멸함이 없다. 하여 본불생(本不生)이라고 한다.[12]

이렇게 준제진언 구성범자(九聖梵字)를 두고 관상하며, 각각의 눈에 108편을 염한다고 하고 있다. 이 준제 범자를 활용한 점안의식은 현재까지 이어지고 있는데, 천안통, 천이통, 타심통, 신경통, 숙명통, 신통력, 용맹력, 자비력, 보살력, 여래력을 원만히 성취하고자 신중단 이하의 성현상에 점안할 때 준제 구자를 점필하고 있다.[13]

위에서 준제진언 구성범자(九聖梵字)를 수용하여 관상과 조상점안에 활용되고 있는 사실을 볼 때 진언의 문자적 의미를 찾는 것은 어리석음에 불과하다고 할 수 있다. 하여 진언이 어떤 원래 의미이고 아니고 하는 것을 떠나 이미 이 진언이 관행으로 활용되었다는 점에서는 더욱 그렇다.

이 진언은, 「나모(manaḥ) 사다남(saptānān) 삼먁삼못다(samyak-saṃbuddhā) 구치남(koṭīnāṃ) 다냐타(tad-yathā) '옴(oṃ) 자례(calā) 주례(cala) 준제(cundi) 스바하(svāhā) 부림(bhūrim)'」 정도로 알려졌다. 사다남은 '7'로 번역될 수 있다. 삼먁삼붓다란 정등정각(正等正覺)이라 번역되며 구치남은 '천만'을 뜻하

---

12 聳虛 編, 『造像經』(한의총3), 356下~357上. 조상경의 역본으로 『조상경』(태경 역주, 운주사, 2006)이 있다.
13 대한불교조계종 포교원 『통일법요집』(2003), 426~427.

는 숫자이다. 다냐타는 다디냐타로 '이와 같이', '다시 말하건대' 정도로 번역된다. 여기까지는 귀명사(歸命辭)로 가지를 구하고자 하는 예경이라고 할 수 있다. 본 진언은 다음 9자이다.

'옴 자례 주례 준제 스바하'는 '옴, (중생 구제를 위한) 끝없는 행을 드러내 보이시는 준제보살(여래)께, 이루어지이다!'라고 할 수 있다. 전체를 이어 보면 '칠구지불께 귀명합니다. 옴, (중생구제를 위한) 끝없는 행을 드러내 보이시는 준제보살께, 이루어지이다!'라는 의미라고 할 수 있다.

(文殊大輪一字呪[문수대륜일자주])
「부림」

같은 준제진언 지송법인 『지송준제진언법요』에는 육자진언과 이 진언이 없지만, 『현밀원통성불심요집』에서 제시된 이 준제지송행법을 따르는 『준제정업』의 '준제지송행법'과 국내 유통본이 같은 것으로 볼 때 18세기 이후 이 행법이 국내 준제행법에 영향을 주었다고 보인다.

'부림'은 그동안 '반복해서', 또는 '정륜왕의 종자'라는 뜻으로, 정륜왕은 머리에 법륜과 같은 수레바퀴를 달고 있는 신장으로 가장 강력한 힘을 지닌 대장 격에 해당된다[14]고

---

14 무비, 『천수경』(불일출판사, 1992; 1999), 137.

설명되고 있다.

준제진언 후반의 이 '부림'은 불정대륜일자명왕주(佛頂大輪一字明王呪)라고도 하는데, 불공삼장(不空三藏)은 "발로암(勃嚕唵) 세 글자가 합해 한 자가 되는데, '노'자는 혀를 쏘듯이 그것을 말해서 같이 한 음이 된다. 또 소리를 가슴과 목에서 끌어내는데, 그 소리는 마치 큰 북을 치는 것 같다"[15]고 하고 있다. 이 진언이 어떤 공능으로 준제진언 뒤에 염송하게 되었는지 경전의 말씀을 들어보자.

이 진언은 말법시대 일자심주(一字心呪)라 한다. 법이 멸하려 할 즈음에 큰 힘이 있어 세간에 큰 이익을 지을 수 있고 여래의 일체 법장을 옹호하며, 일체 팔부중을 항복 받고 세간의 모든 나쁜 주문을 파괴해 버릴 수 있는 일체 제불의 머리[佛頂]요 문수보살의 마음이라, 중생들에게 두려움을 없애 주며 중생들에게 쾌락을 주나니 무릇 지송하는 이가 있으면 뜻하는 대로 묘과를 얻음이 여의주가 일체의 소원을 만족하게 성취시켜 줌과 같다.

만약 이 주를 지송하면 사방 오백 개의 역(驛) 내의 모든 악신이 다 스스로 흩어져 가고 모든 악기 서린 별과 모든 천마들이 침범하지 못한다. 만일 다른 모든 주문들을 지송하여 이루지 못할까 두렵다면 이 진언을 함께 외면 반드시 성취되지 않음이 없으며, 만일 성취되지 않거나 영험이 없

---

15 弘贊 在犙 輯,『持誦準提眞言法要』(속장경59), 249c.

으면 그 주신(呪神)의 머리를 일곱 쪽으로 깨어 버린다. 이 같이 알지니라. 이 진언은 일체 진언을 도와서 속히 성취함을 얻게 한다.

위에서 차례대로 지송하고 준제진언에 이르러서 만약에 준제인(印)을 맺을 수 없는 이는 다만 왼손으로 금강권을 하고 바른손으로 염주를 쥐고 염송하라. 혹 앞에 있는 정법계진언 등을 차례대로 지송하기 어려운 이는 다만 준제진언만을 지송하고 또 혹 근기가 낮아 준제진언도 갖춰 받기 어려운 이는 단지 '옴' 자 이하만을 지송하라. '옴' 자 이상은 귀명하며 공경하는 말씀이요, '옴' 자 이하가 정주(正呪)이다. 매번 지송을 마치고 바른손으로 금강권인을 하여 입으로 '훔' 자 진언을 외우면서 다섯 곳에 인을 치되 먼저 이마 위에 하고 다음 두 어깨에 하고 다음은 가슴에 하고 마지막에 목 위에 하고는 손을 정상에 올려서 금강권을 풀면서 합장하고 나서 마치면 일체 마장이 없어지고 일체 승사가 이루어진다. 그리고 회향발원을 뜻대로 할지니라.[16]

이 진언의 명칭과 발음, 그리고 준제진언 염송의 끝에 붙어 있는 것 등을 종합해 보면, 어느 정도 역할을 추론할 수 있을 듯하다. 9자 준제진언의 끝마다 새로운 어떤 힘을 부여하려는 의지가 보인다. 마치 오토바이 시동을 걸듯이, 바퀴를 굴리듯이 급박하게 두세 자(bhūrim)를 한 음으로 발

---

16 『准提淨業』(속장경59), 226上.

음하며, 염송의 추동력을 주려 하지 않았을까 하는 것이다. 또 관상의 종자 진언이라는 특징상 어떤 매듭이 필요하지 않았을까 하고 추측해 본다.

지금은 실행하고 있다고 보이지 않으나 서울 정릉 경국사 『신행귀감』에는 부룸 염불 법회가 있었음을 볼 수 있다.

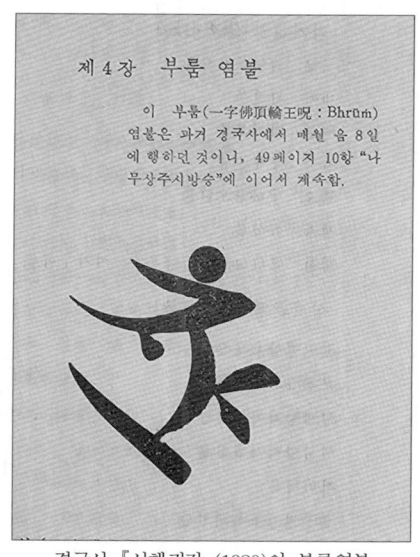

경국사 『신행귀감』(1980)의 부룸염불

4. 회향을 발원하다

我今持誦大准提[아금지송대준제]
제가 이제 준제주를 지송하오며
卽發菩提廣大願[즉발보리광대원]
깨달음의 크나큰 원 세우옵나니
願我定慧速圓明[원아정혜속원명]
선정 지혜 어서 빨리 원만해지고
願我功德皆成就[원아공덕개성취]
온갖 공덕 모두 다 성취되오며
願我勝福遍莊嚴[원아승복변장엄]
수승한 복 장엄하게 널리 펼쳐져
願共衆生成佛道[원공중생성불도]
모든 중생 깨달음을 이뤄지이다.

준제진언 지송으로 세운 공덕을 일체에 회향하는 발원문이다. 『불가일용작법』에서는 '염불작법'의 여래십대발원문과 '사홍서원'을 특별한 협주 없이 추가하였다.[17] 준제진언 염송행법이 원형을 잃게 되는 첫 번째 시련이라고 할 수 있다. 이후 『석문의범』(1935)에 수용돼 현 천수경이 정형화되는 데 기여하고 있다.

---

17 井幸 編, 『佛家日用作法』(한의총3), 532下.

이를 따르지 않는 의궤로는 『조석지송』(1932)과 『불경요집』(1925)에 불과하다고 보인다. 그렇다고 『석문의범』(1935)이 준제진언 염송 회향발원 다음에 여래십대발원문과 사홍서원을 『불가일용작법』과 같이 배치했지만 이질성을 간과한 것만은 아닌 것 같다. 불공이나 재를 봉행하는 사전수법의 행법으로 정착된 천수경을 송주할 때, '정구업진언에서 준제송 끝의 원공중생성불도까지 외우고 정삼업진언 등 작단 진언을 하라'는 괄호설명을 남기고 있는 것으로 볼 때 그렇다.[18]

종교의궤를 새로 편찬하거나 개정하는 것은 다른 어느 것보다 어려움이 많다. 스스로를 위해서 편찬하는 것도 아니고, 그것이 없어서 하는 것도 아닌 경우, 다시 말해 이미 도하(都下) 현장에서 그것이 봉행될 때는 더욱 그렇다. 각자 지견에 따라 의례를 봉행하고 염송 수행을 하는데 새로운 차서를 제시하면, 옳고 그르고의 문제가 아니라, 종래 해온 의례 차서의 고수와 선호, 새로 익혀야 하는 번거로움 등으로 수용은 고사하고 거부되거나 폐기되는 운명을 맞이하기 쉽다. 억불의 조선시대 오백 년도 그렇지만 근대화 100여 년은 한국불교에서도 적지 않은 격동의 시대였다.

---

18 安震湖, 『釋門儀範』하(법륜사), 1.

이 같은 현상을 반영하듯 종래와 다른 재가 불교자의 의례 참여 등 새로운 환경 속에 등장한 의례 서적이 대중의 지지 속에 주류로 나서게 되고, 그것이 정착되어 종학(宗學)이나 전통보다는 현실에 의해 주도되는 합편이 성행하게 되었다고 할 수 있다. 현행 천수경의 편찬 보급이 이를 증명하고 있다고 할 수 있다. 본서는 현실의 입장을 부정하지는 않지만 여래십대발원문과 사홍서원은 준제진언 염송 회향발원에서 분리하여 다음 발원행법으로 독립해 놓았다.

준제 회향발원은 6구로 이루어졌지만 앞의 2구는 결과이고 뒤의 네 구는 발원이다.

我今持誦大准提[아금지송대준제]
제가 이제 준제주를 지송하오며
卽發菩提廣大願[즉발보리광대원]
깨달음의 크나큰 원 세우옵나니

하지만 이 구절을 "내가 이제 대준제를 지니고/ 깨달음의 크고 넓은 원을 발하니"[19]와 같은 결과로 풀고 있는 번역본은 의외로 적다.[20] 오히려 이 구절을 '큰 원을 발해지

---

19 학담, 『천수관음과 대비다라니』(큰수레, 1991; 2008), 235.
20 고산, 앞의 책, 77; 광덕, 앞의 책, 47.

이다.'²¹, '원을 세우게 하소서.'²²와 같은 원문으로 해석하거나 '준제진언 외움에는 크고 넓은 원 세우세'²³라는 청유문으로, 또는 '발하게 되며'²⁴ 등으로 다양하게 해석하고 있다.

이 두 구절은 '나는 이제 준제진언을 지송하였고 그 결과 곧 보리의 광대한 원을 발하게 되었다'는 것이다. '하여 달라'거나 '발하게 되며'라고 번역될 소지가 적다. 그렇게 하는 것을 관심석이라고 하기도 어렵다.

願我定慧速圓明[원아정혜속원명]
선정 지혜 어서 빨리 원만해지고
願我功德皆成就[원아공덕개성취]
온갖 공덕 모두 다 성취되오며
願我勝福遍莊嚴[원아승복변장엄]
수승한 복 장엄하게 널리 펼쳐져
願共衆生成佛道[원공중생성불도]
모든 중생 깨달음을 이뤄지이다.

'천수다라니행법'의 십원이나 '발원행법'의 여래십대발원

---

21 무비(1992), 137.
22 정각(1996), 272.
23 월운(1986), 45.
24 김호성(2005), 225.

과 구조가 같다. 발원동사 '원' 문장의 주제어 '아(我)' 3, 4 언은 문장의 주어, 부사 또는 동사, 6, 7언은 동사구 또는 목적어로 형성되어 있다. 첫 구는 나의 정혜가 속히 원명해지기를 원하는 것이고, 둘째 구는 나의 공덕이 다 성취되기를, 셋째 구는 수승한 복이 다 장엄해지고 곧 갖추어지기를, 넷째 구는 중생이 모두 불도를 이루기를 원하는 것이다. 이것은 누구의 원인가. 대승 보살의 길이요, 준제진언 염송행자의 길인 것이다. 첫째에서 셋째까지의 원이 자신을 완성하는 원이라면 넷째 원은 일체중생을 건지겠다는 발원이다.

제불보살의 총원이라고 할 수 있는 '사홍서원'이 이타의 중생구제를 처음에 두고 불도를 이루는 것을 마지막에 두고, 번뇌를 끊고 법문을 배우는 자리(自利)를 중앙에 두고 있으나, '준제발원'은 스스로 정혜를 이루고 공덕을 성취하고 수승한 복덕을 갖추어 중생이 불도를 이루기를 발원하는 구조를 취하고 있다. 자신의 수행과 그로 말미암아 공덕을 이루고 복덕을 장엄하여 중생이 불도를 이루기를 발원하는 점층적 구조가 돋보인다고 할 수 있다. 자신의 죄업을 벗지 못하고 어찌 다른 이를 건질 수 있겠는가.

제5편
회향발원행법

1. 사홍서원을 발하다
2. 열 가지 큰 원을 발하다

제5편 회향발원행법

불교는 발원의 종교라고 할 정도로 원이 많다. 원을 총원과 별원으로 나누는데 사홍서원이나 여래십대발원문은 대표적인 총원이다. 이 발원문을 회향발원이라고 한 이유는 무엇인가. '천수다라니행법'에 십원과 육향이라는 선행발원이 등장한다. 십원도 사홍서원이라고 사명지례는 설명을 하고 있지만 십원과 육향은 구체성이 잘 드러나 있고, 이 두 원은 전체적이고 보편성을 띠고 있으며 선언적이다. 해서 회향발원행법이라고 한 것이다. 어떤 의식을 행하더라도 사홍서원이나 십대원으로 회향하면 좋으리라. 이 같은 발원이 회향발원으로 사용되고 있는 예로는 어떤 의궤가 있을까.

첫째, 여래십대발원문의 예를 보자. '염불작법'류의 회향발원으로 등장한다. 『권공제반문』(1574)의 '염불작법'에 회향발원으로 등장하고 있는 이래[1] 『염불작법』(1575), 『삼문직지』(1769)의 염불작법 차서의 후편에 '여래십대발원문'이 등장하고 있다. 여래십대발원문의 열 번째 원을 발하고는

---

1 『권공제반문』(한의총1), 700.

'발원이귀명례삼보' 하며 '일배'를 하라는 지문이 등장한다. 『권공제반문』은 이후에 나옹화상발원문이 이어진다. 천수경을 개인 발원으로 할 경우, 개인 발(축)원을 어디서 하면 좋을 것인지에 대해서 말해 주고 있다고 하겠다. 『삼시계념의범문』(1706)에서도 '아미타불 십대발원 일일이 평상시대로'라는 협주를 하고 있다. 이어서 화청 발원으로 이어진다.[2]

『中峯和尙三時繫念儀範文』(1706)

---

2 月渚 道安 書, 『中峯和尙三時繫念儀範文』(한의총2), 560下

둘째 사홍서원이 참회 이후에 회향발원으로 활용되는 예를 보자. 우리에게 잘 알려진 『육조단경』에는 '무상참회'에 사홍서원이 쓰이고 있다. 간단히 내용을 살펴보는 것도 무의미하지 않을 것이다.

> 제자들이여, 이전의 생각, 지금의 생각, 나중의 생각 등 모든 생각들마다 질투에 물들지 않도록 해야 하며, 이전의 모든 질투 등의 죄과를 참회하여 즉시 없애고 영원히 다시는 그러한 것들을 일으키지 않도록 하여라. 선지식들이여 이 세상에서 말하는 법들을 무상참회라고 부른다. 이전의 죄과를 붓다께 뉘우치며 다시 범하지 않을 것을 맹세하는 것을 참(懺)이라고 하고, 지금 이후의 죄과를 끊고 깨닫고 뉘우치며 다시는 범하지 않겠다고 다짐하는 것을 회(悔)라고 한다.
> 선지식들이여, 지금 참회에 대한 설법을 전수하였으니 계속해서 여러 선지식에게 사홍서원을 말하고자 하니 잘 들으라.
> 내 마음속의 중생이 한량없지만 다 제도하기를 서원한다.
> 내 마음속의 번뇌가 한량없지만 다 끊기를 서원한다.
> 내 마음속의 법문이 한량없지만 다 배우기를 서원한다.
> 내 마음속의 위없는 불도를 다 이루기를 서원한다.[3]

---

3 法海 集記, 『南宗頓教最上大乘摩訶般若波羅蜜經六祖惠能大師於韶州大梵寺施法壇經』(대정장48), 353下~354上.

시방제불을 청하여 명호를 예찬하고 경과 주(呪)를 독송하며 붓다 앞에서 참회하거나 혹은 '참회문'을 읽는 것과 같은 일반적으로 행하는 형식을 버리고, 사람들에게 오로지 자성(自性)이 이전의 생각, 지금의 생각, 나중의 생각에 물들지 말라고 하는 혜능의 무상(無相)참회법은 사홍서원 발원이라고 할 수 있다. 그러므로 사홍서원은 참회 이후의 발원이라고 할 수 있는 것이다.

'수륙재의'는 하단에 모신 고혼들에게 가지의 음식을 베풀고 법문을 들려주어 깨달음을 얻게 한 후 성인을 청해 고혼의 업장을 참회하게 한 후 사홍서원을 발하게 하고 삼귀계와 오계를 주고 있다.[4] 수륙재의에는 '중생무변서원 ~ 불도무상서원성'의 사홍서원을 한 후 보리심진언을 발하게 하고 있다. 자성중생서원도~ 하는 자성사홍서원의 모습은 보이지 않는다. 자성사홍서원까지 함께 등장하는 의궤로는 『삼시계념의범』이 있다.[5]

또 현재 한국불교에서 행해지는 법회를 비롯하여 크고 작은 불교행사는 찬불가 사홍서원, 또는 사홍서원을 전통 풍송조로 회향하고 있다.

---

4 志磐 撰, 『法界聖凡水陸勝會修齋儀軌卷第一』(『한의총』1), 613~615.
5 道安 書, 『中峯和尙三時繫念儀範文』(한의총2), 564下.

1. 열 가지 큰 원을 발하다

如來十大發願文[여래십대발원문]
정토왕생을 발원하는 십대발원문
願我永離三惡道[원아영리삼악도]
삼악도를 영원히 벗어나리다.
願我速斷貪瞋痴[원아속단탐진치]
탐진치심 어서 빨리 끊으오리다.
願我常聞佛法僧[원아상문불법승]
불법승의 가르침을 늘 들으리다.
願我勤修戒定慧[원아근수계정혜]
계정혜를 부지런히 닦으오리다.
願我恒隨諸佛學[원아항수제불학]
붓다님의 배움대로 늘 따르리다.
願我不退菩提心[원아불퇴보리심]
보리심서 물러나지 않으오리다.
願我決定生安養[원아결정생안양]
기필코 극락세계 태어나리다.
願我速見阿彌陀[원아속견아미타]
아미타불 어서 빨리 친견하리다.
願我分身遍塵刹[원아분신변진찰]
온 누리에 이 몸을 나타내리다.

願我廣度諸衆生[원아광도제중생]
온갖 중생 빠짐없이 건지오리다.

여래십대발원문이 준제발원에 합편된 시기를 『불가일용작법』(1869)에서라고 보았다. 이전의 저녁예경 이후에 하는 '준제지송편람' '염불작법'과의 관련성을 살펴보아야 그 연유가 조금씩 드러날 것으로 보인다.

먼저 이 발원문에는 천수행자의 십원이나 준제행자의 준제발원이나 대표적 총원 사홍서원에 보이지 않는, 안양(安養), 아미타와 같은 목표지점이 구체화된다. 행자가 가고자 하고, 다른 이들을 함께 이끌어 데려가야 할 곳이 다름 아닌 안양, 곧 아미타붓다가 계신 서방 극락이라는 것을 분명하게 제시하고 있다.

이로 볼 때 이 발원문은 극락정토왕생발원문이라고 정의할 수 있다. 그러함에도 불구하고 이 발원문은 '여래십대발원문'이라고 불려 왔다. 이 발원문을 『낙방문류』는 '왕생정토발원문(往生淨土＋願文)'이라는 이름 아래 오동법사 택영(桐江法師 擇瑛, 1045~1099)이 찬했다고[6] 전하고 있다.

국내 판본 『권공제반문』(1574), 『염불작법』(1575), 『염불보권문』(1704), 『삼문직지』(1769), 『불가일용작법』(1869)에는

---

6 宗曉編, 『樂邦文類』(대정장47), 179中.

'여래십대발원문'으로 제목이 달려 있다. 그 까닭을 찾는 데 조금이라도 도움이 될 만한 의궤를 탐색해 보자.

준제발원 다음에 발원으로 분류하고 있는 『불가일용작법』을 제하고, 이 발원문은 미타48원, 또는 원왕생게 다음에 회향발원으로 편제되어 있다. 이 같은 사실로 볼 때, 이 발원문은 염불행자의 발원이다. 이 발원문의 찬자가 실려 있는 『낙방문류』의 기사 '서자사동서문(西資社同誓文)'은 이 발원문의 의미를 잘 보여주고 있다.

> 정성을 모아 범용[梵容]께 머리 숙이며, 이 넓고 큰 서원을 세우오니, 자존이시여, 자주금빛 손을 펴시어 저의 정수리를 어루만지시고 홍련의 혀를 여시어 비밀리 저에게 기별을 주십시오. 제가 이생을 떠나게 되면 모든 악은 짓지 않고 여러 선을 행하며, 나쁜 스승은 만나지 않고 정념을 잃지 않으며, 명이 다하는 날 병 없고 고통 없이 몸과 마음 쾌락하며 여래를 따라 안양으로 함께 돌아가 연화가 새벽에 피듯이 무생인(無生忍)을 깨닫고 시방세계 다니면서 모든 붓다를 받들어 모시고 고통받는 중생을 건지고 함께 무상의 도를 이루게 하소서. 허공이 다할지라도 나의 원은 다함이 없사오니, 보거나 듣게 되는 이들은 다 이익과 즐거움을 누리소서.[7]

---

7 宗曉 編, 『樂邦文類』(대정장47), 179b.

이와 같은 발원을 하고 택영의 '왕생정토십원문'으로 끝맺고 있다. 국내문헌에서 '여래십대발원문'이라고 한 것은 염불행자가 여래를 따라 함께 극락에 왕생하고자 하는 발원이라는 의미로 명명하지 않았을까 추측된다. 이 발원문에 대한 정보를 알려 주는 의문은 『삼시계념의범』이다. 이 '의범'의 이시(二時)불사 뒤에 하는 「미타예참의」에는, 발원으로 우리에게 친숙한 이산 연(然) 선사 발원문으로 발원을 하고 '여래십대발원문'을 하는데 2원과 7원 다음에 나무아미타불을 하고 각 원에는 절을 한다. 그리고 이어지는 7언 4구의 찬탄문을 하고 대중은 화음으로 불호를 다섯 번 소리한다.[8] 화청의 형식으로 하고 참회를 하고 있다. 십원의 순서가 2원이 4원 다음으로 가 있고, 택영의 발원문 7원과 8원이 8원과 7원 순서로 되어, 현재 천수경에 실린 여래십대발원문과 같다. 『삼시계념의범』의 국내 본 『중봉삼시계념의범문』(1706)의 '미타예참의'에는 앞에서도 언급하였듯이 '나무아미타불 십대발원 일일여상'이라고 약간 작게 필사하며 본문은 일일이 필사하지 않고 생략하고, 이어지는 『중봉삼시계념의범』의 '축원(祝願)'을 '발원(發願)'이라 하여 동일하게 필사하고 있다.[9] 『중봉삼시계념의범』을 필사하

---

8 『中峯三時繫念儀範』(속장경74), 67中~68中. '미타참의'는 提綱 緣起 讚佛 禮佛 發願 祝願 懺悔의 순서로 진행되고 있다.
9 道安 書, 『中峯和尙三時繫念儀範文』(한의총2), 564下.

면서 하나하나를 다 필사하지 않은 것은 당시 대중들이 누구나 당연히 알고 있었기 때문일 것이다.

『권공제반문』(1575)의 '염불작법' 이래 현재의 제목과 모습을 보이고 있는 여래십대발원문은 19세기 중엽 이후에 준제발원에 이어져 염송되었다고 할 수 있다. 하지만 『석문의범』의 '제불통청' 천수경 염송 주석에서 '원공중생성불도'까지 염송하고 (작단의궤인) 정삼업진언을 하라고 하는 설명은, 이 발원문이 준제 회향발원과 차이가 있음을 분명하게 인식하고 있었다고 하겠다.

본서의 입장은 천수경이 단일 의례를 설행하기 위해 시설된 의궤라는 전제를 하지 않는다. 염불, 송주, 독경과 같이 해당 경전이나 다라니, 또는 염원으로 시설된 단일 의궤라면 분명히 그 사상이 잘 드러날 수 있을 것이다. 하지만 유사한 시기[조모과송, 삼시계념]에 행하는 송주나 게송들이 합해질 때는 특수성보다는 보편성에 의지하는 경우가 많다. 천수경을 의궤에 의지해 읽을 수밖에 없는 까닭도 여기에 있다.

여하튼 한국불교에서는 '왕생정토십원문'을 여래십대발원문으로 개명해 수용하고 신행해 왔다고 할 수 있다. 이로 말미암아 '붓다의 열 가지 큰 발원문' '여래의 열 가지 큰 발원' '여래의 열 가지 큰 원력을 발하는 글'[10] 등으로 이해해 왔다. 이름이 의미를 재형성하는 데 기여하고 있는 모습을 확인할 수 있다.

願我永離三惡道[원아영리삼악도]
願我速斷貪瞋痴[원아속단탐진치]
願我常聞佛法僧[원아상문불법승]
願我勤修戒定慧[원아근수계정혜]
願我恒隨諸佛學[원아항수제불학]
願我不退菩提心[원아불퇴보리심]
願我決定生安養[원아결정생안양]
願我速見阿彌陀[원아속견아미타]
願我分身遍塵刹[원아분신변진찰]
願我廣度諸衆生[원아광도제중생]

앞에서 일별한 『낙방문류』 '서자사동서문'은 의미를 찾는 데도 도움이 될 것 같다. 시중 번역에서 차이가 나는 부분만 간략히 살펴보자. 3원의 '원아상문불법승'에 대해서이다. "나는 불법승을 항상 듣기 원합니다", "삼보이름 항상 들으리", "원컨대 내가 항상 불·법·승 삼보에 대해 듣기를 원하옵니다", "불법승을 언제나 친근히 하며"[11] 등으

---

10 고산, 앞의 책, 78; 학담, 앞의 책, 243; 무비, 앞의 책, 140. 필자는 "정토왕생을 발원하는 십대발원문"이나 "정토왕생을 발원하는 천수행자○○십대발원문"이라는 부제를 달아 보급하고 있다. 『신행요집』(정우서적, 2005), 69.

로 해석하고 있다. 첫째 셋째는 '불법승을 항상 듣기 원한다'고 하고 있는데 둘째의 '삼보이름 항상 들으리'보다 구체성이 적지 않나 하고, 넷째 또한 '불법승을 친근히 하며'의 의미는, 가까이한다는 것을 드러내려고 하는 것 같은데, '어떻게'의 방법이 부족하지 않나 싶다.

다음은 다섯째 원 '원아항수제불학'이다. "나는 붓다의 법 항상 배우기 원합니다", "여래 따라 항상 배우리", "원컨대 내가 항상 모든 붓다를 따라서 배우기를 원하옵니다", "붓다를 수행하며 법문 배우고"[12] 등이다. 첫째 번역은 붓다의 법 항상 배우기를 원한다고 하여 4언[隨] 번역을 하지 않았다고 할 수 있고, 나머지 번역은 '수행(隨行)'의 의미만을 내세웠는데 구체성이 잘 드러나지 않는다. "모든 붓다의 가르침을 항상 따라서"[13]는 동사 따름[隨]의 목적어를 '제불학'이라고 명확히 하여 전후구와 일치시키고 있다.

이 십대발원문은 아홉째 원을 제외하고는 3언 부사 4언 본동사로 찬해져 있다고 하겠다. 다섯째 원의 해석에서 볼 수 있듯이 '제불학(諸佛學)'에서 '학(學)'을 '배우다'라는 동사

---

11 고산, 앞의 책, 78; 학담, 앞의 책, 243; 무비, 앞의 책, 140; 김호성, 천수경의 비밀(2005), 225.
12 고산, 앞의 책, 78; 학담, 앞의 책, 243; 무비, 앞의 책, 140; 김호성, 앞의 책, 225.
13 정각, 앞의 책, 275.

로 보고 그런 해석에 익숙해진 결과가 아닌가 생각된다.

천수경에 내재한 십원, 육향, 준제회향발원, 사홍서원의 구조와 판이하게 수행의 순서를 가장 잘 드러내고 있는 점이 이 십대발원문의 특징이라고 할 수 있다. 불자라면 지옥 아귀 축생의 삶을 마감해야 한다는 것을 안다. 오늘의 언어로 말하면 주변 정리라고 할 수 있다. 자신이 처하고 있는 환경이 지옥이라면 누구나 탐내고 성내는 어리석음의 독을 없앨 수 없다. 삼독에 찌든 마음에 어떻게 붓다의 가르침이 들리겠는가. 붓다의 법문을 들었다면 붓다의 가르침의 핵심이 무엇인가를 배워야 한다. 계를 배우고 정(定)을 닦고, 지혜를 길러야 한다. 이와 같은 가르침은 모든 붓다의 가르침이다. 칠불이 통계(通誡)했다는 제악막작(諸惡莫作) 중선봉행(衆善奉行) 자정기의(自淨其意)와 다르지 않다.

이 같은 원을 발원한 이는 더 높은 깨달음에 발원을 내어야 한다. 앞의 다섯 원이 거룩하지 않은 것은 아니지만 보편적 삶이라고 할 수 있다. 이제부터 하는 원은 중생구제의 대도를 실현하는 길이다. 그 길을 가기 위해 보리심에서 물러나서는 안 된다. 그 보리심을 완성하기 위해서 가는 곳이 극락이다. 앞에서 한국불교의 여래십대발원문이 원(元) 찬자의 그것과 순서가 변했다고 했다. 안양에 태어나는 게 먼저냐, 아니면 그곳의 아미타불을 뵙는 게 먼저냐 정도인데, 사실 이것은 그렇게 간단히 넘어갈 문제는 아니다. 언뜻 보면 우리가 취하고 있는 순서가 아닌가 하고 생각할 수 있다. 하지만 극락에 가려고 하는 것은 극락이 좋아서가 아니다. 극락에 있는 아미타불의 수기를 얻기 위해서라고 할 수 있다. 그러기 위해 안양에 나기를 발원하는 것이다. 안양[極樂]에 가고자 하는 것보다 뵙기를 발원하는 것이 의미가 더 분명하다고 할 수 있다. 하지만 한국불교는 순서를 중시하였다. 안양에 가서는, 그곳의 교주이신 아미타불을 속히 뵙기를 발원한다. 아미타불을 뵙는 목적은 붓다를 이룰 수 있다는 기별을 받기 위해서이다. 마정수기가 그것이다.

우리의 염불행법 회향게는 "원이차공덕 보급어일체 아등여중생 당생극락국 동견무량수 개공성불도"로 '당생극락국 동견무량수' 2구가 삽입돼 있다. 이 같은 인식으로 '여래십대발원문'의 7원과 8원의 순서를 수정하여 정착시키게 되었다고 할 수 있다. 불교도는 붓다를 이루는 데만 목적이 있지 않다. 아직 불도를 이루지 못한 이들과 함께할 수 있을 때 불자의 발원이 달성된다. 대승보살의 자리(自利)는 이타(利他)로 완성된다. 여래십대발원문은 그것을 말없이 말해 주고 있다.

2. 사홍서원을 발하다

發四弘誓願[발사홍서원]
네 가지 큰 서원을 발함
衆生無邊誓願度[중생무변서원도]
가없는 중생을 모두 건지고
煩惱無盡誓願斷[번뇌무진서원단]
다함없는 번뇌를 모두 끊으며
法門無量誓願學[법문무량서원학]
한량없는 법문을 모두 배우고
佛道無上誓願成[불도무상서원성]
위없는 깨달음을 모두 이루리.

自性衆生誓願度[자성중생서원도]
마음속의 중생을 모두 건지고
自性煩惱誓願斷[자성번뇌서원단]
마음속의 번뇌를 모두 끊으며
自性法門誓願學[자성법문서원학]
마음속의 법문을 모두 배우고
自性佛道誓願成[자성불도서원성]
마음속의 깨달음을 모두 이루리.
發願已 歸命禮三寶[발원이 귀명례삼보]
발원을 마치고 삼보님께 귀명의 절을 올립니다.

모든 붓다와 보살과 불자의 총원이 사홍서원이다. 그러니까 사홍서원을 발원하지 않으면 불자라고 할 수 없다. 먼저 발원을 언제 하는지부터 살펴보자. 발원이라면 자주 하는 것이 좋을 수 있다. 그런데 발원하는 것이 그리 만만한 일은 아니다. 발원한다는 것은 여래십대발원문에서와 같이 보리심을 내는 일이다. 개인적 수행을 완성하고 깨달음을 얻어 아직 깨닫지 못한 이들과 함께 불도를 이루겠다고 서원하는 것이, 보리심을 내는 것이다. 곧 발원이다. 발원의 대표라고 할 수 있는 사홍서원은 어떻게, 또 어떤 의식에서 할까.

대승불교의 수행의식은 아무래도 '예참(禮懺)' '참의(懺儀)'와 같은 행법에 연유하고 있다고 할 수 있다. 예참의 일반적인 순서는 행법에 따라 조금씩 차이를 보이지만 대체적인 차례는 크게 다르지 않다.[14] 대체로 '참회'를 하고 권청(勸請) 수희(隨喜) 회향(迴向) 발원(發願)의 순서로 발원하고 있다. 『천수안대비심주행법』의 경우는 사홍서원으로 발원하지 않고 천수주를 외우기 전에 하는 십원과 육향의 16원

---

14 가령, 『법화삼매참의』는 앞에서 제시하였고(대정장46, 950上~954中), 『왕생정토참의』는 ①도량을 엄정하고, ②도량에 들어가 행하는 방법을 설하고, ③바르게 마음을 닦고, ④향을 사르고 꽃을 흩어 공양하고, ⑤청하여 예경하고, ⑥찬탄하고, ⑦예불하고, ⑧참회와 발원을 하고, ⑨법좌를 돌고 경전을 독송하고, ⑩좌선을 한다.(속장경61, 660上~664下)

을 발원하고 있다.[15] '참회 후 발원'이 일반적 등식으로 정형화되었다고 할 수 있으며, 참의들의 참회발원이 비록 길게 편집돼 있으나 하위단락으로 처리하고 있다.

발원의 시기는 이제 해결되었다. 참회 이후다. 결국 참회라는 전제 없는 발원은 곤란하다는 인식이다. 또 발원의 모습은 육조단경의 무상수계법과 더불어『삼시계념의범』, 망자의 수계의식이라고 할 수 있는「삼단시식문」과 수륙재 등에서 광범위하게 확인된다.

『삼시계념의범문』(1706) 제삼시불사(第三時佛事: 저녁 염송) 참회 후 발원문으로 '법사는 자를 울리고[鳴尺] 대중은 무릎 꿇고 화음으로' 8구의 사홍서원을 봉행한다.[16] 현 천수경 소재 사홍서원과 조금도 다르지 않다.

「삼단시식문」은『진언권공』(1496)에 합편된 의식으로 하단의 영가에게 시식 공양이 끝난 후 참회게(아석소조~)와 참회진언으로 참회를 하고 '발사홍서원'편이 시설되어 있다. '제자들이 다시 아무개 혼령을 위하여 사홍서원을 발하게 하오니 시방보살이 이로 인하여 마음을 밝혔으며, 삼세여래도 이로 인하여 불도를 이룬 까닭에 이제 그대에게 발원

---

15 『천수안대비심주행법』의 십원 발원을, "사홍서원 등의 발원을 행하라"라고 이해하는 경우도 있지만(정각, 앞의 책, 275), 천수 십원을 사홍서원에 배대해 설명하고 있을 뿐이다.
16 道安 書,『三時繫念儀範』(한의총2), 564.

을 권하니 간절히 살펴 믿으소서'라는 여는 말과 함께 사홍서원이 시설되었다. 이어서 '원성취진언'을 한 다음 12인연의 법시(法施)가 이어진다.[17] 수륙재에 나타나는 사홍서원은 위에서 본 「삼단시식문」의 그것과 크게 다르지 않지만 '찬요'의 경우는 사홍서원을 먼저 발원하고 삼귀의계 오계 등을 수계하고 있다.[18] 수륙재 의식을 축소한 데서 연유한다고 할 수 있다.

『삼시계념의범문』의 그것이 '염불작법'이라고 명명된 곳에서는 잘 보이지 않고 있지만 『불가일용작법』 이래 여래 십대발원문과 함께 준제회향발원 뒤편에 합편된 채 현재에 이르고 있다. 현행 천수경 소재 사홍서원의 두 게송은 『삼시계념의범』의 삼시불사 참회 회향 발원으로 쓰이던 것이 19세기 이후에 일반적인 저녁 송주 발원으로 정착되었다고 할 수 있을 것이다.

衆生無邊誓願度[중생무변서원도]
가없는 중생을 모두 건지고

---

17 學祖 編, 『眞言勸供』(한의총1), 487~489. 한 면에 네 쪽을 영인하여 붙이는 과정에 일부 순서가 바뀌어 있다. 이 의궤는 현재 공양의식 후반의 보공양 보회향 보궐 원성취진언에 대한 의미를 제공해 주고 있다고 하겠다.
18 지반 찬, 『법계성범수륙승회수재의궤』(한의총1), 614; 『수륙무차평등재의촬요』(한의총1), 639下; 죽암 편, 『천지명양수륙재의찬요』(한의총2), 244.

煩惱無盡誓願斷[번뇌무진서원단]
다함없는 번뇌를 모두 끊으며
法門無量誓願學[법문무량서원학]
한량없는 법문을 모두 배우고
佛道無上誓願成[불도무상서원성]
위없는 깨달음을 모두 이루리.

4구의 첫 4언은 조건절이며 첫 두 자는 그 절의 주제어며 동시에 말언의 목적어를 이룬다. 5언은 본동사이고, 6언과 7언은 5언의 목적어이고, 7언은 6언의 목적어이며, 7언의 목적어는 다시 첫 두 자이다. 발원하는 '나' 또는 발원의 명령을 받는 '그대'들은 드러나지 않는다. 다시 숨어 있는 주어(我/汝等)에 3, 4언의 수식을 받는 첫 두언을 7언의 목적어로, '6언하기'를 '5언(동사)하는' 형식을 이루고 있다. 중생은 가없고, 번뇌는 다함이 없고, 법문은 한량없고, 불도는 위가 없다. '없다'의 주어는 '변(邊)' '진(盡)' '량(量)' '상(上)'으로 상태사와 수량사의 조화도 잘 이루어지고 있고 다양하게 표현되었다. 각 구 말언의 목적어에 대한 의미로는 최상이다.

끊고 배우고 이루는 것은 자리(自利)이고, 그것은 모두 첫 구를 위해서, 곧 이타(利他)를 위해서라고 해도 크게 틀린 말이 아니다. 적어도 대승의 보살이라면 그래야 한다.

불교는 발원의 종교이다. 발원하지 않으면 이룰 수도 없다. 마치 목적지가 없이 길을 갈 수 없듯이 발원은 수행자가 올곧게 그 길을 가게 하는 왕이 된다. 그래서 보현행원품에서는 '원왕(願王)'이라 하지 않았던가.

사홍서원을 늘 발원하는 것이 불자의 길이다. 어떻게 건지고, 어떻게 끊고, 어떻게 배우고, 어떻게 이룰 것인가. 이 같은 구체적이고 대표적인 행원으로 보현보살의 십대원이 제시된다고 할 수 있다.

첫째는 모든 붓다께 예경하는 것이요, 둘째는 여래를 칭찬하는 것이요, 셋째는 널리 공양을 닦는 것이요, 넷째는 업장을 참회하는 것이요, 다섯째는 남이 짓는 공덕을 따라서 기뻐하는 것이요, 여섯째는 붓다께 법륜을 굴리시기를 청하는 것이요, 일곱째는 붓다께 세상에 머물러 주시기를 청하는 것이요, 여덟째는 항상 붓다의 가르침을 따르는 것이요, 아홉째는 항상 중생을 수순하는 것이요, 열째는 널리 모든 것을 회향하는 것이다.[19]

또 구체적인 발원으로 '왕생정토십대원'인 여래십대발원문이 있고, 아미타불 48원이나 약사여래 12대원 등 수많은 불보살님의 발원이 그렇다고 할 수 있다.

---

19 般若 譯, 『大方廣佛華嚴經卷第四十』(대정장10), 844中.

自性衆生誓願度[자성중생서원도]
마음속의 중생을 모두 건지고
自性煩惱誓願斷[자성번뇌서원단]
마음속의 번뇌를 모두 끊으며
自性法門誓願學[자성법문서원학]
마음속의 법문을 모두 배우고
自性佛道誓願成[자성불도서원성]
마음속의 깨달음을 모두 이루리.

참회에 대한 설법을 전수하고 사홍서원을 설하고 있는 『육조단경』 참회품의 기사는 '자성중생서원도'로 이어지는 '자성사홍서원'의 의미를 잘 보여주고 있다. 이 같은 육조 혜능 스님의 사홍서원 인식은, 경전해석의 지평이 어떻게 확장될 수 있는지를 보여주는 탁견이라고 할 수 있다. 원문을 읽어보자.

선지식들이여, 마음속의 중생이라고 하는 이것이 가리키는 것은 무엇인가. 어리석은 마음, 거짓말하는 마음, 불선한 마음, 질투심, 악독한 마음과 같은 것들이다. 이러한 것들은 반드시 자기가 본래 지닌 불성으로써 그것들을 제도하여야 한다. 이것을 진실로 제도라고 한다.
그럼 또 무엇으로써 본래 자기의 불성을 자기가 제도하여 해탈한다고 하는가. 그것은 바로 자기 마음속의 사견, 번뇌, 우매한 중생을 정견으로써 제도하는 것이다. 정견이 있으면 반야의 지혜로써 우매하고 망령된 중생을 깨우쳐서 각각 자기 성품을 스스로 제도할 것이다. 사견이 생기면 정견으로써 제도하고 미혹한 마음으로 집착하면 깨달음으로써 제도하며, 우매함이 생기면 지혜로써 제도하고, 나쁜 생각이 생기면 선한 생각으로써 제도하라. 이렇게 제도하는 것을 진실로 제도한다고 하는 것이다.[20]

'자성사홍서원'의 구조는 사홍서원의 그것과 다르지 않다. '중생', '번뇌', '법문', '불도'는 '무변', '무진', '무량', '무상'하다는 술어에서 '자성'(自性)으로 회귀한다. 곧 자기의 성품을 떠나 '무변', '무진', '무량', '무상'을 언급하지 않고 있다. 자성중생이 무변하고 자성번뇌가 무진하고 자성법문이 무량하고 자성불도가 무상하다는 언표로 읽혀질 수 있다. 그 또한 다 건질 것을 서원한다. 결국 건진다, 끊는다, 배운다, 이룬다고 하는 것은 자기의 본성을 떠날 수 없음을 말함이다. 자성의 중생, 자성에 중생, 하는 순간에 그것이 일심을 떠나지 않음을 알게 될 것이다. 결국 건진다고 하는 것은 바로 그것의 무자성(無自性)을 확인하는 길과 다르지 않을 것이다. 그것을 돈(頓)이라고 할 수 있다.

---

20 法海 集記, 『南宗頓教最上大乘摩訶般若波羅蜜經六祖惠能大師於韶州大梵寺施法壇經』(대정장48), 354a.

發願已 歸命禮三寶 [발원이 귀명례삼보]
발원을 마치고 삼보님께 귀명의 절을 올립니다.

위 구절은 예나 지금이나 다음에 나오는 '나무상주시방불 나무상주시방법 나무상주시방승'의 제목 정도로 이해(理解)해 오고 있다. 본서는 그렇지 않다는 것을 말하고 있다. 중국불교를 수용한 한국불교 의식의 원초형태를 한마디로 말하기는 어려울 것이다. 앞에서도 여러 차례 살폈지만 아무래도 의식의 원초적 모습은 삼매를 닦기 위한 사전 예참이나 수륙재의(水陸齋儀) 등에서 찾을 수 있다. 그 의궤들의 원형을 복원하거나 변화를 추적해 보면 그 의궤의 지문과 대사의 원 의미를 찾아낼 수 있다.

예참, 진언권공이 공양의 하위의 의궤인가?

'예참' 하면 예불과 참회의 줄임이라는 것쯤은 쉽게 인식한다. 현재 한국불교의 의식궤범이라고 하면『통일법요집』과 같은 법요집이라고 대개 인식하고 있을 것이다. 이 같은 법요집의 예참이라는 항목을 찾아보면, '지심정례공양 ~ 불, 보살 등등' 세 분, 또는 일곱 분에게 절하며 공양하는 의식에 달려 있는 표기를 만나게 된다. 조계종『통일법요집』의 경우를 보면, 삼보통청이나 지장청 등 큰 청의 하위 제목은 고딕체로 인자하고 네모를 치고 있다. 이것을 경계 삼는다면, 예참의 앞은 '사다라니' 뒤는 '사대진언'이다. 그 사다라니와 사대진언은 각각의 공능이 있다고 할 수 있다. 이 법요집이 절대적 기준은 아니겠지만 이를 놓고 보면 한국불교에서 현재 이해하고 있는 '예참'은 절하며 공양하겠다는 언표 정도라고 할 수 있다. 예참이라고 되어 있는데, '예'는 보이지만 '참(懺)'은 어디서도 찾을 수 없다. 과연 그 정도의 의미 말고는 아무런 의미도 없을까. 그렇다면 '예공(禮供)' 정도의 제목이어야 하지 않을까.

각 종파마다 '예참' 또는 '참의(懺儀)'라는 의식을 봉행했다고 보이지만, 한국불교에서는 천태 지자가 찬한 것으로 알려진 『법화삼매참의』에 의거한 '천태예참'이 봉행되었다고 보인다. 이 예참은 ①도량을 엄정하고, ②행자의 몸을 깨끗이 하고, ③삼업으로 공양하고, ④삼보를 청하고, ⑤삼보를 찬탄하고, ⑥예불하고, ⑦육근을 참회하고, ⑧법좌를 도는 행도(行道)를 하고, ⑨경전을 독송하고, ⑩좌선하여 실상을 관상하는 순서로 진행된다. '⑦육근참회'와 '⑧행도' 사이에 권청(勸請), 수희(隨喜), 회향(迴向), 발원(發願)하는 법을 밝히고 있다.[21] 참회와 권청 수희 회향 발원이 끝나면 삼보님께 절을 하게 된다. 이때 나타나는 대사가 바로 이 '발원이 귀명례삼보'이다. 이 참법을 줄여 예참이라고 하는

---

21 『법화삼매참의』(대정장46), 950a~954b.

것이다. 그러므로 현재의 절하며 공양한다는 언표만 남아 있는, 그리고 참회하지 않는 예참은 생각해 볼 여지가 있다고 하겠다.

현행 삼보통청과 같은 공양 의궤에 남아 있는 이 같은 모습은 또 있다. '진언권공'이 그것이다. '진언으로 공양을 권한다'는 의미로 받아들이고 이해하고 있다고 보이는데, 앞의 '삼단시식문'이라는 의식이 들어 있는 의궤의 이름이기도 하다. 이 또한 '예참'이 『법화삼매참의』의 축약이었듯 '진언권공'은 『진언권공』(1496)과 같은 의궤가 축약된 것이라고 할 수 있다. 이 의궤의 순서를 보면, 정법계진언, 진공진언(進供眞言), 변식진언, 출생공양(出生供養)진언, 정식(淨食)진언, 보공양(普供養)진언, 그리고는 '향공양'이라는 하위 제목 아래 '연향공양 불사자비 수차공양[香供養] 燃香供養 不捨慈悲 受此供養: [향공양] 향을 살아 공양하오니 자비를 버리지 마시고 이 공양을 받으십시오)' 하고 이어 등(燈)공양 화(花)공양 다(茶)공양 미(米)공양 등 육법공양을 하고 운심공양진언을 하고 '예경시방삼세 진허공계 일체존불·법·승'의 삼정례를 하고 퇴공(退供)진언으로 공양을 끝내는 완결된 공양법이다.[22]

그런데 이 가운데 핵심이라고 할 수 있는 변식진언과 운심공양진언만 남아 '진언권공'이라는 공양의 한 부분이

---

22 學祖 編, 『眞言勸供』(한의총1), 437~440.

되었다고 할 수 있다.

이렇듯 독자적인 의궤들이 축소와 변화를 겪으면서 자신의 원래 이름과 부합하지 못하고 특정 기능을 수행하면서 이름은 그대로 가지고 있는 것이 '예참'과 '권공'이라고 할 수 있다. 이 장에서 거론하고 있는 '발원이귀명례삼보(이하 '발원이례'라 칭함)'는 다음 단락 '나무상주시방불·법·승'의 제목이 아니다. 위에서 보았듯이 발원을 끝내며 귀명의 절을 하는 대사이다. 그렇지만 『통일법요집』 등 대부분의 '나무상주시방불'이 등장하는 의궤에는 제목으로 인식하고 있다. 이 '발원이례'를 원형의 고 의례처럼 이해하고 있는 본은 찾기는 쉽지 않다. 다행히도 지방 어느 사찰에서 찾을 수 있었다.[23] 그러면 왜 '발원이례'를 다음 의궤의 거불이라고 할 수 있는 '나무상주시방불·법·승'의 제목으로 인식하게 되었는지를 살펴보자.

---

23 釋一華, 『천수·심경』(보현각, 1979) 八後에도 본서의 주장을 뒷받침해 주는 협주를 하고 있다. "아침과 저녁으로 송주만 할 때에는 여기까지에서 그치고 특히 염불을 하려면 아래부터 시작한다." 편저자 일화 스님은 마곡사로 출가하신 분으로 충남 공주 원효사를 창건하셨으며 의식에 밝았던 스님으로 보인다. 현재 공주 원효사 주지이시자 일화 스님의 상좌 해월 스님 또한 의식의 전승과 소리에 깊은 관심을 가지고 계신 것은 우연이 아닐 것이다.

발원이귀명례삼보는 제목인가

그동안 '발원이례: 발원이귀명례삼보'를 왜 '나무상주시방불·법·승'의 제목으로 이해하게 되었을까. 그 연유는 여러 가지가 있을 수 있겠지만 '나무상주시방불'에 대한 이해에서 연유한다. 필자는 '나무, 귀의로 번역해도 되나'에서 '나무'는 가피를 구하는 일종의 진언의궤라 '귀의' 또는 '귀명'으로 번역하지 말아야 한다고 했다. 그 연장선상으로 돌아가면 그리 어려운 문제는 아니다.

결론적으로 말하면 '나무상주시방불'에서 '나무'를 '귀의'로 이해하게 되어 마치 '발원이례'의 본문으로 오해하게 되었다고 보인다. 다음에 하나하나 적시하겠지만 적어도 20세기 이전 간행본에는 '발원이귀명례삼보'나 '참회이귀명례삼보' 등은 발원이나 참회, 권청, 회향 등을 마치고 '일배'(一拜)를 하는, 절하는 대사였다.

하지만 고본 판각 시 대체로 분량을 줄이기 위해 제목을 별행처리하지 않고 앞의 문장이 짧게 끝나면 그 하부에 제목을 표기하였다. 대사가 아니므로 굳이 한 행을 차지할 필요가 없다고 생각했기 때문이라고 보인다.

읽지 않는 제목 지문들은 전승되면서 '소리'가 없으므로 채록하거나 정리할 때 잊어버리거나 누구나 당연히 아는 것이라 이해하고는 삭제하곤 하였다고 보인다.

앞으로 적시할 문헌에서 그 차이를 볼 수 있다. 저녁송주 때 천수경(현행 천수경 부분)을 읽고 장엄염불이나 경전을 독송하는 염불작법의 선행 거불 가지로 쓰였던 '나무상주시방불·법·승'을, 발원을 끝내고 절하는 대사의 하위 본문으로 이해하게 되면서 오인되었다고 할 수 있다.

'나무'와 '귀의'와 '(보)예'의 차이를 인식하지 않는 한 얼마든지 일으킬 수 있는 착각이다. 하나의 큰 작법 속에서도 새로운 장(마당)이 시작되면 의례히 불보살의 가피를 구하는 가지를 먼저 구하고 시작한다. 불교의례의 의궤는 그것을 잘 보여 준다.

권상로의 『조석지송』(1932) 때부터 '나무'를 '귀의'로 번역하였다고 보이는데 이후 '발원이례'에서 핵심동사인 '예'는 사라지고, 이 구에서는 적어도 보조동사라고 볼 수 있는, '귀명'에만 초점이 가게 되어 '발원이례'를 '발원을 마치고 삼보께 귀의(의지)합니다'로 이해하게 된 것 같다. 그 결과 '나무상주시방불·법·승'을 귀의하는 세 줄 대사라고 이해하여 자연스럽게 '발원이례'를 제목으로 수용하여 현재까지 이어 오고 있다고 보인다. 설령 '삼보께 의지합니다' 하여 그 삼보께 의지하는 본문으로 이해한다고 하더라도 삼보께 의지한다는 지문은 '귀의불 귀의법 귀의승'이 그 역할을 하는 것임에도 불구하고 말이다.

'발원이귀명례삼보'의 판본을 보면 『백화도량발원문』의 경우 '삼보'의 자리에 '관자재보살마하살'이 표기되고 있다(자료1). '천수주' 행법의 시원적 의궤라고 할 수 있는 『천수안대비심주행법』에는 '참회발원이귀명례삼보' 하단에 '기례일배'(起禮一拜)라는 협주가 나타난다(자료2). 다음에 '행도'의식 작법이 소개되고 있는데, 행도하기 전에 '나무시방불·법·승' 하는 가지를 볼 수 있다. 이후에 '자삼귀의'가 시설된다. 현 천수경에서 '나무상주시방불·법·승'을 '삼귀의'로 이해하는 데 문제가 있음을 알 수 있다.

『청문』(玄敏 寫, 1529)은 현행 삼보통청 유치청사에서 별도의 삼청을 청하는 선진삼청의 선행적 모습을 담고 있는 중요한 자료이다. '여래십대발원문'을 하고 '발원이귀명례삼보' 이후 '일배'라는 협주가 나타나고 있으며(자료3), 뒷면에 행선축원을 마치고도 『염불작법』(1575, 자료4)과 마찬가지로 '발원이귀명례삼보' 아래 '일배'라는 협주가 나타나고 있다.

『불가일용작법』(1869년 해인사 도솔암, 판본은 1882년)은 현행 천수경 형성에 한 단초를 보여주고 있다고 할 수 있는데, 저녁송주의 전송으로 현행 천수경의 참회게 참회진언까지를, (이후 참회 제 진언이—현재 '정토업'이라고 알려진—명시되어 있음) 저녁 소예참 이후에 준제지송편람이라 하여 준제진언을 암송하기 위한 편람이 현행 '준제찬'에서 '사홍서원' '발원이귀명례삼보', '나무상주시방불·법·승'까지가 그대로 등장하고 있다(자료5). 이 자료에는 '일배'(一拜)라는 협주가 없다. 이는 너무나 당연하므로 표기되지 않았을 것이다.

위 자료에서 보이듯이 '발원이귀명례삼보' 아래에 'ㅇ염불절차'라는 제목이 등장하고 '나무상주시방승' 아래에는 '아미타불찬'이라 하여 다음 행 '아타불진금색~' 이하의 소제목을 붙이고 있다(자료6). 제목과 소제목 인각의 예를 보여주고 있다. 제목은 일용작법 소재 소제목 38편 중 하나이다. 참고로 일용작법 목차를 소개한다.

언본, 묵언작법, 식당작법, 사물연기, 모송절차(천수경 전반부 소재), 예불절차, 소예참, 준제지송(준제찬 이후 후반부 소재), 염불절차, 향수해, 칠처구회, 칠불례, 참회불, 행선축원, 조송절차, 정진송, 정진도, 예불시경금(禮佛時磬金), 삼장육재, 삭발목욕주, 세족무병수주, 대소변송, 양지세수면구주, 답살무죄게주, 가사송, 정수변, 시현명호, 비구수식법, 삼시과송의, 감로주, 총귀주, 보상장구, 소재주, 나옹발원문, 보통축원, 십재일, 삼난타, 사성례.

그런데 어떻게 '발원이귀명례삼보'를 다음 의식작법의 제목으로, 아니면 다음 입재가지를 앞의 작법 본문으로 이해하게 되었는지 단초를 하나 더 보겠다.

문제의 『석문의범』(1935)이다. 상권 83~84쪽을 편의상 이었다(자료7). 이 의범에는 『불가일용작법』에서 보이는 '염불절차'라는 편명이 보이지 않는다. 읽지 않고 이어지는 장엄염불에서 편명을 삭제하고 있다. 이 과정에서 '나무상주시방불·법·승'을 지문의 대사인 '발원이귀명례삼보'의 본문으로 오해하게 되었다고 볼 수 있다.

'발원이귀명례삼보' 아래에 '일배'가 아닌 '삼배'가 나타나는 자료가 없지 않으나 '삼보'라는 데 끌려서 그렇다고 생각한다. 만일 삼배의 대사 지문이라면 '발원이귀명례불보, 법보, 승보'로 표기되어야 한다. 입재 시에는 '일심정례 불타야중 달마야중 승가야중'이라고 하며, 삼배를 올리며 발원이 끝났을 때는 '나무석가모니불'의 일불로 통합되듯이 말이다.

만일 이 의문이 '귀의삼보'의 소제목이라면 이의 본문은 『천수안대비심주행법』을 비롯한 모든 염불 또는 염송의궤에서 그러하듯이 '자귀의불 당원중생 체해대도 발무상심'의 '자삼귀의'로 마무리해야 한다. 『석문의범』 편찬자가 그것을 간과했을 리는 없을 것 같다. 이같이 회향하는 것은 한중일(韓中日)불교 풍송경주(諷誦經呪) 의문에서 흔하게 목격할 수 있다.

『불경요집』(1925)은 송주를 어떻게 끝마치는가를 볼 수 있는 자료라고 할 수 있는데, 준제진언과 준제회향발원 이후 보궐진언으로 마치고 있다. 『석문의범』에서 다른 의식을 봉행할 때 회향발원 '원공중생성불도'까지 암송하라는 지문의 의미도 확인할 수 있다.

필자 또한 오랫동안 '발원이귀명례삼보'의 삼보 예경의 구문을 세상에서 말하듯이 말해 왔다. 과오를 참회하며 '발원을 마치며 삼보님께 귀명의 절을 하옵니다.' 정도의 본문으로 환원돼야 하리라고 생각한다.

住處 如影隨形 恒聞說法 助揚眞化
普令法界一切衆生 誦大悲呪 念菩薩
名 同入圓通三昧性海 又願弟子此
報盡時 親承大聖放光接引 離諸怖畏
身心適悅 一刹那間卽得徃生白華道
場 與諸菩薩 同聞正法 入法流水 念
念增明 現發如來大無生忍 發願已 歸
命頂禮觀自在菩薩摩訶薩
❶ ㉘體元集 白花道場發願文略解(元統二年甲

義湘製 白花道場發願文

자료1:
『백화도량발원문』
(의상, 625~702)

見。令我等內外障緣寂滅。自他行願圓成。開本見知制諸魔外。三業精進修淨土因。至捨此身更無他趣。 決定得生阿彌陀佛極樂世界。親承供養大悲觀音。具諸總持廣度群品。皆出苦輪同到智地。懺悔發願已。歸命禮三寶 一起禮一拜

次當如法旋遶。或三或七 欲旋遶時。先須正立想此道場如法界。十方三寶心性

方三寶塞虛空。以次迴身旋遶法座。十方三寶心性寂滅。影現十方心想如夢。梵聲如響勿令心散。口唱云

南無十方佛　南無十方法　南無十方僧
南無本師釋迦牟尼佛　南無阿彌陀佛　南無千光王靜住佛　南無廣大圓滿無閡大悲
心大陀羅尼　南無千手千眼觀世音菩薩
南無大勢至菩薩　南無總持王菩薩 或三稱或

자료2: 『천수안대비심주행법』(사명 지례, 960~1028)

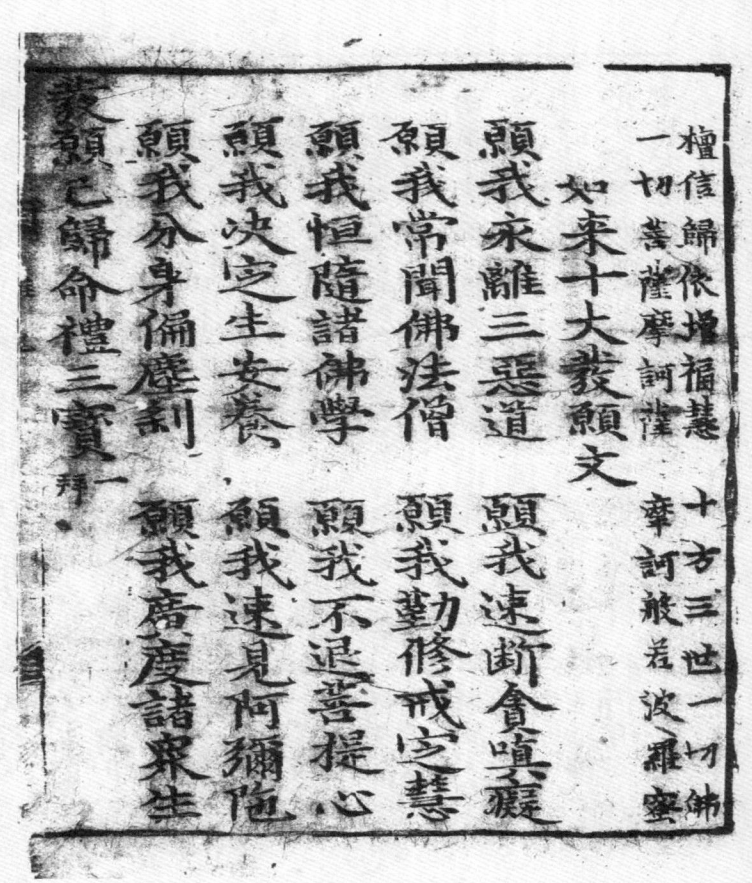

檀信歸依增福慧
一切菩薩摩訶薩摩訶般若波羅蜜
如來十大發願文
願我永離三惡道　願我速斷貪嗔癡
願我常聞佛法僧　願我勤修戒定慧
願我恒隨諸佛學　願我不退菩提心
願我決定生安養　願我速見阿彌陀
願我分身徧塵刹　願我廣度諸衆生
發願已歸命禮三寶　一拜

자료3: 『청문』(玄敏 필사, 1529)

念佛作法

欲聞自聞頭　菩提無退頭　現獲忍地頭
如來十大發頭文
頭我永離三惡道　頭我速斷貪嗔癡
頭我常聞佛法僧　頭我勤修戒定惠
頭我恆修諸佛學　頭我不退菩提心
頭我決定生安養　頭我速見阿彌陀
頭我分身徧塵刹　頭我廣度諸眾生
發頭已敀命禮三寶拜

勸念

同念彌陁齊登樂岸同種善因共成佛道　頭

興萬ㄅ千ㄅ同結成佛正因何以故萬ㄅ千ㄅ

자료5: 『불가일용작법』(정행, 해인사 도솔암, 1869)

衆生無邊誓願度 煩惱無盡誓願斷
法門無量誓願學 佛道無上誓願成
自性衆生誓願度 自性煩惱誓願斷
自性法門誓願學 自性佛道誓願成
發願已歸命禮三寶 ○念佛即次
南無常住十方佛 南無常住十方法
南無常住十方僧 阿彌陀佛讚
阿彌陀佛眞金色 相好端嚴無等倫
白毫宛轉五須彌 紺目澄淸四大海
光中化佛無數億 化菩薩衆亦無邊

자료6: 『불가일용작법』(정행, 해인사 도솔암, 1869)

發　四弘誓願
衆生無邊誓願度　煩惱無盡誓願斷
法門無量誓願學　佛道無上誓願成
自性衆生誓願度　自性煩惱誓願斷
自性法門誓願學　自性佛道誓願成
發願己　歸命禮三寶
南無常住十方佛
南無常住十方法
南無常住十方僧
阿彌陀佛眞金色　相好端嚴無等倫
白毫宛轉五須彌　紺目澄淸四大海

자료7:
『석문의범』(1935)

관셰음보살, 본심, 미묘, 육자대명왕진언
옴, 마니반메훔상철련
타, 준제, 진언
나모, 샤타남, 삼먁, 삼못다, 구지남, 다냐
옴, 자례, 주례, 준제, 스바하부림삼철
아금지송, 대준졔, 쥬발보리, 광대원
션아경해, 속원명, 원아공덕, 미셩취
쳔야승복, 변쟝엄, 원공즁생, 셩불도
호신진언
... 사바하살란

자료8:
『불경요집』
(1925)

제6편

새로운 세계로

1. 붓다의 가피 끝없이 이어지다 ●
2. 원만한 도량을 성취하다 ●

제6편 새로운 세계로

천수경은 신묘장구다라니에서 종결되어야 한다. 하지만 도량엄정행법 참회행법 준제행법 발원행법 등이, 천수주라는 진언의 위대한 힘(?) 때문인지 '천수경'이라는 울타리 속에 공생하고 있다. 마치 다양한 사람들이 만나고 헤어지고 희로애락 하는 삶을 보여주듯이. 그렇지만 이것은 우리 한국불교의 위대성이라고 하기보다는 우리의 특수성으로 수용하고 새로운 도약을 위한 발판으로 삼아야 한다.

이 책은 현행 천수경에 내재한 의궤/의례를 통해, 천수경에 대한 그간의 갖가지 곡해를 찾아보고는 데서 시작되었다. 이제 그 여정을 마감해야 할 때가 되었다. 하여 이 마지막 편은 총 결론일 수도 있고, 앞으로 풀어야 할 과제라고 할 수도 있을 것이다.

1970년대는 한국불교에 새로운 계기가 된 것이 여럿 있었다고 보인다. '부처님오신날'이 공휴일로 지정된 것, 또 하나는 불공이나 재회에서 더 나아가 교리 강설과 같은 법회 등 도심포교당이 많이 생겨난 일일 것이다.[1] 한 예로는

---

1 대한불교조계종 포교원, 『통일법요집』(조계종출판사, 2003), 15.

지금도 활기차게 활동하고 있는 '불광법회'를 들 수 있다.

법회 활성화로, 의례를 재자 입장에서가 아니라, 송주나 독경 등에 재가자들의 동참이 늘어나게 되어 의식집의 수요가 증가하게 되었다. 그 결과 일제 강점기에도 불교 경전의 출판이 없었던 것은 아니지만 산업화의 영향 등과 맞물려 활성화되면서 다양한 의식집이 상업 출판물의 하나로 출현하게 된다. 이 같은 과정에 새롭게 편찬된 의식 의궤에는 종래부터 활용 빈도가 높은 경전이나 진언들이 합편되었고, 그것들은 의례의 상황에 따라 큰 무리 없이 시의적절하게 활용되었다고 보인다. 의례를 담는 의궤 편찬에는 예나 지금이나 적잖은 진통이 따른다. 그것은 의례 상황성에서 연유한다. 수륙재나 영산재 등 국행으로 거행되거나 적어도 재자의 요청으로 봉행될 때는 엄격한 절차가 필요하지만 염불작법이나 진언염송 같은 개인적인 소원성취 참회발원 등은 수의적일 수밖에 없기 때문이다.

'천수경'이라는 표현 또한 고본은 『천수천안관자재보살광대원만무애대비심대다라니』를 지칭하지만 조석송주 편찬과정에서 조석 때 염송되는 송주경전에 '천수경'이라는 이름이 부여되었다. 염불작법과 조석송주 특징상 천수경의 경계를 분명하게 하기가 어려웠다고 할 수 있다.

그 까닭에 천수경을 말하려면 먼저 어디까지가 천수경

인지를 확정해야 한다.[2] 천수경의 확정은, 또 천수경을 어떻게 이해하고 수용했는지를 알 수 있다. 『불경요집』, 『조석지송』, 『석문의범』은 고사하고라도, 1970년대 중반 이후 편찬된 천수경에도 시종에 대한 차이가 있다. 이는 천수경에 대한 인식이 달랐음을 의미할 것이다.

1970년대 이후 편찬된 요집들에 실린 천수경이, 이 편 주제인 '새로운 세계로' 어떻게 전개되고 있는지를 찾아보고자 한다. 현재까지도 보급되고, 활용되고 있다고 보이는 『불자수지독송경』(1976), 『불광법요집』(1983), 『삼화행도집』(1986), 『통일법요집』(2003)의 천수경 범주를 살펴보면, 천수경의 이해에 대한 어떤 그림을 어렴풋이나마 얻을 수 있을 것이다.

현 천수경의 완결판이 『행자수지』(1969)라는[3] 전제 아래 천수경의 형성과정을 조금 유추해 볼 필요가 있다. 이에 대한 견해는 다양할 수 있고 그 어떤 것을 정답이라고 단언하기는 어렵다. 천수경은 천수다라니 송주행법을 중심으

---

2 지금은 당연히 '나무상주시방승'까지를 천수경이라고 받아들이고 있지만, 이후의 '정삼업진언 개단진언 건단진언 정법계진언'의 수법 작단을 위한 네 진언의 마지막인 정법계진언의 진언 '나무 사만다 못다남 람'까지를 천수경으로 확정하고 연구를 진행하고 있다. 정각, 『천수경연구』(운주사), 1996; 1997. 심상현, 『불교의식각론』Ⅴ(한국불교출판부), 2001.

3 현행 천수경의 완결을 『행자수지』로 보고 있다. 정각, 『천수경연구』, 운주사, 1996; 1997. 본서도 이 견해를 따른다.

로 여러 염송 관련 의궤들이 회편(會編)된 것이라 할 수 있는데, 20세기 전후부터 사찰에서 아침저녁 외우는 진언과 경전이 '불설천수경'(예, 『불경요집』, 1925)이라고 불리게 된다. 천수경 형성의 축은 『석문의범』(1935)이라고 할 수 있다. 현행 천수경의 형성과정을 요약해 보자. 『석문의범』에는 있지만 『불경요집』(1925), 『조석지송』(1932) 등에는 없는 '여래십대발원문과 사홍서원'이, 『불경요집』에는 있지만 『석문의범』에는 없던 '참제업장십이존불'이, 거기에 '분수작법'(焚修作法)에 쓰이던 '십악참회'[화청], 그리고 5언 7언의 참회게송 두 수, 그리고 수륙재 불공 등 '작단작법' 때 행하던 정삼업진언 등 네 진언이 조석으로 행하는 송주라는 동질성으로 인해 현행 천수경에 회편된 것이라고 할 수 있다.

『불자수지독송경』(1976)은 『행자수지』(1969) 천수경과 다르다고 보이지 않는다. 『조석지송』에서 공능을 추가한 것을 수용해 화천수(畵千手)를 함께 제시하고 있다.

『불광법요집』(1983)은 불광법회의 요집이라고 할 수 있는데, 『석문의범』의 조모송주를 그대로 인용하였다. 아침송주에는 없지만 저녁송주에는 '염불작법' 때 하는 '보례게'를 정구업진언 앞에 시설하였다. 보례게를 천수경 앞에 시설한 것으로는 『조석지송』이 있는데, 조석지송이라는 이름처럼 조석으로 하는 염불작법 때 하는 예불의 게송임을 알려 주기도 한다. 『불광법요집』에서 조석 송주 앞에 보례게를 시설한 것은, 공양의식집인 『불교의범』(1976)에서 공양의 사전의식으로 '보례게 천수경'⁴의 형태를 차용했다고 할 수 있다. 하지만 여타의 천수경 전반에 보례게를 시설한 경우는 흔하지 않다.

『삼화행도집』(1986)에는⁵ 천수경의 범위가 최대로 확장돼 있다. 목차를 보면, '一.천수경', '二.입교의'로 이어지는데 천수경의 하위로는 '(1)전송(前頌), (2)후송(後頌), (3)사대주, (4)정토업, 부: 반야심경'까지를 '천수경'이라고 제목하고 있다. 전송은 정구업진언부터 작단의 정법계진언까지이고, 후송은 '아미타불진금색'으로 시작하는 '장엄염불: 정토업'이라고도 불리는 '염불작법'이고, 사대주와 정토업은 일상의 그것이다. 『불광법요집』에도 지켜지고 있는 아침저녁 송주라는 양상을 확인하기 어렵다. 또 전·후송이라고 하였으나 송(頌)이라고 하여 전후에 하는 게송이라는 양태적인 명칭을 부여하고 있다. 작법, 청문, 지송(持誦)이라 하여, 의궤 또는 의문에 대한 명칭을 동태적으로 명명해 오던 법을 채택하지 않고, 앞에서 하는 게송, 뒤에서 하는 게

---

4 이봉수 편, 『불교의범』(보련각, 1976), 115.
5 이 책의 간기는 1986년으로 나오나 서문은 경신(1980)년이라고 하는 것으로 볼 때 초고 탈고와 간행연도와는 6년의 차가 있고, 이는 1970년대 의식에 대한 인식을 확인하는 데 의미가 있다.

송이라는 의미만을 담고 있다.6 이와 같이 『삼화행도집』은 조석의 모든 진언과 게송에 '천수경'이라는 이름을 부여하고 있다. 결과적으로 이 책에서의 '천수경'은 '조석송주경전'의 대명사로 통한다고 하겠다.

『통일법요집』(2003)은 조계종의 공식적인 요집이라고 할 수 있으며, 서문과 참여자 등에 따르면 오랜 시간과 인력이 동원되었다고 할 수 있다. 이 요집은 '도량석'의 하위에 '천수경 사대주 반야심경 화엄경약찬게 의상조사법성게'를 배치하고 있다. '조석'이나 '전·후'라는 분류는 보이지 않는다. 오직 종성만 아침과 저녁으로 나누고, 저녁 종송에 이어 '장엄염불'이라는 제목으로 염불작법이 시설되어 있다. 이는 선대의 요집들이 택했던 정근의 송주게송을 도량석이라는 의식의 일환으로 활용한 데서 온 결과라고 할 수 있다. 또 천수경을 공양의 선행 송주로도 배치하고 있으며, 이곳에서, 『불교의범』 이래 나타나고 있는 '보례게(普禮偈: 붓다께 절하는 예불게가 현재 보례게로 되면서 소례가 지장 관음 산신 등으로 확장되고 있다)'를 하고 천수경을 염송하는 체계를 갖추고 있다. 두 곳에 배치된 천수경에는 공히 작단의궤라

---

6 이 요집은 '시련 대령 관욕 시식'의 '시식작법'을 '천도의' 등으로 명명하는 등, 행위의 주체성보다 대상의 고유성과 기능성을 강조하는 명명법을 택하고 있는데, 이는 시의적이기는 하나 비실체적 사고와는 거리가 있다고 보인다.

고 할 수 있는 '정삼업진언 ~ 정법계진언'은 없다. 작단의 궤가 천수경 다음에 진입하게 된 연유와는 다르게, 야외설단의 의미로 이해한 듯하다.

『삼화행도집』의 천수경 경계에는 그나마 전·후송이라는 경계라도 있지만 1970년대 일부 '불자독송경'류에는 그 끝이 모호하였다.[7]

이렇듯이 천수경의 역사는 길다고 하면 길고, 짧다고 하면 짧은 형성의 역사이다. 조석 예불 전후에 해왔던 다양한 (종파의) 송주 염불이 (종파의 통합이나 원융적인 사고 등) 수행체계의 차이를 넘어 천수경이라는 한곳에 회편(會編)되는 과정의 역사를 한마디로 설명하기는 어렵다. 또 동일한 그것들에 미세하지만 다른 이름을 부여함으로써 또 다른 인식의 지평이 확장돼 가고 있다고 할 수 있을 것이다.

---

[7] 법사스님이 동석하지 않아, 일반 학생 신도들만 동참한 채 송주할 때, 천수경의 끝을 명확히 몰라 장엄염불과 정토업 이후까지 독송한 적도 여러 차례 있곤 하였다.

1. 붓다의 가피 끝없이 이어지다

南無常住十方佛[나무상주시방불]
南無常住十方法[나무상주시방법]
南無常住十方僧[나무상주시방승]

앞에서 '발원이귀명례삼보'는 '발원을 끝내고 삼보님께 귀명의 절을 하는 본문'이라고 설명하였다. 그렇다면 이 '나무상주시방불·법·승'의 의미는 무엇일까. 그리고 언제 할까. 이 책은 초지일관(初志一貫) 불교의궤에 나오는 '나무'는 불보살의 가피를 구하는, '당구가피' 하는 진언이라는 것을 견지하고 있다. 이 같은 입장으로 보면 '나무'를 머리에 달고 있는 '상주시방불'은 진언이다. 불교 행법에서 '진언'은 약방의 감초이다. 게송과 표백(아뢰는 글)이 현교(顯敎: 가르침이 직접적으로 드러난 가르침)라면 진언은 불보살의 본심과 합일해 나가는 밀교(密敎)수행이라고 할 수 있다. 한동안 밀교는 많은 이들에게 오해를 받아 왔다. 이유야 여러 가지가 있을 수 있겠지만 아무래도 그 뜻이 쉽게 이해되지 않는 것이 클 것이다. 그리고 그것을 잘못 활용하는, 유사한 종교 행위를 하는 이들에 의해 더 많이 쓰이고 있기 때문일 수도 있겠고. 하여튼, 어떤 면에서 밀교는 그 본래 의미와 기능이 복원돼야 할 것이 참 많다고 보인다. 의심

많고 근기 낮은 이들을 위해 베풀어진 가르침이 오히려 그들에게 오해받는다면 이는, 수용자의 탓이다. 약을 쓰는 것은 의사의 몫이고, 먹고 안 먹는 것은 환자의 탓이라 했다. 하지만 불교 안에는 의사가 처방을 잘 써 병을 치료하듯이 고통받는 중생을 돕는 이들이 있다. 바로 불문(佛門: 불교)에 먼저 들어온 이가 그 역할을 한다. 불법을 먼저 만난 이들은 누구인가. 법화경에서 말씀하듯이 여래의 옷을 입고 여래의 자리에서 가르침을 잘 전해 주는 이들이다. 여래의 옷은 무엇인가. 인욕의 옷이라고 했다. 출가든 재가든 선배 불자들은 인욕이라는 수행을 통해 거룩한 깨달음의 열매를 얻고 그것을 뒤에 불문에 들어오는 이들에게 일러 주는 것이 의무이다.

진언은 단지 잘 이해되지 않는 언어가 아니다. 진언을 일심으로 외우면 불보살의 본원력에 의지하여 번뇌를 끊게 되고 궁극에는 깨달음을 얻게 된다. 이 같은 진언으로 가호를 청하는 의식이 바로 위의 '나무상주시방불·법·승' 하는 것이다. 이같이 불보살의 명호를 들어 나타내는 것을, 거불보살명(擧佛菩薩名)이라고 하며 '거불'이라고 약칭한다. 신중의 경우는 '거목(擧目: 신중의 경우 그 이름을 일일이 적은 목차라는 의미를 안고 있어 위목이라 함)'이라고 줄여서 부른다. 거불은 불보살님의 가피를 구하려고 할 때 한다. 언제 하는가. 주로 의식을 시작할 때와 또 한 의식 안에서도 세부 의식을 진행하려고 할 때 불보살님의 가호를 구하려고 하는 것이다.

대표적인 '거불'로 '나무청정법신 비로자나불, 천백억화신 석가모니불, 원만보신 노사나불'의 삼신거불과 '나무불타부중 나무달마부중 나무승가부중' 또는 '나무상주시방불 나무상주시방불'과 시식 등의 재의식 때 지옥 중생을 불러 시식을 하고 극락으로 인도하려 할 때는 '나무아미타불 나무관음세지양대보살 나무대성인로왕보살' 등이 쓰이고 있다. 또 세부 의식에서는 '나무불 나무법 나무승'으로 행하고 있다. 거불이 나타나면 한 의식 안에서도 다른 의식이 시작되고 있다는 것을 알 수 있게 된다. 천수경의 '나무상주시방불·법·승'은 '염불작법' 절차를 봉행하기 위한 거불가지이다.[8]

이같이 '나무'의 거불은 새로운 의식의 시작을 알리는 기능을 수행한다. 그러함에도 불구하고 그간 어찌해서 이 '나무상주시방불·법·승'을, 거불이 아닌 '발원이례'의 하위의 실행 문장 정도로 이해하게 되었을까. 그 이유는 '발

---

8 井幸 編, 『佛家日用作法』(한의총3), 532下. 이 의문에는 'ㅇ念佛節次'라는 제목이 '발원이귀명례삼보' 아래 나타난다. 이는 판각 상 일어난 것이지, 다른 것이 아니다. 고판본에는 아래 단락의 읽지 않는 제목은 전행의 하단에 판각되는 경우는 흔하게 목격할 수 있다. 가영 등

원이례'에서도 설명하였으나 의식의 의문(儀文)을 합편하는 의궤를 만들면서 그 의식의 제목을 달지 않게 되어서이고, 또 하나는 실제 의식에서 한 의식이 끝나면 연이어 다음 의식을 염송하게 되면서 굳이 경계를 지을 필요가 없었기 때문이라고 할 수 있다. 이것으로 미뤄 볼 때, 교상판석(敎相判釋)과 분과(分科) 같은 불학 방법들이 의례에 활용되지 않았다는 것을 알 수 있다.

또 '나무'가 안고 있는 일차 의미가 '예경'이다 보니, '발원을 끝내고는 귀명례삼보하라'는[9] 지문으로 이해하게 되었다. '발원이귀명례삼보' 어디에도 명령이나 당위에 해당하는 글자가 없는데도 그렇게 이해한다. 평서문은 평서문이어야지 그것의 당위 또는 명령으로 이해될 그 어떤 이유도 없다고 하겠다.

그렇다면 '나무상주시방불·법·승'이 거불로 나타나는 의식에는 어떤 것이 있는가를 보자. 『석문의범』에는 20개의 청이 있는데, 이 가운데 풍백우사청, 가람청, 태세청의 거불로 쓰이고 있고, 진언권공의 소 다음에 '나무불 나무법 나무승'이 사용되고 있다.

---

[9] "이제 삼보께 귀의의 예를 행하라" 하고 있으며(정각, 앞의 책, 278); "원을 발하였으므로 이제 삼보에 귀의하나이다/ 그러므로 저희는"(김호성, 앞의 책, 179)이라고 하며 '그러므로 저희는'이라는 주어까지 복원하고 있다.

하지만 20세기 초부터는 '발원이례'의 하위 본문과 같이 이해해 오고 있다. 다시 본문을 보자.

南無常住十方佛[나무상주시방불]

'나무'와 '불'은 음사한 글자라 번역하지 않는다고 하더라도 나머지 '상주시방'(常住十方)은 풀어야 한다. 상주는 '항상 머문다'는 뜻인데 머무는 곳이 시방 곧 동서남북과 그 사이 간방과 땅위와 아래라고 하는 것이다. 오늘날로 말하면 온 세계라고 할 수 있겠다. 그와 같이 시방에 항상 계시는 붓다님께 예경하며 귀의하며 가피를 구하는 것이다. 나의 이 염송 또는 공양의식이 원만하게 이루어지도록 가호를 청하는 의식이 거불인 것이다. 나머지 법과 승도 다름 아니다.

왜 불법승에 귀의하는가. '지심신례불타야양족존'(至心信禮佛陀耶兩足尊: 지극한 마음으로 불타야 양족존께 믿으며 예경하면) 하고 붓다께 귀의하면, 지옥의 고통을 소멸하고, 달마야이욕존(達摩耶離欲尊)에 귀의하면, 아귀의 고통을 소멸하고, 승가야중중존(僧伽耶衆中尊)에 귀의하면, 방생(축생)의 고통을 소멸한다고 하였다. 그래서 귀의와 예경과 가피를 구하는 삼귀의례의 거불을 하는 것이다.

그럼에도 불구하고 '나무상주시방불·법·승'은 오랫동

안 아니, 지금도 시작을 알리는 것이 아니라, 천수경의 끝을 알리는 '총귀의'(總歸依: 그러므로 귀의하옵니다),[10] '발원 및 귀의'의 귀의[11]라는 이름을 부여하고 천수경의 말미를 새로운 세계로 연결해 가고 있다.

필자의 과문이겠지만 '발원이례'에서 언급한 『천수·심경』(1979)에서만 "염불만 모시고자 할 때는 송주를 하지 않고 여기에서부터 직접 시작하여도 무방하다"며 작은 글자로 주를 하고 있고, 이어서 '나무상주시방승' 아래 "불공이나 예불할 때 여기까지 하는 이가 많은데 모두 무지에서 온 소치이니 후학들은 조심하라"고 하며 경계를 놓지 않고 있다.[12] 그리고 이 책은 또 하나의 중요한 정보를 제공하고 있는데, 거불의 방법으로 '반배'를 협주하고 있다는 것이다. 칭명당구가피(稱名當求加被: 불보살님의 명호를 칭명하여 가피를 구하는 것)의 의궤는 가능한 한 빨리 삼삼편(아홉 편) 하는 것이 옳다고 생각한다. 그렇지만 여기서 큰절을 해야 한다는 의견은 삼보통청의 약식 예인, 청사를 안고 있는 거불 때 '나무불타부중광림법회' 하며 절하는 데 기인한다

---

10 김호성, 『천수경의 비밀』(민족사, 2005), 175. '발원이귀명례삼보'에 '고아일심'의 의미를 부여하고 있는 것으로 볼 수 있는데 가영이나 탄백 다음에 '고아일심귀명정례'로 이해한다면 더욱 앞의 '발원이귀명례삼보'의 성격과 '나무상주시방불'의 성격이 나누어짐을 알 수 있다.
11 정각, 앞의 책, 272~279.
12 석일화, 『천수·심경』(보현각, 1979), 八後.

고 할 수 있다. 그렇지만 '나무아미타불' 또는 '아미타불' 하는 정근을 할 때, 칭명할 때마다 허리를 구부려 땅에 닿는 절을 할 수 있는가를 생각해 보면 '나무상주시방불'이 절하는 의궤가 아님을 알 수 있을 것이다. 칭명 정근할 때 절을 하는 이들이 많으나 소리와 행위를 일치시키기도 어렵고, 그래도 해야 한다면 '나~ 무~ 아~ 미~ 타~ 불~'식으로 소리를 늘려 최소 12음절 이상으로 끌어야 가능하다. 또 '정성이니까'라고 말하는데 정성이라면 더욱 소리와 행동이 일치되어야 할 것이다.

그러므로 염불작법의 거불의궤였던 '나무상주시방불·법·승'의 본래 의미와 기능으로 복원되는 것이 합리적일 것이다. 하지만 그같이 오랜 시간 신행해 온 관행이 일조일석(一朝一夕: 하루아침)에 고쳐지지 않는다면, 이를 회향가지 거불로 수용하면 좋을 것이다. 일반적으로 회향의례는 봉송함으로써 끝난다. 수륙재나 영산재에서는 배송이 남아 있으나 일반 불공에는 배송이 별도로 행해지지 못한다. 배송하지 않고 법회 도량 때마다 열심히 오시라고는 해놓고 사후 수습을 하지 않는 꼴이다. 금강경에서 말하듯이 붓다는 오감이 없다고 하는 경우를 보게 되는데, 만일 오감이 없다면 모실 필요가 없고 창(唱)만 하여 유치만 하면 될 것이다. 또 도량을 열 때마다 청사를 할 필요는 더욱 없을 것이다.

  상·중·하단에 모셔놓은 모든 법회 참석 대중이 함께 배송하는 절차가 "시방삼세일체불 제존보살마하살 마하반야바라밀"이다. 그리고 한국불교에서는 사바교주 석가모니불을 두 번 칭하고 마지막에는 '나무 시아본사 석가모니불' 하고 회향을 하게 된다. 현행 천수경의 완결성을 인정하고 30~40년 이상 수지해 온 관행을 바꾸기 어렵다면, 새로운 의궤로 이행하는 데 쓰였던 이 '나무상주시방불·법·승'을 "온 누리에 항상 계옵신 부처님께 귀의하옵니다"와 같이 번역하지 말고 그대로 둔 채 '회향가지'의 거불로 명명하여 진언화하면 좋을 것이다.

  새로운 이름은 새로운 인식의 세계를 열어 간다. 염불작법의 거불 '나무상주시방불·법·승'이 예불 전과 후에 봉행됐던 시점들이 불분명해지고 모든 의례의 사전 참회 행법으로 변화되어 광범위한 사랑과 관심 속에 정착되어 왔다. 이제 또 하나의 이름으로, 혼란이 아니라 맺음과 엶이라는, 무유간단(無有間斷: 끊임없음)하고, 관음보살님의 큰 자비가 끝이 없고[無盡] 가가 없이[無邊] 이어지는 그런 장으로 거듭나게 될 것이다.

2. 원만한 도량을 성취하다

淨三業眞言[정삼업진언]
신구의 삼업을 맑히는 진언
「옴 사바바바 수다 살바 달마 사바바바 수도 함」

開壇眞言[개단진언]
단을 여는 진언
「옴 바아라 놔로 다가 다야 삼마야 바라 베사야 훔」

建壇眞言[건단진언]
단을 세우는 진언
「옴 난다 난다 나지 나지 난다 바리 스바하」

淨法界眞言[정법계진언]
법계를 깨끗이 하는 진언

羅字色鮮白[라자색선백]　空點以嚴之[공점이엄지]
如彼髻明珠[여피계명주]　置之於頂上[치지어정상]
眞言同法界[진언동법계]　無量衆罪除[무량중죄제]
一切觸穢處[일체촉예처]　當加此字門[당가차자문]

곱고 흰색의 라자를 공점으로 장엄할 것인즉
계명주를 머리 위에 올려놓은 것처럼 하라
진언은 법계와 같아져

한량없는 무거운 죄 제거하리니
일체 더러운 곳에 부딪히면
마땅히 이 글자를 놓아두라.
「나무 사만다 못다남 람」

이 의궤가 천수경과 같은 조석에 하는 송주 염불 편에 편입된 역사는 그리 긴 것 같지 않다. 이 의궤는 공양 도량의 작단을 위한 의궤라고 할 수 있는데, 국내 의궤에 활용된 비교적 이른 예로는, 휴정(1520~1604)이 찬한 『운수단작법』(1664)이라고 보인다. 이 의궤 또한 상중단의 성현을 청해 공양하고 하단의 고혼을 청해 시식하는 의식으로 수륙재의 축소형이라고 할 수 있다. 17세기 중엽에 간행되었지만 찬자 휴정의 생몰(生沒)로 볼 때 16세기 의식이라고 해도 무방할 것이다. 그런데 여기서 '운수단'은 일반적으로 이해하는 선승(禪僧)이 아니라 각지의 재회에 초청받아 운수납자처럼 다니는 어산단으로 보는 것이 적합할 것 같다.

『운수단작법』의 작단 순서는 정법계진언이 건단진언 앞에 시설된 점이 현재의 것과 다르고, 정법계진언도 현재의 정법계진언보다 '달마 태도파박파부달마구함'이 더 있으며, 정법계진언의 찬도 보이지 않는다. 『작법귀감』(1826)에 이르면 순서는 『운수단작법』과 같으나 정법계진언이 현재의 진언으로 나타난다. 『석문의범』(1935)의 제불통청에 이르면 현재와 같은 작단진언을 하고 거불로 이행되고 있는 것을 확인할 수 있다.

『석문의범』은 제불통청을 하기 위해서는 '정구업진언으로부터 준제송 끝에 원공중생성불도까지 이르러 마치고 다음'에 이 작단진언을 염송하라고 괄호로 설명하고 있다.[13] 또『석문의범』에는 저녁송주는 준제발원 다음에 여래십대발원과 발사홍서원과 저녁 염불작법의 거불 등이 있지만, 끝을 그와 같이 준제발원까지로 명확히 제시하고 있는 것을 보면 의궤의 쓰임에 대한 인식이 분명했다고 보인다. 천수경의 시종에 대해, 그것이 조석 송주인가, 아니면 불공 등을 위한 사전의식인가에 따라 활용된다는 『석문의범』의 견해를 나타내고 있다고 하겠다.

이 작단의궤는 공양과 시식을 위한 예비절차로서[14] 다시 말해 공양의 법단을 시설하는 의궤라고 할 수 있다. 그 단을 마련하는 의식은 단순히 시설된 법당이라는 의미가 아니라 삼매야계가 설해지는 삼매야단임을 알 수 있다. 그것은 헌좌 이후의 정법계진언의 지문 '욕건만나라선송'을 유념해 보면 더욱 분명해진다.

천수경 염송으로 몸과 마음을 청정히 하고 공양의 삼매

---

13 安震湖,『釋門儀範』下編(법륜사, 1935; 2000), 1.
14 정각, 앞의 책, 280.

야단을 시설하는 이 의궤는 고도의 종교적 신성성이 부각되는 의궤라고 할 수 있다.

하지만 저간의 사정은 점차 흐려져, 천수경 다음에 시설되었던 작단의궤는 『통일법요집』(1998; 2003)에 이르러 슬그머니 사라지고 만다. 불법이 설해지고 공양과 시식이 이루어지려면 단(壇: 도량, 만다라)이 마련돼야 함에도 불구하고, 현재는 그렇지 못하게 되었다. 이 같은 현상은 천수경의 역할이, 개인적 발원성취에서부터 도량의 엄정(嚴淨)과 공양을 가지의 힘으로 변하게 해야 하는 관행력(觀行力) 증진 등으로 다양해지면서 일어나지 않았을까 한다.

淨三業眞言 [정삼업진언]
신구의 삼업을 맑히는 진언

조석송주에서는 '정구업진언'이라고 하여 구업을 중심으로 맑혔지만 이곳에서는 '작단'이라는 행위가 추가되어 삼업을 모두 맑히고 있다. 물론 송주 시에도 정삼업진언, 정신업진언을 구성하기도 하나 대체로 개인적 송주와 염불은 구업으로 진행되므로 그렇게 하지 않았을까 하고 추측된다. 다음은 삼업을 맑히는 진언을 찬탄하는 게송을 감상해 보자.

법성은 담연하니 법계에 두루 하고

심히 깊어 헤아릴 수 없고 설명할 수 없네.
스스로 한순간에 원래 밝음 잃어버려
팔만의 진로에 덮이게 되었네.
오늘 재를 마련하여 널리 제도하니
마음이 맑아져 삼가 위엄 거동으로
다라니에 의지하여 가지를 하니
나와 남이 본래 정토로 돌아가게 하네.[15]

재를 마련하고 널리 중생제도의 법연을 열게 되었다고 하고 있다. 빼앗으려는 마음을 한순간에 일으키면 마음자리가 어지러워져 본래 밝음을 잃어버리지만 베푸는 마음을 일으키면 마음이 맑아진다. 이제 정삼업진언에 의지하여 가피를 얻게 되니, 불보살님의 가피에 의해 장차 나와 남이 본래 청정한 곳으로 돌아가게 된다는 것을 찬탄하고 있다. 정삼업진언 찬탄게송을 보면 정구업진언과 정삼업진언의 차이가 있음을 확연하게 알 수 있다. 좋은 것이라고 해서 다 하는 것이 좋다고만 할 수 없음을 잘 보여준다.

開壇眞言[개단진언]
단을 여는 진언

---

15 "法性湛然周法界, 甚深無量絶言詮, 自從一念失元明, 八萬塵勞俱作蔽, 此日修齋興普度, 肅淸意地謹威儀, 仰憑密語爲加持, 將俾自他還本淨."
志磐 撰, 袾宏 重訂, 『法界聖凡水陸勝會修齋儀軌』(속장경74), 784b.

建壇眞言[건단진언]
단을 세우는 진언

개단진언과 건단진언의 순서는 '지반문'과 '수륙재찬요'에는 건단진언과 개단진언의 순서인[16] 데 비해 '수륙재촬요'와 '예수재' 등에는 현재와 같이 개단 건단진언의 순서로 되어 있다.[17] 의궤의 간행 시기나 원 의미 등으로 미뤄 볼 때 건단 개단진언의 순서가 맞지 않을까 한다. 단을 마련해야 단을 열 수 있다는 점에서는 그렇다. 그런데 일부 국내 본의 순서에 변형이 일어났는지는 단언하기 어렵지만 '개건법회', '개건도량'이라는 용어의 빈번한 출현에서 오게 된 영향이 아닐까 하고 추측해 볼 뿐이다. 앞으로 의궤를 계속적으로 조사해야 할 것이다.

淨法界眞言[정법계진언]
법계를 깨끗이 하는 진언
곱고 흰색의 라자를 공점으로 장엄할 것인즉
계명주를 머리 위에 올려놓은 것처럼 하라
진언은 법계와 같아져

---

16 志磐 撰, 『法界聖凡水陸勝會修齋儀軌』(한의총1), 583; 竹庵 編, 『天地冥陽水陸齋儀纂要』(한의총2), 218上.
17 『水陸無遮平等齋儀撮要』(한의총1), 624上; 大愚 集述, 『預修十王生七齋儀纂要』(한의총2), 67下~68上.

한량없는 무거운 죄 제거하리니
일체 더러운 곳에 부딪히면
마땅히 이 글자를 놓아두라.
「나무 사만다 못다남 람」

정법계진언 '람' 자를 생성하는 행법과 공능을 찬탄하는 게송이다. 불[火]의 종자 '람' 자로 외연(外緣)을 갖추는 자는 먼저 물로 몸과 옷을 깨끗이 하고 다시 '람' 자로 맑히면 곧 내외가 더욱 청정함을 얻는다고 하였다.

불[火]의 종자를 관상함으로써 그 불로 번뇌를 깨끗이 태운다고 하는 것은, 결국 업을 맑히는 두 기능을 드러내는 것이라고 할 수 있다. 물과 불은 삶의 필수요소이다. 이 두 요소를 활용해 업과 번뇌를 맑히고 불태움으로써 정화해 가는 것이다.

조석에 하는 염불이나 진언을 염송하는 의궤 가운데 앞에서도 잠깐 보았듯이 '분수작법(焚修作法)'이 있는데, 이때 '분(焚)'은 번뇌와 같은 일체 죄업을 불태운다는 의미이고, '수(修)'는 일체 공덕을 닦는다는 의미라고 할 수 있다. 단을 짓는 마지막 진언으로 정법계진언에 의지하여 일체 마장을 불태워 버리고 있다고 하겠다.

에필로그

또 다른 역동성을
– '풍송게주'로 장엄된 천수경 –

긴 시간을 달렸다. 자비의 아버지, 관음보살께서 중생을 건지시고자 설해주신 천수다라니는 그 위대한 공덕으로 말미암아 여러 의식과 염송 때 활용되고, 또 의지처가 되고 있다.

늘 관세음보살을 염하는 행자들의 그 숱한 음성을 관하시느라고 선정에 들어 계신 관음보살의 무연자비는 일체 국토에 모습을 나타내신다. 하여 천수경은 자비의 관세음보살께서 몸을 나타내신 도량이라고 할 수 있다. 왜일까. 한국불교에서 아침저녁 신심 내며 읽고 외우는 천수경 곳곳에 장엄된 '풍송게주(諷誦偈呪)'는 곧 관음과 관음의 본사이며, 또 그분의 화신 관세음께서 설하신 것들이기 때문이다. 관세음! 그 위대한 자비의 법 사리인 다라니와 게송이 한데 어울려 있으니, 어찌 관세음의 큰 자비로 장엄이 된 도량이 아니라고 할 수 있으랴.

서로 다른 성격의 의문들이 오직 관세음보살의 대비 다

라니로 말미암아 제 고유의 역할마저 놓고 천수경에 모이게 되었다. 준제진언 염송도 그 뛰어난 관행 공덕과 능력을 천수경이라는 도량에서 자성을 지키지 않고 또 자성을 떠나지도 않고 빛나고 있다. 왕생정토 십대원도 본사 아미타 붓다의 왼쪽에서 보좌하시는 관음의 도량 천수경에서 염불발원으로 그 모습을 지켜 가고 있다. 염불발원을 떠나 어찌 천수경이 존재하겠냐고 포효하면서 천수의 마지막 부분을 지키고 있다. 마치 호법신장처럼. 사홍서원도, 거불조차도 천수의 대미를 장식하는 아이러니를 보인다. 하지만 그것들은 자성을 지키지 않으므로 그렇게 자비의 도량에서 공주(共住)한다. 탐욕을 업으로 사는 이들에게 경책하듯이. 천수경의, 한국불교의 현장성과 역동성이 빛나는 순간이다.

허나 이를 마냥 좋다고 할 수는 없을 것 같다. 왜인가. 천수주를 중심으로 '풍송게주'가 함께하고 있는 천수경을 보면 무분별한 회편이 아니라고 말하기 어려운 점이 적지 않기 때문이다. 그로 말미암아 유사한 것들이 서로 모여 화음을 이루고 있는 것을, 때로는 거듭 나타나는 그들을 하나의 소리로만 풀어내고 이해하려는 모습을 확인할 수 있었다. 지금 바로 이 순간에도 수많은 이들에 의해 천수경은 설해지고 또 편찬될 것이다.

그 거룩한 송주신행은 존중받아야 마땅하다. 천수경 편찬의 역사적 궤적을 조금이나마 알아보고 가는 것이 어떨까 하는 속 좁은 노파심이 옹졸함을 무릅쓰고 글을 시작하게 하였고, 횡설수설하며 마침표를 찍을 순간을 맞았다. 이제 관음보살의 큰 자비를 다시 한번 체득하며 끝맺게 되어 오직 감사할 뿐이다.

천수다라니 염송행자의 첫째 조건은 보리심을 발하는 것이라고 관세음보살은 말씀하셨다. 천학비재의 부끄러움을 모르고, 나름 천수경에 대한 저간의 오해와 진실을 밝히려 하였지만 공감하는 분도, 어림도 없는 얘기라고 하시는 분들도 계실 것이다. 부족하지만 그렇게라도 이 책이 천수경이 설해지고 거론되는 자리의 한 모퉁이에라도 슬쩍 얼굴을 내밀 수 있게 된다면, 천수경의 또 다른 역동성을 볼 수 있는 계기가 될 수 있을 것이며, 졸렬한 필자에게는 더 없는 광영(光榮)이리라.

산하(山下) 성속(聖俗) 곳곳의 선연(善緣)들은 성불이라는 하나의 목적지에서 만나게 되는 법려(法侶)임을 어찌 의심하랴.

빠라미따

                      우천서재에서 우천 삼가 적다

찾아보기

(ㄱ)
가지 112
가지주수 167
가피 315
감로탱화 102
개경게 27, 44, 58, 60
개단진언 324
개법장진언 58, 63
개자겁 62
거목(擧目) 312
거불 312
건단진언 324
결거로게 41
결계 166
결영청성자계 41
경전해석 285
계수문 76
계정혜 92
계청 44, 65, 68
고갈 106
고성제 93
고왕관세음다라니경 45
공양 113
공화불사 183, 184

관세음보살 69
관세음보살보문품 70
관자재보살 71
관자재보살여의륜염송의궤 41
관행(觀行) 162
교상판석 314
구개음화 139
구성범자 255
권공 290
권공제반문 64, 267
귀경사 41
금강경언해 27, 38, 44
금강밀적 80
금강지 41
기우재(祈雨齋) 181

(ㄴ)
낙방문류 272, 275

(ㄷ)
다라니 32
다비문 131
다함고 34
당구가피 55, 88

329

당구삼보가피 128
대륜일자주 227
대아미타경 70
도량엄정 164, 179
도량엄정게 177
도량청정 164
도산지옥 97
도성제 93
도심포교당 304
도향계 42
독체 105
동체대비 93
따라보살 73

(ㅁ)
만원 94
만트라 33
멸성제 94
몽산덕이 127
무량수경 70
무량위덕자재광명수승묘력 111
무상(無相)참회법 269
무상참회 268
무설토론 48
무위심 78
문법(聞法) 136
미타예참의 273
밀교(密敎) 311

(ㅂ)
반야심경 116
반야용선 91
발심수행장 108
발원이례 290, 291
발원행법 263
방편 84
법공양 118
법안 89
법진(法塵) 175
법화삼매참의 288
보례게 130
보리 84
보문시현 72, 74
보시 112
보타산 72
보탑품 168
봉송 118
봉영거로진언 40
부대사금강경 44
부처님오신날 304
분수작법 325
불가일용작법 38, 50, 230, 260, 293
불경요집 295
불공 105, 137
불광법요집 307
불광법회 305
불사 181

불석겁 62
불설구면연아귀다라니신주경
  110
불설구발염구아귀다라니경 110
불음계 103
불이 93
불이법문 100
불자수지독송경 307
불정대륜일자명왕주 257
불정심모다라니경계청 45
비밀고 34

(ㅅ)
사명지례 23
사성제 94
사홍서원 269, 280
삼단시식문 281, 289
삼독 99
삼매야계단 243
삼매야신 242
삼문직지 25, 28, 38, 67
삼변정토 169
삼보통청 293
삼선도 96
삼성 45
삼시계념의범 273
삼시계념의범문 281
삼악도 96
삼업 30

삼화행도집 308, 310
상호신 76
색법(色法) 192
석문의범 295, 321
선업 31
선정체험 92
설문해자주 51
소재길상불경보감 198
소재길상불경요집 198
소청가피발원 240
송경의식 57
송주용 52
쇄수게 166, 173
수라 114
수륙재 317
수륙재문 43
수륙재의(水陸齋儀) 287
수월도량 183
수월도량공화불사 184
순고고 34
시식 113
신묘장구다라니 82
신묘장구대다라니 64
신수심법 111
신업 30
신중불공 117
신화엄경 70
실령청정 167
실상 125

심법(心法) 192
심성구고 90
십법계 95
십원 66, 134
십팔지옥송 101

(ㅇ)
아눗다라삼먁삼보디 34
아리다라회 73
안양[極樂] 278
안위공양 44
안위제신진언 46
안좌게 46
안좌다라니 40, 48
안토지진언 38, 48, 49, 52
어밀 32
어업 30, 31
업 29, 30
업설 30
업장참회행법 187
여래십대발원문 271, 274
연기 124
연비(燃臂) 189
염불보권문 191
염불의궤 87
염불작법 25, 64, 174, 282
염송의궤 22, 41
염송행법 260
염송행자 136

영산대회작법절차 168
영산재 317
예경 130, 315
예불 130
예불문 131
예수십왕생칠재의찬요 183
예참(禮懺) 280, 290
예참회불 188
오대진언집 67, 137
오방내외 37, 50
오방내외안위제신진언 28, 38, 45
오종불번 34, 37
왕생정토십대원 284
왕생정토십원문 273
욕건만나라선송 321
용수 228, 229
우보처(右補處) 132
운수단작법 190, 320
원망 85
원효 108
유성음화 139
유음화 139
육자대명왕진언 245, 247
육조단경 268, 285
육향 66, 96, 115, 134
의례(儀禮) 181
의문 122
의식의궤 305

이타 100

(ㅈ)
자리 100
작단용 52
작법귀감 169, 320
정관음 70
정구업진언 27, 35, 129, 322
정명 108
정법계진언 40, 240, 241, 244, 246
정법화경 72
정삼업진언 27, 28, 42, 322, 323
정신업진언 28
정토사상 132
정행품 161
정혜쌍수 92
조석송주 305
조석지송 37, 292, 307
존중고 34
종교의궤 261
종자 325
죽암 43
준제구성범자 253
준제발원 264
준제정업 256
준제지송행법 227, 228
준제진언 234, 255, 260

준제찬 230, 231
준제행법 249
지례 121
지송준제진언법요 256
진로 83
진실어 78
진언 32
진언권공 289, 314
진언지송행법 235
진언집 40, 53, 160
집성제 93

(ㅊ)
차방무고 34
참법(懺法) 181
참의(懺儀) 280, 288
참제업장 191
참제업장십이존불 198
천수다라니 22, 36, 69
천수다라니경 26, 81
천수다라니행법 25, 76
천수사방관 171
천수안관음상 23
천수안대비심주행법 23, 121, 280
천수천안대비심주행법 76, 239
천수해설 232
천지명양수륙재의찬요 40, 42
천태예참 288

청법(請法) 136
총원 264
축생 98, 115
칠분공덕설 113
칠불팔보살소설대다라니신주경 56
칭명 125
칭명가지 134
칭명당구가피 316
칭명법 122

(ㅌ)
통일법요집 287, 309

(ㅍ)
팔관재계 103
팔정도 108
표백 311
풍송게주 326

(ㅎ)
한글통일법요집 126
행자수지 306
헌좌 47
현교(顯教) 311
현밀원통성불심요집 256
현밀의궤 59
현장(玄奘) 129
현행법회예참의식 196
호신진언 245, 247
호지결계 167
화엄경 192
화엄성중 80
화탕 104, 106
화탕지옥 97
회향가지 318
회향발원행법 266

牛迤 李誠雲

1961년 경북 상주에서 나서, 동국대에서 철학박사학위를 받았고, 현재 동방문화대학원대학교 교수, 사단법인 세계불학원[붓다아카데미] 연구소장, 서울시무형문화재전문위원으로 있으며, 대한불교조계종 의례위원회 실무위원, 불교의례문화연구소 연구실장을 지냈고, 동방대·동국대·금강대 등에서 강의했다. 『불교의례, 그 몸짓의 철학』, 『한국불교 의례체계 연구』, 『천수경, 의궤로 읽다』, 『불교상용의식해설』(공저), 『삼밀시식행법해설』(공저) 등의 책을 썼고, 영산·수륙재 등 의례 관련 분야의 논문 수십 편을 썼다.

천수경, 의례로 읽기

우천 이성운

2024년 3월 27일 초판

펴낸 이 : 이미연
펴낸 곳 : 정우북스
등록 1992. 5. 16. 제1992-000048호
서울시 종로구 삼봉로 81 두산위브 1231호
Tel: 02/720-5538, http://cafe.daum.net/jungwoobooks

값: 15,000원

ISBN 978-89-8023-168-3 93220